Managementwissen für Studium und Praxis

Herausgegeben von
Professor Dr. Dietmar Dorn und
Professor Dr. Rainer Fischbach

Lieferbare Titel:

Doppelte Buchführung für Städte, Kreise und Gemeinden

Grundlagen der Verwaltungsdoppik im Neuen Kommunalen Rechnungswesen und Finanzmanagement

von

Prof. Dr. Falko Schuster

Fachhochschule für öffentliche Verwaltung des Landes Nordrhein-Westfalen

2., überarbeitete und erweiterte Auflage

Oldenbourg Verlag München Wien

Bibliografische Information der Deutschen Nationalbibliothek

Die Deutsche Nationalbibliothek verzeichnet diese Publikation in der Deutschen Nationalbibliografie; detaillierte bibliografische Daten sind im Internet über <http://dnb.d-nb.de> abrufbar.

© 2007 Oldenbourg Wissenschaftsverlag GmbH
Rosenheimer Straße 145, D-81671 München
Telefon: (089) 45051-0
oldenbourg.de

Lektorat: Wirtschafts- und Sozialwissenschaften, wiso@oldenbourg.de
Herstellung: Anna Grosser
Coverentwurf: Kochan & Partner, München
Cover-Illustration: Hyde & Hyde, München
Gedruckt auf säure- und chlorfreiem Papier
Gesamtherstellung: Druckhaus „Thomas Müntzer" GmbH, Bad Langensalza

ISBN 978-3-486-58221-5

Inhalt

Vorwort zur 2. Auflage

Seit dem Erscheinen der ersten Auflage dieser Schrift haben sich bezüglich des kommunalen Rechnungswesens gravierende Änderungen ergeben. Ohne Zweifel hat die Bedeutung der doppelten Buchführung in den Städten, Kreisen und Gemeinden erheblich zugenommen. Gleichwohl hat sich die Kameralistik bisher in zahlreichen Bundesländern gehalten. Insofern ist der „Siegeszug" der doppelten Buchführung nicht ganz so imposant ausgefallen, wie man dies aufgrund der anfänglichen Veröffentlichungen zum Neuen Kommunalen Rechnungswesen bzw. Finanzmanagement hätte vermuten können. Die Gesetzesinitiativen in den Bundesländern, die bisher noch nicht auf das doppische System umgestiegen sind, lassen jedoch den Schluss zu, dass die noch bestehenden kameralistischen „Bastionen" nacheinander fallen werden.

Zu beachten ist allerdings, dass die doppelte Buchführung in den kommunalen Verwaltungsbetrieben, anders als im Bereich der Privatwirtschaft, nicht in einer einheitlichen Form, sondern in zwei Varianten praktiziert wird, die wohl auch in Zukunft nebeneinander Bestand haben werden.

So wird einerseits, wie dies auch bisher schon der Fall war, in speziellen Bereichen der Kommunalverwaltung und von den privatrechtlich geführten Tochterunternehmen der Gemeinden die kaufmännische Rechnungslegung praktiziert, die gemeinhin kurz als doppelte Buchhaltung oder Doppik bezeichnet wird und die wir in dieser Schrift bewusst **traditionelle oder kaufmännische doppelte Buchführung** nennen.

In den so genannten Kernverwaltungen der Kommunen wird mit der Einführung des NKF bzw. NKR jedoch ein doppisches Buchhaltungssystem eigener Art praktiziert, das sich in zahlreichen Punkten vom kaufmännischen Rechnungswesen unterscheidet. Diese neue Variante der doppelten Buchführung kann man als **Verwaltungsdoppik oder Doppik des NKF** bezeichnen.

Einer der wesentlichsten Unterschiede zwischen der traditionellen Doppik und der Verwaltungsdoppik besteht darin, dass, vereinfacht formuliert, in der traditionellen Doppik zwei Rechnungen mit den entsprechenden Vorkonten durchgeführt werden, und zwar die Bilanz und die Gewinn- und Verlust-Rechnung, die man auch als Ergebnisrechnung bezeichnen kann, und demgegenüber in der Verwaltungsdoppik drei Rechnungen mit den entsprechenden Vorkonten zum Einsatz kommen, und zwar die Finanzrechnung, die Bilanz und die Ergebnisrechnung. Insofern spricht man bei der **Verwaltungsdoppik** auch von einem **Drei-Komponenten-System**. Im Umkehrschluss kann man die **traditionelle Doppik** dann als **Zwei-Komponenten-System** bezeichnen.

Hierauf stellt auch der (neue) Titel des Buches ab, der gleichzeitig die notwendig gewordene Erweiterung der Schrift andeutet: Wie in der 1. Auflage wird zunächst die traditionelle Doppik behandelt, anders als bei der 1. Auflage die Verwaltungsdoppik jedoch nicht mehr nur im Überblick dargestellt, sondern nunmehr auch im Detail, wobei die Ausführungen angesichts der noch unzureichenden Regelungen in einzelnen Fällen lediglich Vorschlagscharakter haben.

Prof. Dr. Falko Schuster   *Straelen, Juli 2007*

Vorwort zur 1. Auflage

Gegenwärtig werden die Städte, Kreise und Gemeinden mit zwei Modellprojekten konfrontiert, die unter den Bezeichnungen „Neues Kommunales Rechnungswesen" und „Neues Kommunales Finanzmanagement" bekannt geworden sind und im Rahmen derer es darum geht, das bestehende kommunale Buchhaltungssystem, die Kameralistik, durch ein Rechenwerk auf doppischer Grundlage zu ersetzen.

Wie die neue kommunale Buchhaltung im Einzelnen aussehen soll, wird bisher jedoch nicht hinreichend deutlich. Die traditionellen Lehrbücher zur doppelten Buchführung vermögen nur eine sehr begrenzte Hilfestellung zu leisten, und zwar aus folgenden Gründen:

- Erstens beziehen sich diese Schriften auf die Unternehmen, wobei die Industrie- und Handelsbetriebe im Vordergrund stehen. Von diesen unterscheidet sich die Kommunalverwaltung jedoch erheblich: Im Gegensatz zu einem Handelsbetrieb, werden von ihr keine Sachgüter gehandelt, d.h. gekauft und anschließend wieder veräußert. Auch produziert sie im Gegensatz zum Industriebetrieb überwiegend keine Sachgüter, sondern werden von ihr Dienstleistungen erstellt und an die Bürger abgegeben. Diese gravierenden Unterschiede führen dazu, dass Buchungen, die in den klassischen Lehrbüchern zur Doppik im Mittelpunkt der Betrachtung stehen (wie beispielsweise die Buchung des Warenein- und Warenverkaufs oder die Erfassung der Bestände an Halb- und Fertigfabrikaten) im Bereich der Kommunalverwaltung – wenn überhaupt – nur eine unerhebliche Rolle spielen. Auf der anderen Seite werden Buchungen, die im Bereich der Kommunalverwaltung von großer Bedeutung sind, in den traditionellen Lehrbüchern zur Doppik nicht oder nur beiläufig behandelt. Das gilt beispielsweise für die Buchung der Steuereinnahmen, die Buchung der Beamtenbezüge, die Buchung der Landeszuweisungen usw.

- Zweitens ist zu beachten, dass auch die Buchungen, die für die Unternehmen und die kommunalen Verwaltungsbetriebe gleichermaßen relevant sind, den Beschäftigten in den Stadt-, Kreis- und Gemeindeverwaltungen leichter vermittelt werden können, wenn sie anhand von Beispielen aus dem kommunalen Bereich erläutert werden.

- Drittens ist von Bedeutung, dass für die kommunalen Verwaltungsbetriebe ein Drei-Komponenten-System vorgeschlagen wird, während in den traditionellen Schriften, die das Thema Doppik behandeln, üblicherweise nur das Zwei-Komponenten-System behandelt wird. In Folge dieses Unterschiedes sind im kommunalen Bereich Konten einzurichten, die sich in den Kontenrahmen der Unternehmen nicht finden, und fallen damit auch Buchungen an, die in den Buchhaltungslehrbüchern bisher nicht vorkommen.

Alles in allem fehlt es somit an einer Schrift zur doppelten Buchführung, die den Besonderheiten und den Bedürfnissen der Kommunalverwaltung Rechnung trägt. Mit dem vorliegenden Lehrbuch wird der Versuch unternommen, diese Lücke zu schließen.

Die Schrift wurde so konzipiert, dass auch diejenigen, denen es an betriebswirtschaftlichen Vorkenntnissen fehlt, sich in relativ kurzer Zeit in die doppelte Buchführung für Städte, Kreise und Gemeinden einarbeiten können. Bei der Arbeit mit dem Lehrbuch ist allerdings zu beachten, dass es noch keine verbindliche Grundlage für eine Doppik in der sogenannten „Kernverwaltung" gibt, sondern nur für kommunale Teilbetriebe, die eher am Rande der Kommunalverwaltung einzuordnen sind. Insofern haben die Ausführungen teilweise den Charakter von Empfehlungen. Auch geht es in dieser Schrift nicht um die Klärung der Frage, ob es im Hinblick auf den Steuerungsbeitrag überhaupt sinnvoll ist, die Kameralistik generell durch die Doppik zu ersetzen. Dieser wissenschaftliche Streit kann nicht in einer Einführungsschrift, sondern muss an anderer Stelle ausgefochten werden. Fest steht allerdings, dass die Doppik den kommunalen Bereich in den letzten Jahren zunehmend „erobert" hat. Es liegt daher die Vermutung nahe, dass sie weiter an Bedeutung gewinnen wird, wobei lediglich unsicher ist, ob dies durch die verstärkte Berücksichtigung von Eigengesellschaften, Eigenbetrieben und eigenbetriebsähnlichen Einrichtungen oder durch einen radikalen Austausch der Buchhaltungssysteme geschieht.

Mit dem vorliegenden Lehrbuch wird das Ziel verfolgt, möglichst viele Mitarbeiterinnen und Mitarbeiter in den kommunalen Verwaltungsbetrieben an die doppelte Buchführung heranzuführen, damit sie sich an der aktuellen Entwicklung beteiligen können und auf die Einführung der Doppik in der Kommunalverwaltung, unabhängig davon, welche Bereiche von der Veränderung erfasst werden, vorbereitet sind.

Prof. Dr. Falko Schuster

1 Einordnung der doppelten Buchhaltung in das betriebliche Rechnungswesen

1.1 Begriff und grundsätzliche Aufgabe des betrieblichen Rechnungswesens

Bei einem Betrieb handelt es sich um eine Wirtschaftseinheit, die spezielle **Ziele** verfolgt. Damit die Ziele erreicht werden, muss man das Geschehen in dieser Wirtschaftseinheit entsprechend gestalten.

Man spricht in diesem Zusammenhang von **Betriebsleitung, Betriebsführung, Management oder Steuerung**. Dabei ist zu beachten, dass diese Begriffe eine doppelte Bedeutung haben. Zum einen bezeichnen sie die zu erfüllende Funktion, d.h. die betreffenden Handlungen, und zum anderen die Entscheidungsträger, d.h. die Personen, die für diese Tätigkeiten zuständig sind.

Um die Führungsfunktionen wahrnehmen zu können, benötigt das Management Informationen. Die Führungskräfte müssen – in anderen Worten – über das Wissen verfügen, das erforderlich ist, um die Entscheidungen so zu treffen, dass die gesteckten Ziele erreicht werden. Tätigkeiten, die dazu dienen, das zur Erfüllung der Führungsfunktionen erforderliche Wissen verfügbar zu machen und bereitzustellen, werden führungsunterstützende Funktionen oder **Stabsfunktionen** genannt.

Traditionell wird in den Betrieben ein Großteil der Informationsversorgung vom **Rechnungswesen** wahrgenommen, das man auch heute noch als das Herzstück der Stabsfunktionen bezeichnen kann.

Abbildung 1 veranschaulicht noch einmal die grundsätzlichen Beziehungen, die zwischen betrieblicher Zielsetzung, Management und Rechnungswesen besteht. Damit wird gleichzeitig das entscheidende Kriterium deutlich, das bei der Bewertung eines Rechnungssystems anzulegen ist:

> Es kommt nicht auf die Eleganz eines Rechenwerks an, sondern auf seinen Steuerungsbeitrag, also darauf, welche zielorientierten Informationen es liefern kann.

Wie der Begriff „*Rechnungs*wesen" schon andeutet, erfolgt die Informationsversorgung in diesem Fall primär in Form von Zahlen.

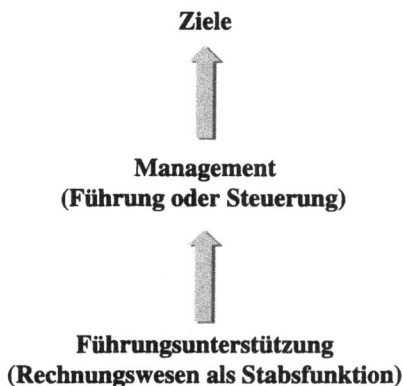

Ziele

↑

**Management
(Führung oder Steuerung)**

↑

**Führungsunterstützung
(Rechnungswesen als Stabsfunktion)**

Abbildung 1: Die grundsätzliche Beziehung zwischen Zielsetzung, Management und Rechnungswesen

Selbstverständlich könnte man das Management über das, was mit und in einem Betrieb passiert, auch anders unterrichten, beispielsweise in Form verbaler Ausführungen. Wenn man jedoch bedenkt, wie viele Tätigkeiten das betriebliche Geschehen in einem bestimmten Zeitraum bestimmen, wird deutlich, wie umfangreich solche verbalen Beschreibungen selbst bei kleinen Betrieben wären. Angesichts der Vielschichtigkeit und Komplexität der für einen Betrieb typischen Abläufe sind Vereinfachungen erforderlich, so dass die Betriebsleitung nicht in einer Fülle von Informationen versinkt, sondern einen Überblick über das betriebliche Geschehen erhält. Durch die Abbildung des Geschehens in Form von Zahlen wird eine solche notwendige Vereinfachung vorgenommen und das Management damit in die Lage versetzt, den Betrieb im Hinblick auf die Zielsetzung gestalten zu können.

Nicht jede zahlenmäßige Erfassung wird jedoch dem Rechnungswesen zugeordnet. Es geht bei den für das Rechnungswesen relevanten Daten letztlich um Wertgrößen, also um Zahlen, die in einer Währung, z.B. in Euro, zum Ausdruck gebracht werden.

Das Rechnungswesen können wir somit als wertmäßige Abbildung des betrieblichen Geschehens definieren.

Neben dem Management interessieren sich in der Regel auch andere Personen und Institutionen für das, was in und mit einem Betrieb passiert. So ist das Rechnungswesen einer privatwirtschaftlichen Unternehmung beispielsweise auch für die aktuellen und potentiellen Eigentümer, Gläubiger und Lieferanten sowie für die Finanzbehörden, die Belegschaft und die Konkurrenz relevant, und das Rechnungswesen eines kommunalen Verwaltungsbetriebs, d.h. einer Gemeinde-, Stadt- oder Kreisverwaltung, beispielsweise nicht nur für die Verwaltungsspitze, sondern letztlich für alle Personen, die in diesem Betrieb tätig sind, für den Rat und für die Aufsichtsbehörden von Bedeutung. All diese Interessentenkreise benötigen für Ihre Entscheidungen Informationen, die das Rechnungswesen ihnen zumindest teilweise zu bieten vermag.

Es liegt auf der Hand, dass nicht allen Personenkreisen der gleiche Zugang zu den Informationen, die das Rechnungswesen beinhaltet, zugestanden werden kann. So wäre die Existenz eines privatwirtschaftlichen Unternehmens bedroht, wenn die Konkurrenz über das gleiche Wissen verfügen würde wie das Management. Durch zahlreiche rechtliche Vorschriften wird daher geregelt, welche Informationen das Rechnungswesen eines Betriebs beinhalten und welcher Teil dieser Informationen welchem Interessentenkreis zur Verfügung gestellt werden muss. Die kommunalen Verwaltungsbetriebe haben besonders die Gemeindeordnungen, die Gemeindehaushaltsverordnungen, die Gemeindekassenverordnungen und das Eigenbetriebsrecht zu beachten.

1.2 Die Zweige des betrieblichen Rechnungswesens und ihre speziellen Aufgaben

In der Literatur finden sich zahlreiche Versuche, das betriebliche Rechnungswesen einzuteilen. Meist wird dabei das Rechnungswesen der öffentlichen Verwaltungsbetriebe außer Acht gelassen. Unserer Ansicht nach sind grundsätzlich **drei Zweige des betrieblichen Rechnungswesens** zu unterscheiden, und zwar unabhängig davon, ob es sich um den Bereich der Privatwirtschaft oder der öffentlichen Verwaltung handelt (vgl. Abbildung 2).

Betriebs-typen / Zweige des Rechnungs-wesens	PRIVATWIRT-SCHAFTLICHES UNTERNEHMEN	TRADITIONELLE KOMMUNAL-VERWALTUNG	MODERNE KOMMUNAL-VERWALTUNG
1. Zweig	Buchhaltung (pagatorische Rechnung)		
	Kaufmännische doppelte Buchführung *(Buchung im Zwei-Komponenten-System)*	Verwaltungs-kameralistik *(in einzelnen Bereichen kaufmännische doppelte Buchführung)*	Verwaltungs-doppik *(Buchung im Drei-Komponenten-System)*
	Betriebs-buchhaltung	Erweiterte Kameralistik	⬇ ⬇
2. Zweig	Kosten- und Leistungsrechnung (kalkulatorische Rechnung)		
3. Zweig	Einzelfallbezogene Rechnungen		

Abbildung 2: *Die Zweige des betrieblichen Rechnungswesens und ihre speziellen Aufgaben*

Im Einzelnen besteht das betriebliche Rechnungswesen aus

1. **der Buchhaltung** (im engeren Sinn),

2. **der Kosten- und Leistungsrechnung** und

3. den einzelfallbezogenen Rechnungen.

Zu 1.: Die **Buchhaltung** im engeren Sinne, nachfolgend nur kurz Buchhaltung oder **Buchführung** genannt, ist darauf ausgerichtet, all die Transaktionen abzubilden, die der Betrieb mit Außenstehenden, d.h. mit anderen Betrieben, tätigt. Da im modernen Wirtschaftsleben solche Transaktionen in der Regel mit Geld abgewickelt werden, spricht man in diesem Zusammenhang auch von der **pagatorischen Rechnung,** wobei dieser Begriff vom lateinischen Verb pagare (zahlen) abgeleitet wird.

> **Bei der Buchhaltung handelt es sich folglich um einen Bereich des Rechnungswesens, der von Zahlungsvorgängen ausgeht.**

Das muss allerdings nicht bedeuten, dass nur die Zahlungsvorgänge gebucht werden, sondern es können eventuell auch andere Größen buchhalterisch erfasst werden, wenn sie mit Zahlungen direkt oder indirekt in Verbindung stehen.

Da das Resultat der pagatorischen Rechnung, d.h. der Jahresabschluss bzw. die Jahresrechnung, häufig auch Außenstehenden zur Verfügung steht, spricht man in diesem Zusammenhang auch vom **externen Rechnungswesen.** Die Bezeichnung ist allerdings nicht ganz zutreffend, da es durchaus Betriebe gibt, die ihren Jahresabschluss nicht veröffentlichen müssen.

Im Bereich der Unternehmen hat sich ein anderes System der Buchhaltung durchgesetzt als im Bereich der öffentlichen Verwaltung: Während für die Unternehmen die **doppelte kaufmännische Buchführung** im engeren Sinn, die auch kurz **doppelte Buchhaltung, doppelte Buchführung** oder **Doppik** genannt wird, vorgeschrieben ist, müssen die öffentlichen Verwaltungsbetriebe in der Regel (noch) die **Kameralistik,** genauer die **Verwaltungskameralistik,** anwenden. Für die doppelte Buchführung im engeren Sinn, finden sich weiterhin die Begriffe **Finanzbuchhaltung** und **Geschäftsbuchhaltung.** Während die Begriffe doppelte Buchführung, doppelte Buchhaltung und Doppik auf die spezielle Buchungstechnik hinweisen, wird durch die Begriffe Finanzbuchhaltung und Geschäftsbuchhaltung der Inhalt der Buchhaltung angedeutet. Gebucht wird, wenn mit Außenstehenden Geschäfte getätigt werden bzw. wenn Zahlungsmittelbewegungen, d.h. Finanzströme, stattfinden.

Dass sich in den Unternehmen und den öffentlichen Verwaltungsbetrieben unterschiedliche Buchhaltungssysteme entwickelt haben, ist auf die unterschiedlichen Zielsetzungen zurückzuführen, die für beide Betriebstypen gelten.

Unabhängig von der speziellen Ausgestaltung der Buchführung, d.h. der pagatorischen Rechnung, ist zu beachten, dass die Anbindung an den Zahlungsvorgang bestimmte Konsequenzen bezüglich dessen, was und mit welchem Wert gebucht wird, zur Folge hat:

- Es wird unabhängig vom Entstehungsgrund gebucht, wenn eine Zahlung anfällt. Die Ausgaben für die Reparatur eines durch Blitzeinschlag hervorgerufenen Schadens werden ebenso erfasst wie die üblichen Personal- und Materialausgaben. Zufälligkeiten wie Glück und Unglück finden in der Buchhaltung somit ihren Niederschlag.

- Die Bewertung dessen, was erfasst wird, wird von außen, d.h. in der Regel vom Markt, bestimmt. Steigt der Marktpreis für ein Gut und erzielt man diesen höheren Marktpreis, dann wird dieser Effekt in der Buchhaltung deutlich. Sinkt der Marktpreis für ein Gut beispielsweise aufgrund von Modeerscheinungen und erzielt man somit nur geringere Einnahmen für das Gut, wirkt sich dieser negative Effekt ebenfalls in der Buchhaltung aus.

- Erfolgt keine Zahlung (bzw. kein Gütertausch) wird in der Buchhaltung auch nichts erfasst. Wird beispielsweise Eigenkapital eingesetzt, erfolgt keine Zinsausgabe und somit auch keine Buchung. Gibt ein Betrieb ein Gut aus sozialen Gründen unentgeltlich ab, wird der positive Effekt, der bei der beschenkten Person entsteht, in der Buchhaltung des Betriebs nicht berücksichtigt.

Der Zahlungsvorgang ist somit dafür entscheidend, ob überhaupt und welcher Betrag gebucht wird.

Mit der Einführung des Neuen Kommunalen Finanzmanagements (NKF) bzw. des Neuen Kommunalen Rechnungswesens (NKR) hat die **Verwaltungsdoppik** ihren Einzug in die so genannte Kernverwaltungen der Kommunen gehalten. Die Verwaltungsdoppik kann man auch als die **Doppik des NKF** bezeichnen. Wie nachfolgend noch gezeigt wird, unterscheiden sich die traditionelle, d.h. die kaufmännische Doppik und die Verwaltungsdoppik erheblich. Ein Hauptunterschied ergibt sich dadurch, dass innerhalb der kaufmännischen Doppik zwei Rechnungen mit entsprechenden Vorkonten durchgeführt werden und innerhalb der Verwaltungsdoppik drei Rechnungen zum Einsatz kommen. Bei der Verwaltungsdoppik spricht man daher von einem **Drei-Komponenten-System.** Entsprechend könnte man die kaufmännische Buchführung als **Zwei-Komponenten-System** bezeichnen, was allerdings bisher noch nicht üblich ist.

Wie im kaufmännischen Rechnungswesen so finden sich auch im NKF für die doppelte Buchführung im engeren Sinne die Bezeichnungen Finanzbuchhaltung und Geschäftsbuchhaltung, allerdings weichen die mit diesen Begriffen verbundenen Inhalte von den Inhalten ab, die im kaufmännischen Bereich mit diesen beiden Begriffsfassungen verbunden werden.

Zu 2.: Der zweite Zweig des Rechnungswesens, **die Kosten- und Leistungsrechnung,** dient dazu, die Informationslücken, die sich durch die außen- bzw. zahlungsorientierte Sichtweise bei der Buchhaltung ergeben, zu schließen. Man bemüht sich die „Zufälligkeiten", die aus der betrieblichen Umwelt resultieren, auszuschalten und „ungestört" in den Betrieb hineinzusehen. Durch diese Vorgehensweise versucht man, zu erkennen, ob der Betrieb **wirtschaftlich** arbeitet, ob also der Wert der im Hinblick auf die betriebliche Zielsetzung verbrauchten Güter in einem sinnvollen Verhältnis zu dem Wert der Güter steht, die in dem Betrieb entstanden sind. **Die Kosten- und Leistungsrechnung ist somit das traditionelle Instrument zur Wirtschaftlichkeitskontrolle und Wirtschaftlichkeitssteuerung,** wobei hier allerdings in der Privatwirtschaft häufig von der **Kosten- und Erlösrechnung** gesprochen wird.

Da in der Kosten- und Leistungsrechnung die Größen teilweise rein rechnerisch ermittelt werden und man sich dabei eventuell vom Zahlungsvorgang lösen muss, spricht man in diesem Zusammenhang auch von der **kalkulatorischen Rechnung** und setzt damit diesen Zweig des Rechnungswesens auch sprachlich klar von der pagatorischen Rechnung, d.h. der Buchhaltung, ab.

Im Gegensatz zur pagatorischen Rechnung, die auch als externes Rechnungswesen bezeichnet wird, spricht man bei der kalkulatorischen Rechnung, d.h. bei der Kosten- und Leistungsrechnung, auch vom **internen Rechnungswesen**, um anzudeuten, dass dieser Teil des Rechnungswesens nicht für Außenstehende bestimmt ist. Ganz zutreffend ist die Bezeichnung „internes Rechnungswesen" nicht, da beispielsweise die einer Gebührenkalkulation zugrunde liegende Kostenrechnung grundsätzlich auch der Öffentlichkeit zugänglich ist.

Die für die Kosten- und Leistungsrechnung typische Sichtweise hat Folgen bezüglich dessen, was und mit welchem Wert etwas erfasst wird:

- Es werden ein Güterverbrauch und ein Güterverzehr nur berücksichtigt, wenn er mit dem Betriebszweck, d.h. mit dem sogenannten Sachziel des Betriebs, in Verbindung steht. Die Ausgaben für die Reparatur eines durch Blitzeinschlag hervorgerufenen Schadens werden beispielsweise nicht berücksichtigt. Zufälligkeiten sollen möglichst keinen Niederschlag finden.

- Eventuell erfolgt eine andere Bewertung der verbrauchten und entstandenen Güter als in der Buchhaltung. So können beispielsweise Abschreibungen vom aktuellen Wiederbeschaffungszeitwert abgeleitet werden, was in der Buchhaltung nicht zulässig ist.

- Auch dann, wenn keine Zahlung erfolgt, kann eventuell ein Betrag berücksichtigt werden. Wird beispielsweise Eigenkapital eingesetzt, erfolgt keine Zinsausgabe. Gleichwohl kann man Kosten in Form der kalkulatorischen Zinsen ansetzen.

Die Kosten- und Leistungsrechnung lässt sich sowohl mit dem System der doppelten Buchhaltung als auch mit dem der Verwaltungskameralistik verbinden. Im ersten Fall spricht man von der **Betriebsbuchhaltung** und im zweiten Fall von der **Erweiterten Kameralistik**. Beide Bezeichnungen sind etwas irreführend. Trotz der technischen Verknüpfung bleiben die inhaltlichen Unterschiede gegenüber der Doppik bzw. Verwaltungskameralistik bestehen.

Auch die Verwaltungsdoppik kann man mit der Kosten- und Leistungsrechnung verbinden. Wie dies im Einzelnen aussieht, ist noch nicht abschließend geklärt. Naheliegend ist eine ähnliche Konstruktion wie im kaufmännischen Bereich, so dass man dann auch im NKF von der Betriebsbuchhaltung sprechen könnte, wenn man die Kosten- und Leistungsrechnung meint.

Zu 3.: Der dritte Zweig des Rechnungswesens ist deshalb erforderlich, weil sowohl die Buchhaltung, d.h. die pagatorische Rechnung, als auch die Kosten- und Leistungsrechnung, d.h. die kalkulatorische Rechnung, relativ kurze Zeiträume, und zwar in der Regel ein Jahr abdecken. Es gibt jedoch zahlreiche betriebswirtschaftliche Entscheidungen, die sich über viele Abrechnungsperioden auswirken. In erster Linie handelt es sich dabei um Investitions- und Finanzierungsentscheidungen. In diesen Fällen sind Berechnungen erforderlich, die zahlreiche zukünftige Jahre überlagern. *So sind beispielsweise bei der Beurteilung von Investitionen im Bereich Abwasserentsorgung eventuell alle Einnahmen und Ausgaben zu berücksichtigen, die durch diese in den nächsten zwanzig Jahren hervorgerufen werden.* Da man die Zahlen des Rechnungswesens auf die betreffende Entscheidung zuschneiden und durch weitere Schätzungen ergänzen muss, kann man in diesem Zusammenhang von **einzelfallbezogenen Rechnungen** sprechen.

Sowohl der 2. Zweig des Rechnungswesens, d.h. die Kosten- und Leistungsrechnung, als auch der 3. Zweig des Rechnungswesens, d.h. die einzelfallbezogenen Rechnungen, sind nicht Gegenstand dieser Schrift.

1.3   Die wesentlichsten Unterschiede zwischen der doppelten kaufmännischen und der kameralistischen Buchführung

Wie aus Abbildung 3 hervorgeht, weisen **beide Buchhaltungssysteme die gleiche Grundstruktur auf**:

- Zunächst werden die **für einen bestimmten zukünftigen Zeitraum, z.B. für ein Jahr**, zu erwartenden Zahlungen bzw. die mit ihnen in Verbindung stehenden Größen **geplant**,
- anschließend werden alle Transaktionen (Geschäfte), die in dem betreffenden Zeitraum anfallen, **laufend gebucht** und
- **am Ende des betreffenden Geschäftsjahres** werden dann die Zahlen **systematisch zusammengefasst**. Bei den Unternehmen spricht man in diesem Zusammenhang vom Jahresabschluss und bei der Kommunalverwaltung von der Jahresrechnung.

Planung	Durchführung	Abschluss

Verwaltungskameralistik		
Haushaltsplan	Haushaltsüberwachung - **laufende Buchung** von Einnahmen und Ausgaben nach Haushaltsrecht-	Jahresrechnung
	laufende Buchung von Einnahmen und Ausgaben sowie ständige Ermittlung des Zahlungsmittelbestandes nach Kassenrecht	

Traditionelle (kaufmännische) Doppik		
a) Planbilanz	**laufende Buchung** von Zu- und Abgängen beim Vermögen und bei den Schulden	Schlussbilanz als Teil des Jahresabschlusses
b) Erfolgsplan	**laufende Buchung** von Aufwand und Ertrag	GuV-Rechnung als Teil des Jahresabschlusses
c) Finanzplan	Finanzrechnung **laufende Buchung** von Ausgaben und Einnahmen und ständige Ermittlung des Zahlungsmittelbestandes	

Abbildung 3: Überblick über die doppelte kaufmännische Buchführung und die Verwaltungskameralistik

Trotz dieser Gemeinsamkeit unterscheiden sich die beiden Buchhaltungssysteme erheblich, und zwar sowohl bezüglich der Technik als auch bezüglich der Datenaufbereitung sowie der damit verbundenen Aussagekraft:

- Was die **Buchungstechnik** anbelangt, so wird zwar sowohl bei der Kameralistik als auch bei der kaufmännischen Buchführung ein Geschäftsvorfall mehrfach, d.h. auf mehreren Konten, erfasst, bei der kaufmännischen Buchführung werden jedoch in der Regel zwei inhaltlich unterschiedliche Konten berührt und darüber hinaus auf zwei verschiedenen Seiten. Hierauf wird in dieser Schrift noch detailliert eingegangen.

- Wichtiger als die verschiedenen Buchungstechniken sind allerdings die **Unterschiede, welche die Datenaufbereitung und damit den Inhalt betreffen** und die daraus resultieren, dass man mit beiden Rechenwerken unterschiedliche Ziele verfolgt:

  - Bei der **Verwaltungskameralistik** geht es darum, die Zahlungsfähigkeit der einzelnen Kommunalverwaltung sicherzustellen, insofern stellt man bei dieser Form der Buchhaltung sowohl bei der Planung als auch bei der Ausführung und bei der Jahresrechnung ausschließlich auf **Ausgaben** und **Einnahmen** ab. Um den Zahlungsstrom besser kontrollieren zu können, erfolgt zusätzlich eine **Trennung von Soll- und Ist-Zahlungen,** die das kaufmännische Rechnungswesen nicht kennt. Es werden nicht nur die tatsächlich geleisteten Geldbewegungen, sondern auch die lediglich verwaltungsintern angeordneten Zahlungsvorgänge gebucht.

  - Bei einem **privatwirtschaftlichen Unternehmen** geht es letztlich darum, **Gewinne** zu erzielen und zusätzlich die Zahlungsfähigkeit in jedem Augenblick, d.h. die **Liquidität,** zu gewährleisten. Die doppelte Buchführung trägt dieser Zielsetzung Rechnung. Sie erfasst neben **Einnahmen und Ausgaben** auch **Aufwand und Ertrag** sowie **Vermögen und Schulden**, wobei letztlich alle Größen, soweit es sich nicht um Einnahmen und Ausgaben handelt, zumindest von diesen abgeleitet werden.

- Schließlich ist noch folgender **Unterschied im Hinblick auf die Integration von Planung, laufender Buchung und Abschluss** zu beachten:

  - Im kameralistischen System besteht ein enger Verbund zwischen Planung, laufender Buchung und Abschluss. Für den Haushaltsplan, die Haushaltsüberwachung, die Buchung in den Kassenbüchern und die Jahresrechnung gelten die Haushaltssystematik und damit eine verbindliche und einheitliche Erfassung der Vorgänge auf bestimmten Konten.

  - Im System der doppelten Buchführung gibt es diesen engen Verbund zwischen Planung und laufender Buchung nicht. Die Planung wird nicht in doppischer Form vorgenommen. Das gilt für die Vermögens- und Schuldenplanung, d.h. die Planbilanz, die Erfolgsplanung, die den zukünftigen Aufwand und Ertrag zum Inhalt hat, und die Finanzplanung, bei der es um die zukünftigen Einnahmen und Ausgaben geht, gleichermaßen.

  - Hinzu kommt, dass auch bei der laufenden Buchführung häufig auf eine in das doppische System eingebundene Finanzrechnung verzichtet wird. Einnahmen und Ausgaben werden üblicherweise auf mehreren Vorkonten zur Bilanz erfasst. Die genaue Betrachtung des Zahlungsmittelbestandes und der Zahlungsströme wird zusätzlich in einer Finanzrechnung vorgenommen, die vom doppischen Rechnungsverbund getrennt ist.

Das gegenwärtig praktizierte System der doppelten kaufmännischen Buchführung besteht also einerseits aus den laufenden Buchungen von Zugängen und Abgängen auf den Bestandskonten, die in erster Linie das Vermögen und die Schulden erfassen, und den laufenden Buchungen auf den Erfolgskonten, die in erster Linie Aufwand und Ertrag erfassen, sowie andererseits aus dem Jahresabschluss, der sich aus der Schlussbilanz und der GuV-Rechnung zusammensetzt.

Die entsprechenden Flächen haben wir in Abbildung 3 grau unterlegt.

Man könnte hier auch, wie bereits erwähnt, von einem **Zwei-Komponenten-System** sprechen. Dieses ist Gegenstand der klassischen Einführungsschriften zur doppelten Buchführung und bildet daher auch den Ausgangspunkt für unsere weiteren Ausführungen.

Wir behandeln also zunächst, wie dies üblich ist, nur zwei Zweige der doppelten Buchführung, und zwar, etwas vereinfacht ausgedrückt,

- die Vermögens- und Schuldenrechnung, die mit der Bilanzerstellung endet und
- die Aufwands- und Ertragsrechnung, die ihren Abschluss in der Gewinn- und Verlust-Rechnung (GuV-Rechnung) findet, die auch als (pagatorische) Erfolgsrechnung oder Periodenerfolgsrechnung bezeichnet wird und für die man im NKF die Bezeichnung „Ergebnisrechnung" gewählt hat.

Um das System der doppelten Buchführung zu verstehen, muss man einige Grundbegriffe kennen, die wir, bevor wir dieses Rechenwerk im Einzelnen behandeln, daher zunächst kurz erläutern.

2 Die für das Verständnis der doppelten Buchführung notwendigen Grundbegriffe

2.1 Einnahme, Ausgabe, Einzahlung, Auszahlung, Aufwand, Ertrag, Aufwendungen und Erträge

Unter einer **Einnahme** verstehen wir einen **Geldzufluss.** Der Begriff ist für uns gleichbedeutend mit dem der **Einzahlung.** Unter einer **Ausgabe** verstehen wir spiegelbildlich einen **Geldabfluss.** Der Begriff ist für uns gleichbedeutend mit dem der **Auszahlung.**

Bei den Einnahmen bzw. Ausgaben kann es sich um einen Zufluss bzw. Abfluss von **Bargeld** (Noten und Münzen) oder von **Buchgeld** (Guthaben auf dem Girokonto) handeln.

Die Zahlungen lassen sich in Erfolgszahlungen, d.h. Erfolgseinnahmen (Erfolgseinzahlungen) und Erfolgsausgaben (Erfolgseinzahlungen), und Finanzzahlungen, d.h. Finanzeinnahmen (Finanzeinzahlungen) und Finanzausgaben (Finanzauszahlungen), einteilen.

Erfolgszahlungen haben Auswirkungen auf Gewinn und Verlust, Finanzzahlungen nicht.

Eine **Finanzeinnahme** (Finanzeinzahlung) erkennt man daran, dass ihr automatisch zu irgendeinem anderen Zeitpunkt Ausgaben in gleicher Höhe gegenüberstehen. Spiegelbildlich erkennt man eine **Finanzausgabe** (Finanzauszahlung) daran, dass ihr zu irgendeinem anderen Zeitpunkt Einnahmen in gleicher Höhe gegenüberstehen. Bei einer Kreditaufnahme handelt sich beispielsweise um eine Finanzeinnahme, da bei der Tilgung des Kredits Ausgaben anfallen, die insgesamt die Höhe der Einnahme erreichen. Entsprechend handelt es sich bei der Rückzahlung eines Kredits um eine Finanzausgabe, denn den Betrag hat man zuvor erhalten, es steht ihm also eine frühere Einnahme gegenüber.

Die **Erfolgsausgaben** (Erfolgsauszahlungen) führen hingegen nicht automatisch zu gleich hohen Einnahmen. Sie stehen mit einem Güterverzehr in Verbindung. Ob sich auch eine Einnahme ergibt und in welcher Höhe diese anfällt, ist unsicher. Bei der Bezahlung einer Materiallieferung handelt es sich beispielsweise um eine Erfolgsausgabe.

Der Aufwand wird von einer Erfolgsausgabe abgeleitet, und zwar kann man **Aufwand als eine periodisierte Erfolgsausgabe (Erfolgsauszahlung) und Aufwendungen als periodisierte Erfolgsausgaben (Erfolgsauszahlungen)** bezeichnen.

Dabei versteht man unter Periodisierung die erfolgswirksame Buchung eines Betrages. Es wird also nicht nur dann gebucht, wenn das Geld fließt, sondern auch dann, wenn der Erfolg, d.h. Gewinn bzw. Verlust, berührt wird. Das ist der Zeitraum, in dem das Gut, für das man die Ausgabe getätigt hat, verbraucht wird. Wird also beispielsweise im Jahr 2006 Material gekauft und bezahlt und erst im folgenden Jahr verbraucht, dann ist im Jahre 2006 die Ausgabe, der Geldmittelabfluss, und im Jahre 2007 der Aufwand zu buchen.

Spiegelbildlich verstehen wir unter **Ertrag eine periodisierte Erfolgseinnahme (Erfolgseinzahlung) und unter Erträgen periodisierte Erfolgseinnahmen (Erfolgseinzahlungen).**

Eine Erfolgseinnahme liegt beispielsweise vor, wenn man für eine erbrachte Dienstleistung die vereinbarten Zahlungsmittel, das Entgelt, erhält. Auch in diesem Fall wird die Geldbewegung erfasst und zusätzlich eine erfolgswirksame Buchung vorgenommen, d.h. die Erfolgseinnahme periodisiert. Letzteres geschieht dann, wenn das betreffende Gut, für das man die Bezahlung erhält, an den Kunden abgegeben wird, bzw. dann, wenn die Rechnung an den Kunden abgeschickt und so die Lieferung dokumentiert wird. Versendet beispielsweise ein kommunales Wasserwerk für Wasserlieferungen im Jahre 2006 Ende Dezember 2006 die Gebührenbescheide (die Rechnungen), so entsteht im Jahre 2006 ein Ertrag, obwohl die Bezahlung erst im Jahre 2007 erfolgt, die Einnahme also erst 2007 anfällt.

In der Verwaltungsdoppik bzw. im NKF oder NKR verzichtet man häufig auf die Begriffe Einnahmen und Ausgaben, weil sie in der Betriebswirtschaftslehre nicht einheitlich definiert werden. Wir werden uns bemühen, ebenfalls auf diese Begriffe zu verzichten und vorrangig mit den im NKF üblichen Begriffspaaren arbeiten. Demnach gilt nachfolgend:

Einzahlungen = Geldzufluss

Auszahlungen = Geldabfluss

Aufwendungen = periodisierte Erfolgsauszahlungen

Erträge = periodisierte Erfolgseinzahlungen

Folgendes **Beispiel** soll den **Unterschied zwischen Auszahlungen und Einzahlungen einerseits sowie Aufwendungen und Erträgen andererseits** noch einmal verdeutlichen.

Für eine Volkshochschule werden im Jahre 2006 folgende Zahlungen getätigt:

a) Auszahlungen für die Verwaltungsmitarbeiter 450.000 Euro,

b) Auszahlungen für die nebenamtlich tätigen Dozenten 690.000 Euro,

c) Materialauszahlungen 200.000 Euro,

d) Auszahlungen für eine Eröffnungsfeier 3.000 Euro;

e) Auszahlungen für Gebäudeunterhaltung 33.000 Euro;

f) Teilnehmerentgelte (Einzahlungen) 330.000 Euro;

Folgende Angaben sind noch zusätzlich zu beachten: Das jeweilige Studienjahr beginnt am 1.Oktober und endet am 30. Juni des Folgejahres. Die Honorare für die nebenamtlich tätigen Dozenten werden rückwirkend für das Studienjahr überwiesen. Für 2007 rechnet man mit Auszahlungen in Höhe von 750.000 Euro. Die Teilnehmerentgelte werden zu Beginn des Studienjahres für das anstehende Studienjahr entrichtet. 2005 betrugen die Einzahlungen 300.000 Euro. Das Material wird stets auf Lager genommen und nach Bedarf verbraucht. Anfang 2006 hat der Lagerbestand einen Wert von 50.000 Euro. Ende 2006 hat der Lagerbestand einen Wert von 100.000 Euro.

Wie hoch sind im Jahr 2006 die Einzahlungen und die Auszahlungen sowie die Aufwendungen und die Erträge?

Lösung:

Zu a): Da keine zusätzlichen Angaben gemacht wurden, muss man davon ausgehen, dass die Bezahlung der Verwaltungsmitarbeiter für Tätigkeiten im Jahre 2006 geleistet wird. Auszahlungen und Aufwendungen haben im Jahre 2006 somit die gleiche Höhe.

Zu b): Die nebenamtlich tätigen Dozenten werden rückwirkend für das Studienjahr bezahlt, das nicht dem Kalender- und Abrechnungsjahr entspricht. Die Auszahlungen im Jahre 2006 haben eine Höhe von 690.000 Euro. Damit werden jedoch Tätigkeiten bezahlt, die man teilweise im Vorjahr erbrachte. 1/3 des Betrages war also bereits im Vorjahr als Aufwendungen zu berücksichtigen. 2/3 des Betrages, also 460.000 Euro, sind somit Aufwendungen im Jahre 2006. Hinzu kommen allerdings Aufwendungen in Höhe von 1/3 des im Jahre 2007 zu zahlenden Betrages, also 250.000 Euro; denn die Bezahlung im Jahre 2007 betrifft einen Güterverbrauch (Arbeitseinsatz), der bereits zu 1/3 im Jahre 2006 stattfindet.

Zu c): Im Jahr 2006 beträgt die Auszahlung für Material 200.000 Euro. Der Materialaufwand im Jahr 2006 beträgt allerdings nur 150.000 Euro (Berechnung: Anfangsbestand + Zugang - Endbestand = Verbrauch, also 50.000 Euro + 200.000 Euro -100.000 Euro = 150.000 Euro).

Zu d): Da keine weiteren Angaben gemacht werden, muss man davon ausgehen, dass die Ausgaben für Güter anfallen, die sofort verbraucht werden. Auszahlungen und Aufwendungen haben somit die gleiche Höhe.

Zu e): Hier gilt die gleiche Begründung wie bei d).

Zu f): Die Einzahlungen im Jahre 2006 betragen 330.000 Euro, allerdings werden damit teilweise Dienstleistungen bezahlt, die erst im Jahre 2007 erbracht werden. Die Erträge im Jahre 2006 fallen nur in Höhe von 1/3 dieses Betrages an. Auf der anderen Seite betreffen die Einzahlungen aus dem Vorjahr teilweise Dienstleistungen, die im Jahr 2006 erbracht wurden. Zusätzlich ist somit ein Ertrag in Höhe von 200.000 Euro zu berücksichtigen.

In der nachfolgenden Tabelle haben wir die Daten noch einmal übersichtlich zusammengestellt.

Vorgang	Einzahlungen in 2006	Auszahlungen in 2006	Aufwendungen in 2006	Erträge in 2006
a)		450.000	450.000	
b)		690.000	460.000 250.000	
c)		200.000	150.000	
d)		3.000	3.000	
e)		33.000	33.000	
f)	330.000			200.000 110.000
Summe	330.000	1.376.000	1.346.000	310.000

Beträge in Euro

2.2   Vermögen, Schulden, Fremdkapital, Reinvermögen, Eigenkapital, Erfolg, Gewinn, Verlust, Jahresergebnis, Jahresüberschuss und Jahresfehlbetrag

Bisher fehlt es an einer völlig überzeugenden Definition des Begriffs „Vermögen".

Wir verstehen unter Vermögen all die Wirtschaftsgüter, die ein Betrieb durch Einzelverwertung zur Schuldentilgung heranziehen kann.

Es kann sich dabei um materielle und immaterielle Güter, also beispielsweise um Sachgüter und Rechte, handeln. Zur Einzelverwertung zählen neben dem Verkauf beispielsweise auch die Vermietung und Verpachtung. Insofern wird ein Wirtschaftsgut, das man – aus welchen Gründen auch immer – nicht veräußern kann oder darf, durchaus zum Vermögen gerechnet, wenn man darüber wirtschaftlich verfügen kann, d.h. wenn man es anderen Institutionen oder Personen zumindest zeitweilig gegen Entgelt zur Nutzung zu überlassen vermag. Denkbar wäre beispielsweise, dass eine Gemeinde über eine Straße verfügt, die sie auch unter größten Anstrengungen nicht veräußern könnte. Da aber zumindest die theoretische Möglichkeit besteht, diese Straße beispielsweise der Nachbarschaft für ein Straßenfest gegen ein geringes Entgelt zur Verfügung zu stellen, ist die Straße dem Vermögen der Stadt zuzuordnen.

Schulden sind Verpflichtungen, in der Regel Zahlungsverpflichtungen gegenüber Dritten. Wenn man von Feinheiten einmal absieht, kann man Schulden auch als **Fremdkapital** bezeichnen. Etwas vereinfachend ausgedrückt, handelt es sich beim Begriff „Fremdkapital" somit um eine elegantere Formulierung für den Begriff „Schulden".

Ist die Zahlungsverpflichtung „sicher", muss man also zu einem bestimmten Zeitpunkt an einen bestimmten Gläubiger einen bestimmten Betrag zahlen, spricht man von **Verbindlichkeiten**. Ist die Zahlungsverpflichtung im Hinblick auf die genaue Höhe oder bezüglich des genauen Zahlungszeitpunktes unsicher, spricht man von **Rückstellungen**. Hat ein Betrieb beispielsweise eine Lieferung und die betreffende Rechnung erhalten, dann steht exakt fest, was der Betrieb dem Lieferanten schuldet und bis wann die Rechnung zu begleichen ist. Man spricht daher von einer Lieferanten**verbindlichkeit**. Hat ein Mitarbeiter einen vertraglich vereinbarten Pensionsanspruch gegenüber dem Betrieb, dann bezeichnet man die betreffende Schuld als Pensions**rückstellung**. Dass der Betrieb dem Mitarbeiter nach Eintritt in den Ruhestand eine bestimmte Zahlung schuldet ist sicher, unsicher ist jedoch, wann der betreffende Mitarbeiter in den Ruhstand gehen wird und über welchen Zeitraum sich die Pensionszahlungen dann erstrecken werden. Hier sind lediglich Schätzungen in bestimmten Bandbreiten möglich. Insofern kann man für diese Schuld zunächst noch nicht den Begriff „Verbindlichkeit" verwenden. Sobald die betreffende Person sich im Ruhestand befindet ist Monat für Monat die unsichere Schuld in eine sichere Schuld, d.h. die Pensionsrückstellung in eine Verbindlichkeit gegenüber dem ehemaligen Mitarbeiter umzuwandeln.

Zieht man vom Vermögen die Schulden ab, erhält man das **Reinvermögen**. Die Mittel in Höhe des Reinvermögens haben die Eigentümer des Betriebs zur Verfügung gestellt. Insofern ist das Reinvermögen stets genau so groß wie das **Eigenkapital**.

Der Begriff „Eigenkapital" unterscheidet sich im Rechnungswesen somit von der Vorstellung, die man ansonsten mit dem Begriff „Kapital" verbindet. In der Alltagssprache, aber auch in anderen wirtschaftwissenschaftlichen Gebieten bezeichnet man häufig Vermögenswerte als Kapital. So meint man beispielsweise die Maschinen, wenn man die volkswirtschaftlichen Produktionsfaktoren Arbeit, Boden und Kapital aufzählt. Die Bezeichnung „Geldkapital" wird häufig für den Zahlungsmittelbestand verwendet, über den ein Betrieb verfügen kann.

Im Rechnungswesen handelt es sich beim Eigenkapital eindeutig nicht um Vermögen. Der Begriff „Eigenkapital" ist parallel zum Begriff „Fremdkapital" zu verwenden. Während es sich beim Fremdkapital um die „echten" Schulden, also um das handelt, was man „Fremden" im wahrsten Sinne des Wortes schuldet, handelt es sich beim Eigenkapital um das, was der Eigentümer sich selbst „schuldig" ist. In älteren Schriften zum Rechnungswesen wird daher das Eigenkapital auch als Eigenschuld bezeichnet. Dieser Begriff ist aus didaktischer Sicht durchaus zweckmäßig, um den Inhalt des Begriffs „Eigenkapital" zu verdeutlichen. Juristisch handelt es sich beim Eigenkapital allerdings nicht um Schulden. Insofern sollte man den Begriff „Eigenschuld", wenn überhaupt, dann nur in Anführungszeichen verwenden.

Ist das Reinvermögen am Ende eines Rechnungsjahres größer als zu Beginn des Jahres, hat der Betrieb in Höhe dieses Differenzbetrages einen **Gewinn** erzielt.

Gewinn können wir damit als **Reinvermögenszuwachs** definieren. Da das Reinvermögen dem Eigenkapital entspricht, ist ein Reinvermögensanstieg gleichbedeutend mit einer Eigenkapitalzunahme. Gewinn können wir somit auch als **Eigenkapitalzuwachs** oder als **neu entstandenes Eigenkapital** definieren. Entsprechend handelt es sich bei einem **Verlust** um eine **Reinvermögensverminderung** und damit um eine gleich hohe **Eigenkapitalabnahme**. Verlust ist somit „verloren gegangenes" Eigenkapital.

– **Erfolg** ist der Oberbegriff zu Gewinn und Verlust. Wir können also von einem positiven Erfolg sprechen, wenn ein Gewinn entstanden ist, oder von einem negativen Erfolg im Falle eines Verlustes.

Für den Begriff „Erfolg" kann man auch die Begriffe „**Ergebnis**" oder „**Jahresergebnis**" wählen. Ein positives Jahresergebnis wird als **Jahresüberschuss** bezeichnet. Es handelt dabei um einen Gewinn. Bei einem negativen Jahresergebnis handelt es sich um einen **Jahresfehlbetrag**, also um einen Verlust.

Die einzelnen Begriffe wollen wir nachfolgend anhand eines einfachen **Beispiels** noch einmal verdeutlichen:

Ein Betrieb verfügt zu Beginn eines Jahres über Material im Werte von 10.000 Euro. Die entsprechenden Mittel haben die Eigentümer zur Verfügung gestellt. Im Laufe des Geschäftsjahres wird zusätzlich Material im Werte von 20.000 Euro eingekauft. Um das Material bezahlen zu können, nimmt man einen Bankkredit in Höhe von 20.000 Euro auf. Anschließend wird dieser Betrag an den Lieferanten überwiesen. Im Laufe des Geschäftsjahres wird das Material vollständig verbraucht; die dadurch entstehenden Produkte können vollständig verkauft werden. Der Betrieb erzielt hierdurch Bareinnahmen in Höhe von 50.000 Euro. Alle Lieferungen werden sofort vollständig bezahlt.

– Zu Beginn des Jahres hat der Betrieb **Vermögen** im Werte von 10.000 Euro. Er hat keine **Schulden**. Insofern beträgt das **Reinvermögen** ebenfalls 10.000 Euro. Dies entspricht dem **Eigenkapital**. Lediglich die Eigentümer haben die entsprechenden Mittel bereitgestellt.

–   Am Ende des Jahres hat der Betrieb ein **Vermögen** in Höhe von 50.000 Euro, aber auch
    Schulden (Fremdkapital) in Höhe von 20.000 Euro. Das **Reinvermögen** beträgt somit
    am Ende des Jahres 30.000 Euro. Das Reinvermögen ist also im Verlauf des Jahres um
    20.000 Euro angestiegen. Es ist folglich ein **Gewinn (Jahresüberschuss)** in Höhe von
    20.000 Euro entstanden. Da bei der Reinvermögensberechnung die Schulden bereits in
    Abzug gebracht worden sind, kann nur das **Eigenkapital** angestiegen sein. Der Gewinn
    lässt sich auch mit Hilfe von Aufwand und Ertrag ermitteln. In unserem einfachen Bei-
    spiel ist lediglich Material im Werte von 30.000 Euro verbraucht worden. Der Aufwand
    beträgt somit 30.000 Euro. Es liegt auch nur eine Ertragsart vor, und zwar hat man durch
    Produktverkäufe Erträge in Höhe von 50.000 Euro erzielt. Zieht man von diesen Erträ-
    gen in Höhe von 50.000 Euro den Aufwand in Höhe von 30.000 Euro ab, ergibt sich ein
    Gewinn in Höhe von 20.000 Euro, womit die vorherige Berechnung bestätigt wird.

3 Die Bilanz

3.1 Inventur und Inventar

Nach § 240 HGB hat jeder Kaufmann bei der Eröffnung eines Geschäfts und zu jedem Jahresabschluss ein **Inventar** zu erstellen. Es handelt sich dabei um ein Verzeichnis, in dem die einzelnen Vermögensgegenstände (z.B. Grundstücke, Forderungen, Bargeldbestände) und die Schulden genau aufgeführt sind. Dabei ist auch der Wert der einzelnen Güter und Schulden anzugeben. Die Tätigkeit zur Erstellung des Inventars nennt man **Inventur**.

Für die Gemeinden, die die Verwaltungsdoppik praktizieren, gelten ähnliche Regelungen. Nach § 91 der Gemeindeordnung und § 28 der Gemeindehaushaltsverordnung des Landes Nordrhein-Westfalen haben beispielsweise die Gemeinden dieses Bundeslandes zum Schluss eines jeden Haushaltsjahres eine Inventur durchzuführen und ein Inventar zu erstellen, aus dem der Wert der einzelnen Vermögensgegenstände und Schulden ersichtlich ist. Auch vor der Aufstellung der (ersten) Eröffnungsbilanz ist eine Inventur durchzuführen und ein Inventar aufzustellen. Dies ergibt sich in Nordrhein-Westfalen aus § 53 der Gemeindehaushaltsverordnung.

Nach der Art des der Erfassung zugrunde liegenden Materials kann man zwischen der körperlichen Inventur, der Beleginventur und der Buchinventur unterscheiden. Bei einer **körperlichen Inventur** werden alle vorhandenen Vermögensgegenstände durch Zählen, Messen, Wiegen usw. ermittelt. Bei unstofflichen Vermögenswerten, z.B. bei den Finanzanlagen, und bei den Schulden erfolgt die Inventur durch Auswertung entsprechender Unterlagen. Der Begriff körperliche Inventur ist dann nicht mehr zutreffend. Besser ist es in diesen Fällen von einer **Beleginventur** zu sprechen. Werden nicht die einzelnen Belege, sondern Verzeichnisse ausgewertet, handelt es sich um eine **Buchinventur**.

Die Einordnung des Begriffs „Beleginventur" fällt sowohl in der Literatur als auch in den rechtlichen Regelungen nicht eindeutig aus. Für uns ist die Beleginventur die notwendige Ergänzung der körperlichen Inventur in all den Fällen, bei denen es sich um immaterielle Positionen handelt. Insofern kann man die Beleginventur dann auch als einen besonderen Teil der körperlichen Inventur ansehen.

Der Begriff „Buchinventur" ist hingegen von dem Begriff „körperliche Inventur" klar zu unterscheiden: Bei der „Buchinventur" wird ein Verzeichnis ausgewertet. Mit Hilfe der körperlichen Inventur wird hingegen ein solches Verzeichnis erstellt bzw. überprüft.

Da es sich bei der Inventur um eine Bestandsaufnahme handelt, muss sie stets auf einen bestimmten Zeitpunkt, d.h. auf einen bestimmten Stichtag, bezogen sein. **Insofern ist jede Inven-**

tur eine Stichtagsinventur. Der begriff „Stichtagsinventur" besagt also nicht, dass die Inventur an einem bestimmten Tag durchgeführt wird, sondern verdeutlicht lediglich, dass die Inventur auf einen bestimmten Stichtag hin ausgerichtet ist. Wenn, wie oben dargelegt, eine Inventur zum Schluss eines Haushaltsjahres erforderlich ist, so besagt dies also nicht, dass man eine solche Inventur am letzten Tag des betreffenden Haushaltsjahres durchführt, sondern lediglich, dass festgestellt wird, wie groß das Vermögen und hoch die Schulden eine Gemeinde genau am Ende des Haushaltsjahres sind. Damit ist noch nichts darüber gesagt, wann die Inventur stattfindet.

Nicht selten erfolgen allerdings in kleinen Betrieben die körperliche Bestandsaufnahme des Vermögens sowie die Auswertung der Belege an einem bestimmten Tag. Zwingend ist dies nicht. Die Inventur muss lediglich zeitnah zum Stichtag durchgeführt werden. In der Regel wird akzeptiert, wenn die Inventur in einem Zeitraum erfolgt, **der 10 Tage vor dem Stichtag beginnt und 10 Tage nach dem Stichtag endet.** Man spricht in diesem Zusammenhang von einer **zeitnahen Inventur.** Allerdings muss sichergestellt werden, dass die Veränderungen zwischen dem Tag der jeweiligen Bestandsaufnahme und dem Stichtag berücksichtigt und anhand von Belegen und Aufzeichnungen nachgewiesen werden.

Wird innerhalb des gesamten Inventars ein besonders Inventar abgegrenzt, dann kann nach § 241 (3) HGB die körperliche Bestandsaufnahme für dieses besondere Inventar innerhalb eines noch größeren Zeitraumes durchgeführt werden. Maßgeblich ist dann ein Zeitraum, **der drei Monate vor dem Bilanzstichtag beginnt und zwei Monate nach dem Bilanzstichtag endet.** Man spricht in diesem Zusammenhang von der **zeitlich verlegten Inventur** bzw. von der **zeitlich vor- oder nachverlegten Inventur.** Selbstverständlich ist die Zahl der besonderen Inventare, die man innerhalb des gesamten betrieblichen Inventars abgrenzt, nicht begrenzt. Man kann also die zeitlich verlegte Inventur für mehrere besondere Inventare und die dann jeweils erforderlichen körperlichen Bestandsaufnahmen zu verschiedenen Zeitpunkten innerhalb des oben genannten 5-Monate-Zeitraums durchführen. Voraussetzung für die zeitlich verlegte Inventur ist jedoch, dass man durch Fortschreibungs- bzw. Rückrechnungsverfahren auf den Bestand am Stichtag schließen kann.

Nach § 241 (2) HGB kann der Zeitpunkt für die körperliche Bestandsaufnahme noch weiter vom Stichtag entfernt liegen, wenn man für die Erfassung der betreffenden Vermögensgegenstände ein Verfahren wählt, durch dessen Einsatz gesichert ist, dass man die Menge und den Wert der betreffenden Vermögensposition zum Stichtag genau angeben kann. In der Regel wird es sich bei einem solchen Verfahren um eine Nebenbuchführung handeln, also beispielsweise um eine sorgfältig geführte Lagerbuchführung. Ist dies der Fall reicht es aus, wenn innerhalb des betreffenden Wirtschaftsjahres zu irgendeinem Zeitpunkt eine körperliche Bestandsaufnahme durchgeführt wird. Die körperliche Bestandsaufnahme kann dann **maximal 12 Monate vor dem Stichtag** erfolgen. In diesem Zusammenhang wird auch von einer **permanenten Inventur** gesprochen. Der Begriff „permanente Inventur" passt eigentlich erst dann, wenn ein Betrieb zahlreiche Nebenbücher führt, also beispielsweise mehrere Lager voneinander abgrenzt und für jedes Lager eine eigene Lagerbuchhaltung einsetzt. Der betreffende Betrieb könnte dann beispielsweise für das 1. Lager im Januar, für das 2. Lager im Februar usw. die körperliche Bestandsaufnahme vornehmen, in dem betreffenden Betrieb würde dann während des gesamten Geschäftsjahres, d.h. ständig, irgendwo eine Inventur stattfinden. Allerdings muss durch eine entsprechende Fortschreibung der zu unterschiedlichen Zeitpunkten ermittelten Größen letztlich deutlich werden, was am Bilanzstichtag vorhanden ist. Im Grunde handelt es sich bei der permanenten Inventur um eine Kombination aus Buchinventuren und aufs Geschäftsjahr verteilte körperliche Inventuren.

Noch großzügiger kann die Regelung in der Verwaltungsdoppik ausfallen. So gilt beispielsweise nach § 28 der nordrhein-westfälischen Gemeindehaushaltsverordnung, dass die Vermögensgegenstände **mindestens alle drei Jahre durch eine körperliche Bestandsaufnahme zu erfassen sind.** Man könnte also die Kommunalverwaltung in zahlreiche Bereiche, die jeweils eigenständige Verzeichnisse sorgfältig erstellen, unterteilen und auf drei Jahre verteilt zu unterschiedlichen Zeitpunkten für jedes Verzeichnis eine körperliche Bestandsaufnahme durchführen. In diesem Fall könnte man ebenfalls von einer permanenten Inventur sprechen.

Wie bereits erwähnt, wird nach der Inventur das Inventar erstellt. Es wird in Staffelform aufgebaut. Abbildung 4 beinhaltet das stark vereinfachte Inventar eines kleinen kommunalen Teilbetriebs.

Wie die Darstellung zeigt, werden zunächst die einzelnen Vermögensgegenstände mit ihren Werten aufgelistet. Dann werden diese Beträge zusammengefasst, um das gesamte Vermögen zu ermitteln. Darunter werden dann die Schulden detailliert aufgeführt. Anschließend wird der Gesamtwert ausgewiesen. Zum Schluss wird das Reinvermögen, das dem Eigenkapital entspricht, angegeben. Es ergibt sich, wie wir bereits gezeigt haben, indem man vom Vermögen die Schulden abzieht.

Inventar zum Jahresanfang (Beträge in Euro)

1 Grundstück mit aufstehendem Gebäude		500.000
1 Fahrzeug		50.000
5 Rasenmäher	à 2.000	10.000
4 t Sand	à 500	2.000
10 t Steine	à 1.000	10.000
Forderung gegenüber X		1.000
Forderung gegenüber Y		1.500
Guthaben bei A-Bank		8.000
Guthaben bei B-Bank		5.000
Kassenbestand		500
Vermögen		**588.000**
Verbindlichkeiten gegenüber C-Bank		300.000
Verbindlichkeiten gegenüber Lieferant I		50.000
Verbindlichkeiten gegenüber Lieferant II		38.000
Schulden		**388.000**
Reinvermögen (Eigenkapital)		**200.000**

Abbildung 4: Inventar eines kommunalen Teilbetriebs

Aufgrund des Inventars wird anschließend die Bilanz erstellt. Dabei sind folgende Schritte zu beachten:

- Zunächst werden die im Inventar vorzufindenden mengenmäßigen Angaben weggelassen.
- Die im Inventar detailliert aufgeführten Vermögensgegenstände und Schulden werden zu gröberen Bilanzpositionen zusammengefasst. Bei der Zusammenfassung sind die rechtlichen Regelungen zu beachten, die für die jeweilige Betriebsform gelten.
- Anschließend werden die einzelnen Bilanzpositionen in einer bestimmten Reihenfolge aufgeführt sowie die Vermögenspositionen einerseits und die Schulden andererseits in Form eines so genannten T-Kontos einander gegenübergestellt, wobei sich der Begriff „T-Konto" vordergründig vom großen Buchstaben T ableitet. Historisch betrachtet, handelt es sich bei dem T-Konto um eine vereinfachte Darstellung der Kaufmannswaage.

3.2   Grundaufbau einer Bilanz

Wie aus Abbildung 5 hervorgeht, erfasst die **linke Seite der Bilanz** die **Aktiva**. In erster Linie handelt es sich dabei um das **Vermögen**. Wie wir später noch zeigen werden, können allerdings unter bestimmten Bedingungen auf der Aktivseite der Bilanz eventuell auch Positionen vorkommen, die man auch bei einer großzügigen Interpretation nicht als Vermögen bezeichnen kann.

Auf der Aktivseite wird zunächst das Anlagevermögen aufgeführt.

Zum Anlagevermögen gehören alle Güter, die dazu bestimmt sind, dem Betrieb auf Dauer zu dienen.

Eine ähnliche Definition findet sich in der Gemeindehaushaltsverordnung des Landes Nordrhein-Westfalen. Demnach zählen zum Anlagevermögen all die Gegenstände, die dazu bestimmt sind, dauernd der Aufgabenerfüllung der Gemeinde zu dienen. Hierzu zählen beispielsweise Grundstücke, Gebäude und Maschinen.

Unterhalb des Anlagevermögens erscheint das Umlaufvermögen.

Zum Umlaufvermögen zählen alle Güter, die dazu bestimmt sind, dem Betrieb nur vorübergehend zu dienen. Sie werden im betrieblichen Prozess beispielsweise verändert, umgewandelt, umgeschlagen oder umgesetzt.

Hierzu zählen unter anderem die Vorräte, die Forderungen und die Geldbestände.

Auf der rechten Seite der Bilanz stehen die **Passiva**. Hier wird das **Kapital** erfasst. Wie bereits erwähnt, kann der bilanzielle Begriff des Kapitals leicht zu Missverständnissen führen. Es wird daher nochmals darauf hingewiesen, dass anders als in der Alltagssprache hier mit Kapital nicht ein vorhandenes Gut bezeichnet wird und mit Kapital somit kein Vermögensgegenstand gemeint ist; denn dann müsste das Kapital auf der anderen Bilanzseite aufgeführt werden. Der Begriff des Kapitals kennzeichnet die **Mittelherkunft**. Er drückt aus, in welchem Umfang, eine Person oder Institution, dem betreffenden Betrieb Mittel zur Verfügung gestellt hat. Auf der Passivseite wird also – etwas vereinfachend formuliert – festgehalten, wer gegenüber dem betreffenden Betrieb welchen „Anspruch" hat.

Erfolgt die Mittelbereitstellung unbefristet durch den bzw. die Eigentümer, spricht man von Eigenkapital.

Es wird auf der rechten Bilanzseite oben aufgeführt.

Das Kapital, das nicht Eigenkapital ist, wird als Fremdkapital bezeichnet.

Es wird unterhalb des Eigenkapitals aufgeführt.

Aktiva	**Bilanz**	Passiva
Anlagevermögen		Eigenkapital
Umlaufvermögen		Fremdkapital
Bilanzsumme		*Bilanzsumme*

Abbildung 5: Grundstruktur einer Bilanz

Wie bereits erwähnt, zählen Rückstellungen und Verbindlichkeiten zum Fremdkapital. In diesen Fällen werden dem Betrieb nur für einen bestimmten Zeitraum, d.h. befristet, Mittel zur Verfügung gestellt und werden hierfür in der Regel Entgelte, z.B. in Form von Zinszahlungen, vereinbart.

Die in Abbildung 5 aufgeführten Hauptpositionen werden weiter untergliedert. Welche genaue Einteilung zu berücksichtigen ist, geht aus den für den betreffenden Betriebstyp relevanten Rechtsvorschriften hervor. Allerdings stimmen die Vorgaben in weiten Bereichen überein.

Um das Prinzip der doppelten Buchhaltung zu erklären, verzichten wir zunächst auf die Einbeziehung konkreter Betriebstypen bzw. spezieller Rechtsvorschriften und wählen wir für unsere Erläuterungen eine vereinfachte Gliederung der Bilanz.

Ausgehend von dem in Abbildung 4 erfassten Inventar, könnte man damit zu Beginn des betreffenden Jahres folgende Bilanz erstellen (vgl. Abbildung 6):

Aktiva		Bilanz zum Jahresanfang*		Passiva
Anlagevermögen		**Eigenkapital**		200.000
- Grundstücke mit Gebäude	500.000	**Verbindlichkeiten**		
- Fahrzeuge	50.000	- Verbindlichkeiten		
- Maschinen	10.000	gegenüber Kreditinstituten		300.000
Umlaufvermögen		- Verbindlichkeiten gegen-		
- Roh-, Hilfs- u. Betriebsstoffe	12.000	über Lieferanten		88.000
- Forderungen aus Lieferung und Leistung	2.500			
- Bankguthaben	13.000			
- Kassenbestand	500			
	588.000			588.000

Beträge in Euro

Abbildung 6: *Beispiel für die Bilanz eines kommunalen Teilbetriebs*

3.3   Die Distanzrechnung

Unterstellt, man hätte zwar zu Beginn der Geschäftstätigkeit ein Inventar und eine Bilanz erstellt und würde auf die laufende Buchhaltung verzichten, dann könnte man gleichwohl am Ende des Geschäftsjahres feststellen, welchen Erfolg man erzielt hat, d.h. ob ein Gewinn oder Verlust entstanden ist. Man müsste lediglich am Jahresende erneut eine Inventur durchführen und das alte Inventar mit dem neuen vergleichen. Ist das Reinvermögen (Eigenkapital) ange-stiegen, dann liegt ein Gewinn vor. Hat es abgenommen, ist ein Verlust entstanden. Einschrän-kend ist allerdings darauf hinzuweisen, dass dies nur gilt, wenn die Eigentümer während des Geschäftsjahres dem Betrieb kein Vermögen entnommen bzw. zusätzlich zur Verfügung gestellt haben. Nachfolgend wird zunächst unterstellt, dass weder solche Privatentnahmen noch zusätzliche Vermögenszuführungen eine Rolle spielen.

Beispiel:

Nehmen wir an, zu Beginn eines Jahres verfüge ein kommunaler Verwaltungsbetrieb über das in Abbildung 4 festgehaltene Inventar. Das Reinvermögen (Eigenkapital) beträgt somit zu Beginn des Jahres 200.000 Euro. Am Jahresende wird erneut eine Inventur durchgeführt. Das entsprechende Inventar sieht folgendermaßen aus:

1 Grundstück mit aufstehendem Gebäude	480.000	
4 Rasenmäher à 1.500	6.000	
8 t Sand à 500	4.000	
10 t Steine à 1.000	10.000	
Guthaben bei A-Bank	20.000	
Guthaben bei B-Bank	9.000	
Kassenbestand	1.000	
Vermögen		**530.000**
Verbindlichkeiten gegenüber C-Bank	200.000	
Verbindlichkeiten gegenüber Lieferant I	30.000	
Schulden		**230.000**
Reinvermögen (Eigenkapital)		**300.000**

Inventar am Jahresende (Angaben in Euro)

Da das Reinvermögen am Jahresanfang 200.000 Euro beträgt und am Jahresende 300.000 Euro, ist es im Rechnungsjahr (Geschäftsjahr) um 100.000 Euro angestiegen. Spiegelbildlich ist auch das Eigenkapital von 200.000 Euro auf 300.000 Euro, also um 100.000 Euro angestiegen. Dieses im Geschäftsjahr neu entstandene Eigenkapital wird als Gewinn bezeichnet.

Wir halten also noch einmal fest:

Reinvermögenserhöhung = neu entstandenes Eigenkapital = Gewinn
bzw.
Reinvermögensverminderung = Eigenkapitalabnahme = Verlust

Ausgehend vom Inventar zum Jahresende, kann die Bilanz am Jahresende erstellt werden. Sie sieht, wenn man nicht zwischen altem und neuem Eigenkapital trennt, folgendermaßen aus:

Aktiva	Bilanz zum Jahresende*		Passiva
Anlagevermögen		*Eigenkapital*	*300.000*
- Grundstücke mit Gebäude	480.000	**Verbindlichkeiten**	
- Maschinen	6.000	- Verbindlichkeiten gegen-über Kreditinstituten	200.000
Umlaufvermögen			
- Roh-, Hilfs- u. Betriebsstoffe	14.000	- Verbindlichkeiten gegen-	
- Bankguthaben	29.000	über Lieferanten	30.000
- Kassenbestand	1.000		
	530.000		530.000

* Beträge in Euro

Um den Gewinn hervorzuheben, kann man in der Bilanz auch zwischen dem ursprünglichen Eigenkapital und dem neu entstandenen Eigenkapital differenzieren. Um dies zu verdeutlichen, unterstellen wir, dass es sich bei dem Eigenkapital zu Beginn des Jahres um Eigenkapital handelt, das man durch eine Satzung festgelegt hat und das **Stammkapital** genannt wird. **Bei einem getrennten Ausweis von altem und zusätzlich entstandenem Eigenkapital,** hier also einem Stammkapital in Höhe von 200.000 Euro und einem Gewinn in Höhe von 100.000 Euro, sieht die Bilanz am Jahresende dann folgendermaßen aus, wobei die grau unterlegten Felder in den beiden Bilanzen den Unterschied aufzeigen:

Aktiva	Bilanz zum Jahresende*		Passiva
Anlagevermögen		*Eigenkapital*	
- Grundstücke mit Gebäude	480.000	- Stammkapital	200.000
		- Gewinn	100.000
- Maschinen	6.000	**Verbindlichkeiten**	
Umlaufvermögen		- Verbindlichkeiten gegen-	
- Roh-, Hilfs- u. Betriebsstoffe	14.000	über Kreditinstituten	200.000
- Bankguthaben	29.000	- Verbindlichkeiten gegen-	
- Kassenbestand	1.000	über Lieferanten	30.000
	530.000		530.000

* Beträge in Euro

4 Das traditionelle System der doppelten Buchführung im Überblick

4.1 Die Fortschreibung der Bilanz

Um den Zugang zum System der doppelten Buchführung zu erleichtern, nehmen wir nachfolgend einige Vereinfachungen vor und unterstellen, dass diesen keine rechtlichen Bedenken entgegenstehen. So verzichten wir in der Bilanz auf die gemeinsamen Überschriften für mehrere Bilanzpositionen, also unter anderem auf die Bezeichnungen „Anlagevermögen", „Umlaufvermögen" und „Eigenkapital". Weiterhin wählen wir, um den Überblick zu erleichtern, für einige Bilanzpositionen Kurzbezeichnungen. Auch die Mehrwert – bzw. Vorsteuer wird in diesem Kapitel nicht berücksichtigt.

Als Ausgangspunkt für unsere Erläuterungen wählen wir ein einfaches **Beispiel**, das wir nach Bedarf variieren bzw. ergänzen:

> Wir nehmen zunächst an, dass zu Beginn eines Jahres, das wir als das 1. Jahr bezeichnen, ein kommunaler Teilbetrieb gegründet wird, der für die Abwasserentsorgung einer kleineren Stadt zuständig ist. Zu diesem Zweck wird eine Satzung erlassen und das Eigenkapital auf 1.000.000 Euro festgesetzt. Dieses durch die Satzung festgesetzte Eigenkapital wird als Stammkapital bezeichnet. Der entsprechende Betrag wird auf das neu eingerichtete Konto des Entsorgungsbetriebs bei einer Bank eingezahlt.
>
> Damit sieht die Bilanz zu Beginn des 1. Jahres folgendermaßen aus (**Angaben in Euro**):

Aktiva	Bilanz Anfang des 1. Jahres	Passiva
Bankguthaben	1.000.000	Stammkapital	1.000.000
	1.000.000		1.000.000

Die Betriebsleitung rechnet damit, dass im Verlauf des 1. Jahres mehrere Geschäfts-vorfälle anfallen werden, und beabsichtigt, diese unmittelbar in der Bilanz zu erfassen. Man spricht in diesem Zusammenhang von der **Fortschreibung der Bilanz**. Zu diesem Zweck lässt sie in der Bilanz entsprechend Platz. Weiterhin trägt sie noch kein Datum ein; denn diese Bilanz soll über das ganze Jahr eventuelle Geschäftsvorfälle aufnehmen.

Die für die Fortschreibung bereitstehende Bilanz sieht damit folgendermaßen aus (**alle Angaben in Euro**):

Aktiva		Bilanz	Passiva
		Stammkapital	1.000.000
Bankguthaben	1.000.000		

Im Verlauf des 1. Jahres sind vier Geschäftsvorfälle zu berücksichtigen, und zwar

1. nimmt man bei einer Bank einen Kredit in Höhe von 500.000 Euro auf und lässt sich den Betrag auf das Bankkonto überweisen,

2. wird ein Grundstück im Werte von 200.000 Euro gekauft und per Banküberweisung bezahlt,

3. wird eine Verteilungsanlage im Werte von 600.000 Euro noch am Ende des Jahres gekauft und soll vereinbarungsgemäß der Betrag aber erst im nächsten Jahr überwiesen werden und

4. wird, um nicht unnötig Geld zu halten, nach Rücksprache mit dem Kreditgeber am Ende des Jahres ein Teil des Kredits getilgt, und zwar wird ein Betrag in Höhe von 100.000 Euro zurückgezahlt.

Aus Gründen der Vereinfachung wird unterstellt, dass ansonsten keine Geschäftsvor-fälle zu berücksichtigen sind, also beispielsweise auch keine Zinszahlungen anfallen. Die vier Vorgänge können wir nacheinander in unsere für die Fortschreibung vorbereitete Bilanz eintragen.

Zu 1.: Um den ersten Geschäftsvorfall zu erfassen, müssen wir zunächst auf der linken Bilanzseite beim Bankguthaben einen Betrag in Höhe von 500.000 Euro hinzufügen. Auch auf der Seite der Passiva müssen wir einen Betrag in dieser Höhe erfassen, denn es ist eine Verbindlichkeit gegenüber einer Bank zu berücksichtigen. Die beiden Eintragungen haben wir grau unterlegt.

Aktiva	Bilanz		Passiva
		Stammkapital	1.000.000
Bankguthaben	1.000.000	Verbindlichkeiten gegenüber Bank	+ 500.000
	+ 500.000		

Zu 2.: Um den zweiten Geschäftsvorfall zu erfassen, müssen wir zunächst auf der linken Bilanzseite den neuen Vermögensgegenstand, das Grundstück, mit seinem Wert in Höhe von 200.000 Euro berücksichtigen. Ebenfalls auf der Seite der Aktiva müssen wir beim Bankguthaben den Abgang vermerken, hier also 200.000 Euro abziehen. Die Buchungen haben wir wieder grau unterlegt.

Aktiva	Bilanz		Passiva
Grundstücke	+ 200.000	Stammkapital	1.000.000
Bankguthaben	1.000.000 + 500.000 − 200.000	Verbindlichkeiten gegenüber Bank	+ 500.000

Zu 3.: Bei diesem Geschäftsvorfall müssen wir wieder zunächst auf der linken Bilanzseite, also auf der Seite der Aktiva, den neuen Vermögensgegenstand, die Verteilungsanlage, mit einem Wert in Höhe von 600.000 Euro berücksichtigen. Da diese Anschaffung nicht sofort bezahlt, sondern ein Lieferantenkredit in Anspruch genommen wird, muss weiterhin eine Verbindlichkeit aus Lieferung und Leistungen in Höhe von 600.000 Euro auf der rechten Seite, d.h. auf der Seite der Passiva, erfasst werden. Die beiden Buchungen haben wir wieder grau unterlegt.

Aktiva	Bilanz		Passiva
Grundstücke	+ 200.000	Stammkapital	1.000.000
Verteilungsanlage	+ 600.000		
Bankguthaben	1.000.000 + 500.000 − 200.000	Verbindlichkeiten gegenüber Bank	+ 500.000
		Verbindlichkeiten aus Lieferung und Leistungen	+ 600.000

Zu 4.: Bei diesem Geschäftsvorfall müssen wir wieder zunächst auf der linken Bilanz-seite, also auf der Seite der Aktiva, die Ausgabe, d.h. die Verminderung des Bankgut-habens in Höhe von 100.000 Euro berücksichtigen. Auf der anderen Seite nehmen die Verbindlichkeiten gegenüber der Bank um 100.000 Euro ab. Diese Verminderung ist auf der rechten Seite der Bilanz, d.h. auf der Seite der Passiva, zu erfassen. Die beiden Buchungen haben wir wieder grau unterlegt.

Aktiva		Bilanz	Passiva
Grundstücke	+ 200.000	Stammkapital	1.000.000
Verteilungsanlage	+ 600.000		
Bankguthaben	1.000.000	Verbindlichkeiten	+ 500.000
	+ 500.000	gegenüber Bank	– 100.000
	– 200.000	Verbindlichkeiten aus	
	– 100.000	Lieferung und Leistungen	+ 600.000

Wir können nunmehr die Endbestände in der Bilanz hervorheben, dabei sind teilweise noch Additionen bzw. Subtraktionen erforderlich. Die Bilanz sieht dann folgendermaßen aus:

Aktiva		Bilanz	Passiva
Grundstücke	**+ 200.000**	Stammkapital	**1.000.000**
Verteilungsanlage	**+ 600.000**	Verbindlichkeiten	+ 500.000
Bankguthaben	1.000.000	gegenüber Bank	
	+ 500.000		– 100.000
	– 200.000		**= 400.000**
	– 100.000	Verbindlichkeiten aus	
	= 1.200.000	Lieferung und Leistungen	
			+ 600.000

Damit lässt sich die Bilanz zum Jahresende in Reinschrift erstellen. Wir führen lediglich die dann vorhandenen Endbestände auf und lassen somit die Anfangsbestände und die Zu- und Abgänge, die während des Geschäftsjahres stattgefunden haben, einfach weg.

Aktiva		Bilanz am Ende des 1. Jahres	Passiv
Grundstücke	**200.000**	Stammkapital	**1.000.000**
Verteilungsanlage	**600.000**	Verbindlichkeiten	
Bankguthaben	**1.200.000**	gegenüber Bank	**400.000**
		Verbindlichkeiten aus	
		Lieferung und Leistungen	**600.000**
	2.000.000		**2.000.000**

Die Bilanzsummen auf beiden Seiten betragen 2.000.000 Euro. Die Bilanz am Jahresende ist somit ausgeglichen.

4.2 Die Bilanz und ihre Vorkonten

Es liegt auf der Hand, dass der Versuch, die Bilanz „fortzuschreiben", sehr schnell an seine Grenzen stößt. Je mehr Geschäftsvorfälle erfasst werden müssen, umso unübersichtlicher wird diese Vorgehensweise. Ein Konto, die Bilanz, reicht nicht aus. Um mehr Transparenz zu schaffen, bildet man weitere Konten, die wie die Bilanz dem großen Buchstaben „T" ähneln und daher, wie bereits erwähnt, **T-Konten** genannt werden.

Die linke Seite des T-Kontos wird als Soll bezeichnet und die rechte Seite als Haben.

Soll bedeutet also nichts anders als **linke Seite** und **Haben** bedeutet nichts anderes als **rechte Seite**. Ansonsten haben die Begriffe „Soll" und „Haben" im System der doppelten Buchführung keine Bedeutung.

Die T-Konten, die als **Vorkonten zur Bilanz** eingesetzt werden, nennt man **Bestandskonten**. Erfasst ein solches Konto eine Position, die zu den Aktiva zählt, nennt man es **Aktivkonto**. Spiegelbildlich wird ein Bestandskonto, auf dem ein Bestand erfasst wird, der zu den Passiva zählt, **Passivkonto** genannt.

Bei allen Bestandskonten wird der **Anfangsbestand** auf der Seite erfasst, auf welcher der betreffende Bestand auch in der Bilanz erfasst wird. Der **Zugang** wird auf der Seite gebucht, auf welcher der Anfangsbestand steht, der **Abgang** auf der anderen Seite. Durch diese Erfassung von Zugängen und Abgängen kann auf ein negatives Vorzeichen, wie dies bei einer Fortschreibung der Bilanz unvermeidbar ist, verzichtet werden.

Übersteigen Anfangsbestand und Zugänge zusammen die Abgänge, dann ist der Wert auf einer Seite größer als auf der anderen Seite. Da das einzelne Konto, wie die Bilanz, letztlich stets ausgeglichen sein muss, bucht man den „fehlenden" Betrag, der **Saldo** genannt wird, entsprechend ein.

Bei den **Aktivkonten** handelt es sich dabei um einen Betrag, der im Haben, also rechts, eingebucht werden muss, um das Konto auszugleichen, d.h. in die Waage zu bringen. Man nennt diesen Saldo **Habensaldo.** Materiell handelt es sich dabei um nichts anderes als um den **Endbestand.** Ein Aktivkonto weist damit folgenden **Grundaufbau** auf (vgl. Abbildung 7):

Soll	Haben
Anfangsbestand	Abgänge
Zugänge	Differenzbetrag (Saldo)

Abbildung 7: Grundaufbau eines Aktivkontos

Wie auf dem Aktivkonto gebucht wird, wollen wir an einem einfachen **Beispiel** verdeutlichen:

Wir betrachten das Konto „Bankguthaben" und unterstellen,
– dass der Anfangsbestand 100 Euro beträgt,
– die Zugänge (also die Einnahmen) im Geschäftsjahr insgesamt 50 Euro betragen und
– insgesamt Abgänge in Höhe von 70 Euro zu berücksichtigen sind.

Auf der Soll-Seite ist zunächst der Anfangsbestand in Höhe von 100 Euro zu erfassen, denn dieser Betrag würde auch in der Bilanz links stehen. Die Zugänge werden auf der Seite erfasst, auf der auch der Anfangsbestand steht – hier also in Höhe von 50 Euro im Soll. Die Abgänge stehen auf der anderen Seite. Also müssen 70 Euro im Haben gebucht werden. Damit hat die Sollseite einen höheren Gesamtbetrag als die Habenseite. Es „fehlen" auf der Habenseite 80 Euro, um das Konto auszugleichen. Diesen Ausgleich nehmen wir vor, indem wir den entsprechenden Differenzbetrag, d.h. den Saldo, im Haben buchen. Bei diesem Saldo handelt es sich um nicht anderes als um den Endbestand; denn das Guthaben in Höhe von 100 Euro steigt durch die Zugänge zunächst auf 150 Euro und nimmt dann durch die Abgänge um 70 Euro ab, so dass letztlich nur noch ein Guthaben in Höhe von 80 Euro vorhanden ist (vgl. das nachfolgende Konto).

Soll	Bankguthaben		Haben
Anfangsbestand	100	Abgänge	70
Zugänge	50	Saldo (= Endbestand)	80
Summe	150	Summe	150

Ein **Passivkonto** ist genau spiegelbildlich aufgebaut wie das Aktivkonto. Es sieht folgendermaßen aus (vgl. Abbildung 8):

Soll	Haben
Abgänge	Anfangsbestand
Differenzbetrag (Saldo)	Zugänge

Abbildung 8: Grundaufbau eines Passivkontos

Wie auf dem Passivkonto gebucht wird, verdeutlicht das folgende **Beispiel**:

> Wir betrachten das Konto „Verbindlichkeiten aus Lieferungen und Leistungen" und unterstellen, dass
> – die Höhe der am Jahresanfang bestehenden Verbindlichkeiten, also der Anfangsbestand, 200 Euro beträgt,
> – die Zugänge, also die zusätzlich im Geschäftsjahr entstehenden Lieferantenverbindlichkeiten, insgesamt 100 Euro betragen und
> – im Geschäftsjahr Lieferantenverbindlichkeiten in Höhe von insgesamt 210 Euro erfüllt, d.h. abgebaut, werden.

Auf der Habenseite ist zunächst der Anfangsbestand in Höhe von 200 Euro zu erfassen, denn dieser Betrag würde auch in der Bilanz rechts stehen. Die Zugänge werden auf der Seite erfasst, auf der auch der Anfangsbestand steht – hier also in Höhe von 100 Euro im Haben. Die Abgänge stehen auf der anderen Seite. Folglich müssen 210 Euro im Soll gebucht werden. Damit hat die Habenseite einen höheren Gesamtbetrag als die Sollseite. Es „fehlen" auf der Sollseite 90 Euro, um das Konto auszugleichen. Diesen Ausgleich nehmen wir vor, indem wir den entsprechenden Differenzbetrag, d.h. den Saldo, im Soll buchen. Bei diesem Saldo handelt es sich um nichts anderes als um den Endbestand an Verbindlichkeiten aus Lieferungen und Leistungen; denn zu den ursprünglichen Verbindlichkeiten aus Lieferungen und Leistungen im Umfang von 200 Euro kommen im Verlauf des Geschäftsjahres Lieferantenverbindlichkeiten in Höhe von 100 Euro hinzu, so dass der Bestand zunächst ansteigt. Durch die Tilgungen in Höhe von 210 Euro vermindern sich die Verbindlichkeiten aus Lieferungen und Leistungen entsprechend, so dass der Endbestand 90 Euro beträgt (vgl. das nachfolgende Konto).

Soll	Verbindlichkeiten aus Lieferungen u. Leistungen		Haben
Abgänge	210	Anfangsbestand	200
Saldo (= Endbestand)	90	Zugänge	100
Summe	300	Summe	300

Nachdem wir die Vorkonten zur Bilanz erläutert haben, können wir den Zusammenhang, der zwischen der Bilanz und ihren Vorkonten besteht, verdeutlichen. Abbildung 9 liefert einen entsprechenden Überblick.

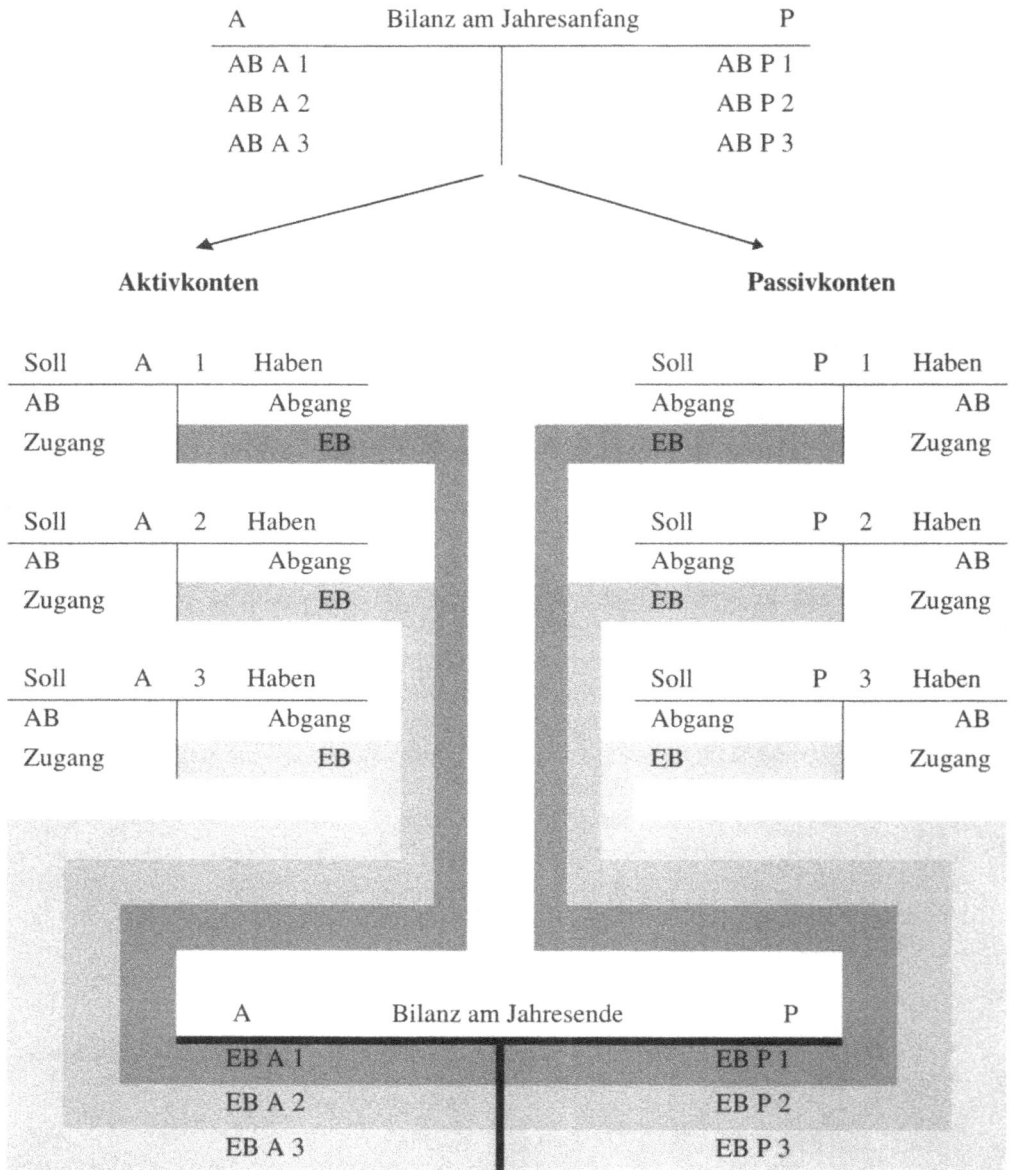

A	Bilanz am Jahresanfang	P
AB A 1		AB P 1
AB A 2		AB P 2
AB A 3		AB P 3

Aktivkonten   **Passivkonten**

Soll	A	1	Haben		Soll	P	1	Haben
AB			Abgang		Abgang			AB
Zugang			EB		EB			Zugang

Soll	A	2	Haben		Soll	P	2	Haben
AB			Abgang		Abgang			AB
Zugang			EB		EB			Zugang

Soll	A	3	Haben		Soll	P	3	Haben
AB			Abgang		Abgang			AB
Zugang			EB		EB			Zugang

A	Bilanz am Jahresende	P
EB A 1		EB P 1
EB A 2		EB P 2
EB A 3		EB P 3

Mit: AB = Anfangsbestand; EB = Endbestand;
A = Aktiva bzw. Aktivposition; P = Passiva bzw. Passivposition

Abbildung 9: Der Zusammenhang zwischen der Bilanz und ihren Vorkonten

Wie die Darstellung zeigt, werden zunächst die in der Bilanz zu Beginn eines Jahres vorhandenen Bestände, d.h. die Anfangsbestände, in die Aktiv- und Passivkonten übertragen, wobei die Bestände auf den Konten auf der gleichen Seite stehen wie in der Bilanz.

So steht beispielsweise der Anfangsbestand der Aktivposition Nr. 1 (AB A 1) auf dem Aktivkonto Nr. 1 (A 1) im Soll und der Anfangsbestand der Passivposition Nr. 1 (AB P 1) im Haben des Passivkontos Nr. 1 (P 1). Im Verlauf des Geschäftsjahres werden die Zu- und Abgänge auf den einzelnen Bestandskonten berücksichtigt und am Jahresende werden die Endbestände ermittelt. Diese werden dann in die Bilanz am Jahresende, d.h. in die Schlussbilanz, übernommen. So wird also beispielsweise der Habensaldo auf dem Aktivkonto Nr. 2 , also der Endbestand (EB) auf dem Aktivkonto 2 (A 2), als Endbestand der Aktivposition Nr. 2 (EB A 2) auf der linken Seite der Schlussbilanz erfasst und beispielsweise der Sollsaldo auf dem Passivkonto Nr. 3, also der Endbestand (EB) auf dem Passivkonto Nr. 3 (P 3), als Endbestand der Passivposition Nr. 3 (EB P 3) auf der rechten Seite der Schlussbilanz gebucht.

Die mit verschiedenen Grautönen unterlegten Felder in Abbildung 9 verdeutlichen, wie die Endbestände in die Bilanz am Jahresende übertragen werden.

Diesen grundsätzlichen Zusammenhang wollen wir nachfolgend noch einmal an Hand des **Beispiels** erläutern, das wir bereits bei der Darstellung der Fortschreibung der Bilanz herangezogen haben.

Wir nehmen also an, dass ein Betrieb gegründet wird, der zu Beginn des 1.Jahres über ein Bankguthaben in Höhe von 1.000.000 Euro verfügt. Es wird zunächst ausschließlich Eigenkapital in Form von Stammkapital eingesetzt, so dass die Bilanz folgendermaßen aussieht:

Aktiva	Bilanz Anfang des 1. Jahres		Passiva
Bankguthaben	1.000.000	Stammkapital	1.000.000
	1.000.000		1.000.000

Im Verlauf des 1. Jahres sind die bereits bekannten vier Geschäftsvorfälle zu berücksichtigen, und zwar

1. nimmt man bei einer Bank einen Kredit in Höhe von 500.000 Euro auf und lässt sich den Betrag auf das Bankkonto überweisen,

2. wird ein Grundstück im Werte von 200.000 Euro gekauft und per Banküberweisung bezahlt,

3. wird eine Verteilungsanlage im Werte von 600.000 Euro noch am Ende des Jahres gekauft und soll vereinbarungsgemäß der Betrag aber erst im nächsten Jahr überwiesen werden und

4. wird, um nicht unnötig Geld zu halten, nach Rücksprache mit dem Kreditgeber am Ende des Jahres ein Teil des Kredits getilgt, und zwar wird ein Betrag in Höhe von 100.000 Euro zurückgezahlt.

Aus Gründen der Vereinfachung wird wieder unterstellt, dass ansonsten keine Geschäftsvorfälle zu berücksichtigen sind, also beispielsweise auch keine Zinszahlungen anfallen. **Die Übersicht auf Seite 37 ergänzt die nachfolgenden verbalen Erläuterungen.**

Ausgehend von der Bilanz, eröffnen wir zunächst die Bestandskonten, und zwar ist lediglich ein Anfangsbestand in Höhe 1.000.000 Euro auf dem Aktivkonto „Bankguthaben", das wir kurz „Bank" nennen, im Soll und ein Anfangsbestand ebenfalls in Höhe von 1.000.000 Euro auf dem Passivkonto „Stammkapital" zu berücksichtigen. Weiterhin lassen wir noch Raum für weitere Aktiv- und Passivkonten.

Zu 1.: Da ein Kredit aufgenommen wird, benötigen wir ein zusätzliches Passivkonto „Verbindlichkeiten gegenüber Kreditinstituten", das wir kurz „Bankverbindlichkeiten" nennen. Der Anfangsbestand auf diesem Konto beträgt 0 Euro. Durch den Geschäftsvorfall haben wir einen Zugang in Höhe von 500.000 Euro zu verzeichnen, der auf der Seite erfasst wird, wo der Anfangsbestand steht, also im Haben. Zusätzlich halten wir in der betreffenden Zeile die **Nummer des Geschäftsvorfalls** fest (hier also (1.)), damit wir die Zahlen auch später zuordnen können. Auch auf dem Konto „Bank" haben wir einen Zugang in Höhe von 500.000 Euro zu verzeichnen. Auch dieser wird dort erfasst, wo der Anfangsbestand steht. In diesem Fall also im Soll. Auch hier halten wir in der gleichen Zeile die Nummer des Geschäftsvorfalls, also (1.), fest.

Zu 2.: Wir müssen zunächst ein Aktivkonto „Grundstücke" eröffnen. Der Anfangsbestand beträgt 0 Euro. Auf diesem Konto ist ein Zugang in Höhe von 200.000 Euro zu berücksichtigen, der auf der Seite steht, wo der Anfangsbestand gebucht wird, also im Soll. Weiterhin notieren wir die Nummer des Geschäftsvorfalls (2.). Da das Grundstück per Banküberweisung bezahlt wird, haben wir auf dem Aktivkonto „Bank" einen Abgang in Höhe von 200.000 Euro zu erfassen, also eine Buchung im Haben vorzunehmen, wobei wir wieder die Nummer des Geschäftsvorfalls vermerken.

Zu 3.: Wir müssen zunächst ein Aktivkonto „Verteilungsanlagen" eröffnen. Der Anfangsbestand beträgt 0 Euro. Auf diesem Konto ist ein Zugang in Höhe von 600.000 Euro zu berücksichtigen, der auf der Seite steht, wo der Anfangsbestand gebucht wird, also im Soll. Weiterhin notieren wir die Nummer des Geschäftsvorfalls (3.). Da eine Verbindlichkeit gegenüber dem Lieferanten entsteht, müssen wir ein Passivkonto „Verbindlichkeiten aus Lieferungen und Leistungen" eröffnen, das wir kurz „Lieferantenverbindlichkeiten" nennen. Der Anfangsbestand steht im Haben und beträgt 0 Euro. Der Zugang in Höhe von 600.000 Euro wird unter Hinweis auf den Geschäftsvorfall folglich ebenfalls im Haben gebucht.

Zu 4.: Auf dem Konto Bank ist ein Abgang in Höhe von 100.000 Euro zu erfassen. Wir haben also unter Hinweis auf den Geschäftsvorfall dort eine entsprechende Buchung im Haben vorzunehmen. Auch bei den Bankverbindlichkeiten ist ein Abgang in Höhe von 100.000 Euro zu berücksichtigen. In diesem Fall müssen wir allerdings eine Buchung im Soll vornehmen, wobei wir auch wieder auf den Geschäftsvorfall hinweisen.

A	Bilanz am Anfang des 1. Jahres	P
Bankguthaben	10	Stammkapital	10

Aktivkonten　　　　　　　　　　　　　　**Passivkonten**

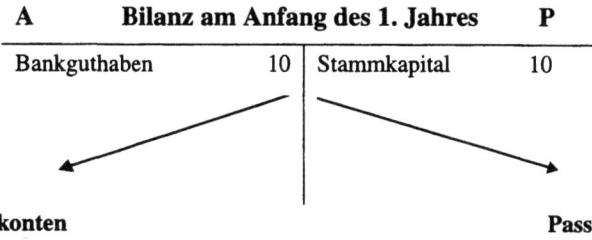

S	Grundstücke		H
AB	0		
(2.)	2	Saldo	2
Summe	2	Summe	2

S	Verteilungsanlagen		H
AB	0		
(3.)	6	Saldo	6
Summe	6	Summe	6

S	Bank		H
AB	10	(2.)	2
(1.)	5	(4.)	1
		Saldo	12
Summe	15	Summe	15

S	Stammkapital		H
Saldo	10	AB	10
Summe	10	Summe	10

S	Bankverbindlichkeiten		H
(4.)	1	AB	0
Saldo	4	(1.)	5
Summe	5	Summe	5

S	Lieferantenverbindlichkeiten		H
		AB	0
Saldo	6	(3.)	6
Summe	6	Summe	6

A	Bilanz am Ende des 1. Jahres	P
Grundstücke	2	Stammkapital	10
Verteilungsanlagen	6	Bankverbindlichkeiten	4
Bankguthaben	12	Lieferantenverbindlichkeiten	6
Summe	20	Summe	20

Mit: AB = Anfangsbestand; A = Aktiva; P = Passiva; S = Soll und H = Haben

alle Beträge in 100.000 Euro

Wir können nun die einzelnen **Konten abschließen (vgl. wieder die Übersicht auf Seite 37**):

- Auf dem Konto „Grundstücke","fehlt" ein Betrag in Höhe von 200.000 Euro im Haben. Diesen Saldo buchen wir ein und bringen so das Konto zum Ausgleich. Die Summe am Ende des Kontos macht dies deutlich. Bei diesem Saldo handelt es sich gleichzeitig um den Endbestand auf dem Konto „Grundstücke". Über genau diesen Grundstückswert verfügt der Betrieb am Ende des 1. Jahres. Wir können daher auf der linken Seite der Schlussbilanz das Grundstück mit dem Wert von 200.000 Euro erfassen. Der Endbestand wird also vom Konto in die Schlussbilanz übertragen. Der entsprechende grau unterlegte „Weg" macht dies deutlich.

- Auf dem Konto „Verteilungsanlagen" „fehlt" ein Betrag in Höhe von 600.000 Euro im Haben. Diesen Saldo buchen wir ein und bringen so das Konto zum Ausgleich. Bei diesem Saldo handelt es sich gleichzeitig um den Endbestand auf dem Konto „Verteilungsanlagen". Über diesen Vermögenswert verfügt der Betrieb am Ende des 1. Jahres. Wir können daher auf der linken Seite der Schlussbilanz Verteilungsanlagen mit einem Wert von 600.000 Euro erfassen.

- Auf dem Konto „Bank" „fehlt" ein Betrag in Höhe von 1.200.000 Euro im Haben. Diesen Saldo buchen wir ein und bringen so das Konto zum Ausgleich. Bei diesem Saldo handelt es sich um den Endbestand auf dem Konto „Bank". Über dieses Bankguthaben verfügt der Betrieb am Ende des 1. Jahres. Wir können daher auf der linken Seite der Schlussbilanz das Bankguthaben in Höhe von 1.200.000 Euro erfassen.

- Auf dem Konto „Stammkapital" „fehlt" ein Betrag in Höhe von 1.000.000 Euro im Soll. Diesen Saldo buchen wir ein und bringen so das Konto zum Ausgleich. Bei diesem Saldo handelt es sich um den Endbestand auf dem Konto „Stammkapital". Wir können daher auf der rechten Seite der Schlussbilanz das Stammkapital in Höhe von 1.000.000 Euro erfassen.

- Auf dem Konto „Bankverbindlichkeiten" „fehlt" ein Betrag in Höhe von 400.000 Euro im Soll. Diesen Saldo buchen wir ein und bringen so das Konto zum Ausgleich. Bei diesem Saldo handelt es sich um den Endbestand auf dem Konto „Bankverbindlichkeiten". Wir können daher auf der rechten Seite der Schlussbilanz die Bankverbindlichkeiten in Höhe von 400.000 Euro erfassen.

- Auf dem Konto „Lieferantenverbindlichkeiten" „fehlt" ein Betrag in Höhe von 600.000 Euro im Soll. Diesen Saldo buchen wir ein und bringen so das Konto zum Ausgleich. Bei diesem Saldo handelt es sich um den Endbestand auf dem Konto „Lieferantenverbindlichkeiten". Wir können daher auf der rechten Seite der Schlussbilanz die Lieferantenverbindlichkeiten in Höhe von 600.000 Euro erfassen.

4.3   Der Buchungssatz

Es liegt auf der Hand, dass die obigen verbalen Erläuterungen der einzelnen Buchungen viel zu umständlich sind, wenn in einem Geschäftsjahr zahlreiche Geschäftsvorfälle zu erfassen sind. Insofern ist verständlich, dass man im Rahmen der doppelten Buchführung kürzere Formulierungen wählt. Diese Verkürzungen sind deshalb möglich, **weil es offensichtlich die „Natur" eines Geschäftsvorfalls mit sich bringt, dass jeweils (mindestens) auf zwei T-Konten und auf zwei verschiedenen Seiten gebucht werden muss. Der Begriff „doppelte Buchführung" trägt dem Rechnung.**

Betrachten wir noch einmal das soeben behandelte **Beispiel und insbesondere die Übersicht auf Seite 37**, dann wird dies deutlich.

- Der erste Geschäftsvorfall (1.) wird auf dem Konto „Bank" im **Soll** und auf dem Konto „Bankverbindlichkeiten" im **Haben** gebucht.

- Der zweite Geschäftsvorfall (2.) wird auf dem Konto „Grundstücke" im **Soll** und auf dem Konto „Bank" im **Haben** gebucht.

- Der dritte Geschäftsvorfall (3.) wird auf dem Konto „Verteilungsanlagen" im **Soll** und auf dem Konto „Lieferantenverbindlichkeiten" im **Haben** gebucht.

- Der vierte Geschäftsvorfall (4.) wird auf dem Konto „Bankverbindlichkeiten" im **Soll** und auf dem Konto „Bank" im **Haben** gebucht.

Da offensichtlich jeder Geschäftsvorfall mindestens eine Sollbuchung und eine Habenbuchung nach sich zieht, ist ein **einheitlicher Buchungssatz** nahe liegend, und zwar hat sich durchgesetzt, dass man das Konto, das im Soll, also links, berührt wird, zuerst nennt und danach das Konto, das im Haben, also rechts, berührt wird. Weiterhin werden nach jedem Konto die zu buchenden Beträge genannt und zusätzlich wird noch die Präposition „an" eingefügt. Eine inhaltliche Bedeutung ist damit nicht verbunden. Eine Buchungsrichtung wird nicht angegeben. Es wird also nicht von dem einen Konto an das andere etwas abgeführt.

Damit hat der Buchungssatz in der doppelten Buchhaltung folgenden Grundaufbau:

Konto, das im **Soll** berührt wird	Betrag	an	Konto, das im **Haben** berührt wird	Betrag

oder kurz:

Soll	an	Haben

Für die vier oben genannten Geschäftsvorfälle ergeben sich damit folgende Buchungssätze:

1.: Bank 500.000 Euro an Bankverbindlichkeiten 500.000 Euro

2.: Grundstücke 200.000 Euro an Bank 200.000 Euro

3.: Verteilungsanlagen 600.000 Euro an Lieferantenverbindlichkeiten 600.000 Euro

4.: Bankverbindlichkeiten 100.000 Euro an Bank 100.000 Euro.

Der Buchungssatz gilt auch für die Abschlussbuchungen, wobei die Seite der Aktiva als Sollseite bzw. die Seite der Passiva als Habenseite betrachtet wird.

In unserem **Beispiel (vgl. Übersicht Seite 37)** sind damit folgende Abschlussbuchungen zu berücksichtigen:

* Schlussbilanz 200.000 Euro an Grundstücke 200.000 Euro

* Schlussbilanz 600.000 Euro an Verteilungsanlagen 600.000 Euro

* Schlussbilanz 1.200.000 Euro an Bank 1.200.000 Euro

* Stammkapital 1.000.000 Euro an Schlussbilanz 1.000.000 Euro

* Bankverbindlichkeiten 400.000 Euro an Schlussbilanz 400.000 Euro

* Lieferantenverbindlichkeiten 600.000 Euro an Schlussbilanz 600.000 Euro.

Abschließend wollen wir noch darauf hinweisen, dass die bisherigen Geschäftsvorfälle nicht erfolgswirksam waren. Einen Erfolgssaldo, d.h. Gewinn bzw. Verlust, haben sie nicht hervorgerufen. Durch sie hat sich entweder lediglich die Struktur der Bilanz oder die Bilanzsumme verändert.

Es sind **vier Varianten nicht erfolgswirksamer Vorgänge** zu unterscheiden, und zwar
* der Aktivtausch,
* der Passivtausch,
* die Bilanzverlängerung und
* die Bilanzverkürzung.

* Beim **Aktivtausch** nimmt der Wert einer Vermögensposition oder mehrerer Vermögenspositionen zu und der Wert einer anderen Vermögensposition oder der Gesamtwert mehrerer Vermögenspositionen in gleichem Umfang ab.

* Beim **Passivtausch** nimmt der Wert einer Passivposition oder mehrerer Passivpositionen zu und der Wert einer anderen Passivposition oder der Gesamtwert mehrerer Passivpositionen in gleichem Umfang ab.

- Bei einer **Bilanzverlängerung** nimmt das Vermögen zu und erhöhen sich im gleichen Umfang die Schulden.

- Bei der **Bilanzverkürzung** nimmt das Vermögen ab und vermindern sich in gleichem Umfang die Schulden.

Betrachten wir wieder die bereits bekannten vier Geschäftsvorfälle und die bereits hierfür formulierten Buchungssätze, dann gilt Folgendes:

- – Bei 1. handelt es sich um eine Bilanzverlängerung. Die Aktivposition „Bankguthaben" nimmt zu und die Passivposition „Bankverbindlichkeiten" ebenfalls in gleichem Umfang.

- – Bei 2. handelt es sich um einen Aktivtausch. Die Aktivposition „Grundstücke" nimmt zu und die Aktivposition „Bankguthaben" nimmt in gleichem Umfang ab.

- – Bei 3. handelt es sich wieder um eine Bilanzverlängerung. Die Aktivposition „Verteilungsanlagen" nimmt zu und in gleichem Umfang erhöht sich die Passivposition „Lieferantenverbindlichkeiten".

- – Bei 4. handelt es sich um eine Bilanzverkürzung. Die Aktivposition „Bankguthaben" nimmt ab. In gleichem Umfang nimmt die Passivposition „Bankverbindlichkeiten" ab.

Auch erfolgswirksame Vorgänge können in die genannten Kategorien einordnen werden.

4.4   Die Erfolgsrechnung (Ergebnisrechnung)

Wir haben bereits darauf hingewiesen, dass der Erfolg sowohl in der Bilanz als auch in der **Erfolgsrechnung** erkennbar ist. Genau genommen, müssten wir von der **pagatorischen Erfolgsrechnung** sprechen, wenn wir die Erfolgsrechnung meinen, die im Rahmen der doppelten Buchführung erstellt wird; denn in dieser Erfolgsrechnung werden Aufwand und Ertrag verarbeitet und damit Größen, die mit Zahlungsvorgängen in Verbindung stehen. Es gibt auch eine kalkulatorische Erfolgsrechnung. Sie wird in der Kosten- und Leistungsrechnung erstellt. Wenn wir nachfolgend kurz von der Erfolgsrechnung sprechen, so ist ausschließlich die pagatorische Erfolgsrechnung gemeint. Da sie für eine Rechnungsperiode erstellt wird, wird sie auch **Periodenerfolgsrechnung** genannt. Bekannter als der Begriff „Erfolgsrechnung" sind die Begriffe „Gewinn- und Verlust-Rechnung" oder „GuV-Rechnung". In der Verwaltungsdoppik bzw. im NKF oder NKR findet sich für den Begriff „Erfolgsrechnung" der Begriff „**Ergebnisrechnung**".

Insgesamt sind damit die folgenden Begriffe austauschbar:

- pagatorische Erfolgsrechnung,

- Periodenerfolgsrechnung,

- Gewinn- und Verlust-Rechnung,

- GuV-Rechnung,

- Erfolgsrechnung,

- Ergebnisrechnung.

Das T-Konto, auf dem diese Rechnung durchgeführt wird, kann man dementsprechend als

- Erfolgskonto,

- Erfolgsrechnungskonto,

- GuV-Konto,

- Gewinn- und Verlust-Konto,

- **Ergebniskonto** oder

- **Ergebnisrechnungskonto** bezeichnen.

In Abbildung 10 wird der **Aufbau des Erfolgskontos** dargestellt.

- **Auf der linken Seite des Erfolgskontos** werden die einzelnen Aufwendungen aufgeführt. Welche **Aufwandsarten** zu unterscheiden sind, ergibt sich aus den für den betreffenden Betrieb maßgeblichen rechtlichen Regelungen. **Auf der rechten Seite** werden die **Erträge** aufgeführt. Auch hier sind die betreffenden Vorschriften zu beachten (vgl. a)).

- **Sind die Erträge insgesamt größer als die Aufwendungen, ist ein Gewinn entstanden.** Da der Gewinn als Differenz von Ertrag und Aufwand ermittelt wird, spricht man auch von dem **Gewinnsaldo**. Dieser Betrag wird auf der Seite eingebucht, die den geringeren Wert aufweist, um das Konto auszugleichen. Folglich steht ein eventueller Gewinnsaldo, d.h. der **Gewinn**, auf dem Erfolgskonto dort, wo auch der Aufwand erfasst wird, also **auf der linken Seite** (vgl. b)).

- **Ein eventueller Verlust entsteht dadurch, dass der Aufwand größer ist als der Ertrag.** Er ergibt sich rechnerisch, indem man vom Aufwand den Ertrag abzieht. Auch hierbei handelt es sich um einen Differenzbetrag. Dieser wird **Verlustsaldo** genannt. Um das Konto zum Ausgleich zu bringen, muss der Betrag wieder auf der Seite der Erfolgsrechnung erscheinen, die den geringeren Wert aufweist. Das bedeutet, dass der Verlustsaldo, kurz der **Verlust**, **rechts**, also auf der Seite erfasst wird, auf der auch die Erträge aufgeführt werden (vgl. c)).

a) Grundstruktur des Erfolgskontos, wenn weder Gewinn noch Verlust entstanden ist

Soll	Haben
Aufwand Nr.1	Ertrag Nr. 1
Aufwand Nr.2	Ertrag Nr. 2
usw.	usw.
Summe	Summe

b) Grundstruktur des Erfolgskontos bei positivem Erfolg (Gewinn)

Soll	Haben
Aufwand Nr.1	Ertrag Nr. 1
Aufwand Nr.2 usw.	Ertrag Nr. 2
Gewinn	usw.
Summe	Summe

c) Grundstruktur des Erfolgskontos bei negativem Erfolg (Verlust)

Soll	Haben
Aufwand Nr.1	Ertrag Nr. 1
Aufwand Nr.2	Ertrag Nr. 2 usw.
usw.	**Verlust**
Summe	Summe

Abbildung 10: Die Grundstruktur der auf einem T-Konto durchgeführten Gewinn- und Verlust-Rechnung

Mit Hilfe der folgenden **Beispiele** wollen wir die Erfolgsermittlung auf dem Erfolgskonto kurz erläutern, wobei sich alle Angaben auf ein Rechnungsjahr beziehen:

1. In einem Betrieb I betragen der Lohnaufwand 1.000 Euro, der Materialaufwand 500 Euro und die Verkaufserlöse 1.500 Euro.

2. In einem Betrieb II betragen der Lohnaufwand 800 Euro, der Materialaufwand 400 Euro und die Verkaufserlöse 1.000 Euro.

3. In einem Betrieb III betragen der Lohnaufwand 500 Euro, der Materialaufwand 1.000 Euro und die Verkaufserlöse 2.000 Euro.

- **Im ersten Fall** sieht die GuV-Rechnung folgendermaßen aus:

Soll		GuV-Konto	Haben
Lohnaufwand	1.000	Verkaufserlöse	1.500
Materialaufwand	500		
Summe	1.500	Summe	1.500

Der Aufwand beträgt insgesamt 1.500 Euro. Diesem steht ein Ertrag in gleicher Höhe gegenüber. Ein Differenzbetrag (Saldo) entsteht nicht. Weder ein Gewinn noch ein Verlust ist auszuweisen.

- **Im zweiten Fall** sieht die GuV-Rechnung folgendermaßen aus:

Soll		GuV-Konto	Haben
Lohnaufwand	800	Verkaufserlöse	1.000
Materialaufwand	400	**Verlust**saldo	**200**
Summe	1.200	Summe	1.200

Der Aufwand beträgt insgesamt 1.200 Euro. Diesem steht ein Ertrag in Höhe von 1.000 Euro gegenüber. Der Differenzbetrag (Saldo), bei dem es sich um einen Verlust handelt, ist auf der Seite mit dem geringeren Wert, hier also rechts, einzufügen, um das Konto zum Ausgleich zu bringen.

- **Im dritten Fall** sieht die GuV-Rechnung folgendermaßen aus:

Soll		GuV-Konto	Haben
Lohnaufwand	500	Verkaufserlöse	2.000
Materialaufwand	1.000		
Gewinnsaldo	500		
Summe	2.000	Summe	2.000

Der Aufwand beträgt insgesamt 1.500 Euro. Diesem steht ein Ertrag in Höhe von 2.000 Euro gegenüber. Der Differenzbetrag (Saldo), bei dem es sich um einen Gewinn handelt, ist auf der Seite mit dem geringeren Wert, hier also links, einzufügen, um das Konto zum Ausgleich zu bringen.

Für die Formulierung „Gewinnsaldo" wird üblicherweise nur die Bezeichnung „Gewinn" gewählt. Spiegelbild verwendet man für den Begriff „Verlustsaldo" in der Regel nur das Kürzel „Verlust".

4.5 Der Zusammenhang zwischen Bilanz und Erfolgsrechnung – Betrachtung ohne Vorkonten zur Erfolgsrechnung

Den grundsätzlichen Zusammenhang zwischen Bilanz und Erfolgsrechnung wollen wir zunächst ohne Vorkonten zur Erfolgsrechnung erläutern. Lediglich die Vorkonten zur Bilanz, d.h. die Aktiv- und Passivkonten, werden berücksichtigt.

Um die Betrachtung zu erleichtern, gehen wir von dem bereits bekannten **Beispiel** aus:

Demnach verfügt der kommunale Teilbetrieb zum Ende des 1. und damit zu Beginn seines 2. Geschäftsjahres über ein Grundstück im Werte von 200.000 Euro, eine Verteilungsanlage im Werte von 600.000 Euro und ein Bankguthaben in Höhe von 1.200.000 Euro. Das Stammkapital beträgt 1.000.000 Euro, die Bankverbindlichkeiten haben eine Höhe von 400.000 Euro und die Lieferantenverbindlichkeiten betragen 600.000 Euro.

Weiterhin wird aus Gründen der Vereinfachung unterstellt, dass im Verlauf des 2. Geschäftsjahres lediglich drei Geschäftsvorfälle zu berücksichtigen sind:

1. Es werden Löhne in Höhe von 100.000 Euro für Tätigkeiten im gleichen Jahr gezahlt, und zwar durch Banküberweisung.

2. Für die Verteilungsanlagen fallen Abschreibungen in Höhe von 200.000 Euro an.

3. Am Jahresende werden für die ausschließlich im zweiten Geschäftsjahr erbrachten Entsorgungsdienstleistungen die Gebührenbescheide in Höhe von 500.000 Euro verschickt.

Wir gehen zunächst von der Bilanz zu Beginn des 2. Jahres aus und eröffnen die entsprechenden Bestandskonten (vgl. die nachfolgende Übersicht): Es werden auf dem Aktivkonto „Grundstücke" ein Anfangsbestand in Höhe von 200.000 Euro, auf dem Aktivkonto „Verteilungsanlagen" ein Anfangsbestand in Höhe von 600.000 Euro und auf dem Aktivkonto „Bankguthaben" ein Anfangsbestand in Höhe von 1.200.000 Euro im Soll erfasst. Weiterhin werden auf dem Passivkonto „Stammkapital" ein Anfangsbestand in Höhe von 1.000.000 Euro, auf dem Passivkonto „Bankverbindlichkeiten" ein Anfangsbestand in Höhe von 400.000 Euro und auf dem Passivkonto „Lieferantenverbindlichkeiten" ein Anfangsbestand in Höhe von 600.000 Euro im Haben erfasst. Darüber hinaus lassen wir Raum für weitere Bestandskonten. Weiterhin berücksichtigen wir je ein T- Konto für die Schlussbilanz und die Erfolgsrechnung.

A	Bilanz zu Beginn des 2. Jahres		P
Grundstücke	2	Stammkapital	10
Verteilungsanlagen	6	Bankverbindlichkeiten	4
Bankguthaben	12	Lieferantenverbindlichkeiten	6

Aktivkonten   **Passivkonten**

S	Grundstücke	H		S	Stammkapital	H
AB	2				AB	10

S	Verteilungsanlagen	H		S	Bankverbind-lichkeiten	H
AB	6	(2) 2			AB	4

S	Bankguthaben	H		S	Lieferanten-verbindlichkeiten	H
AB	12	(1) 1			AB	6

S	Forderungen	H
(3)	5	

A	Bilanz am Ende des 2. Jahres	P		Soll	Erfolgskonto	Haben
				(1) Lohn-aufwand	1	(3) Gebühren-ertrag 5
				(2) Abschrei-bungen	2	

alle Angaben in 100.000 Euro

Nunmehr werden die drei Geschäftsvorfälle eingebucht (vgl. die Übersicht auf der Vorseite):

Zu (1): Auf dem Konto „Bank" ist der Abgang in Höhe von 100.000 Euro im Haben zu berücksichtigen. Weiterhin ist der Lohnaufwand in der Erfolgsrechnung auf der Aufwandsseite, also im Soll, zu buchen.

Zu (2): Auf dem Konto „Verteilungsanlagen" ist der Abgang in Höhe von 200.000 Euro im Haben zu berücksichtigen. Weiterhin ist der Abschreibungsaufwand in der Erfolgsrechnung auf der Aufwandsseite, also im Soll, zu buchen.

Zu (3): Es ist ein neues Aktivkonto „Forderungen aus Lieferungen und Leistungen" einzurichten, das wir nachfolgend nur kurz als Konto „Forderungen" bezeichnen. Auf dem Konto „Forderungen" ist der Zugang in Höhe von 500.000 Euro im Soll zu berücksichtigen. Weiterhin ist der Gebührenertrag in der Erfolgsrechnung auf der Ertragsseite, also im Haben, zu buchen.

Am Ende des Jahres **schließen** wir die **Konten ab (vgl. die nachfolgende Übersicht, welche die vorherige um die Abschlussbuchungen ergänzt).**

Die Buchungen erhalten eine entsprechende Buchungsnummer:

Wir beginnen mit den Aktivkonten:

* Buchung (4): Auf dem Konto „Grundstücke" ist auf der Sollseite ein größerer Wert vorhanden als auf der Habenseite, also müssen wir im Haben einen Saldo in Höhe von 200.000 Euro buchen, um das Konto zum Ausgleich zu bringen. Es handelt sich bei dem Habensaldo um den Bestand an Grundstücken der am Jahresende vorhanden ist. Da wir eine Habenbuchung vorgenommen haben, müssen wir auf dem Bilanzkonto eine Sollbuchung vornehmen. Wir tragen den Saldo, d.h. den Endbestand, also auf der linken Bilanzseite ein. Das ist auch richtig, denn Vermögen wird in der Bilanz auf der linken Seite erfasst. Zusätzlich vermerken wir in der Bilanz noch die Vermögensart.

A	Bilanz zu Beginn des 2. Jahres		P
Grundstücke	2	Stammkapital	10
Verteilungsanlagen	6	Bankverbindlichkeiten	4
Bankguthaben	12	Lieferantenverbindlichkeiten	6

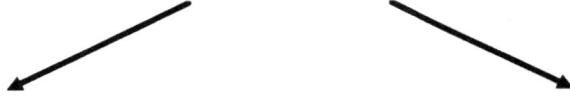

Aktivkonten   **Passivkonten**

S	Grundstücke	H		S	Stammkapital	H
AB	2	(4) Sal. 2		(8) Sal. 10	AB	10
Summe	2	Summe 2		Summe 10	Summe	10

S	Verteilungs-anlagen	H		S	Bankverbind-lichkeiten	H
AB	6	(2) 2		(9) Sal. 4	AB	4
		(5) Sal. 4		Summe 4	Summe	4
Summe	6	Summe 6				

S	Bankguthaben	H		S	Lieferanten-verbindlichkeiten	H
AB	12	(1) 1		(10) Sal. 6	AB	6
		(7) Sal. 11		Summe 6	Summe	6
Summe	12	Summe 12				

S	Forderungen	H
(3)	5	(6) Sal. 5
Summe	3	Summe 3

alle Angaben in 100.000 Euro

A	Bilanz am Ende des 2. Jahres		P		S	Erfolgskonto		H
(4) Grundstücke	2	(8) Stammkapital	10		(1) Lohnaufw.	1	(3) Gebührener.	5
(5) Verteilungsan.	4	(9) Bankverbindl.	4		(2) Abschreib.	2		
(6) Forderungen	5	(10) Lieferantenver.	6		(11) Gewinn	2		
(7) Bankguthaben	11	(11) Gewinn	2					
Summe	22	Summe	22		Summe	5	Summe	5

- Buchung (5): Auf dem Konto „Verteilungsanlagen" ist auf der Sollseite ein größerer Wert vorhanden als auf der Habenseite, also müssen wir im Haben einen Saldo in Höhe von 400.000 Euro buchen, um das Konto zum Ausgleich zu bringen. Es handelt sich bei dem Habensaldo um den Bestand an Verteilungsanlagen, der am Jahresende vorhanden ist. Da wir eine Habenbuchung vorgenommen haben, müssen wir auf dem Bilanzkonto eine Sollbuchung vornehmen.

- Buchung (6): Da die Forderungen in der Bilanz vor dem Bankguthaben aufgeführt werden, schließen wir auch das entsprechende Konto vorher ab. Auf dem Konto „Forderungen" ist auf der Sollseite ein größerer Wert vorhanden als auf der Habenseite, also müssen wir im Haben einen Saldo in Höhe von 500.000 Euro buchen, um das Konto zum Ausgleich zu bringen. Es handelt sich bei dem Habensaldo um den Bestand an Forderungen der am Jahresende vorhanden ist. Da wir eine Habenbuchung vorgenommen haben, müssen wir auf dem Bilanzkonto eine Sollbuchung vornehmen.

- Buchung (7): Auf dem Konto „Bankguthaben" ist auf der Sollseite ein größerer Wert vorhanden als auf der Habenseite, also müssen wir im Haben einen Saldo in Höhe von 1.100.000 Euro buchen, um das Konto zum Ausgleich zu bringen. Es handelt sich bei dem Habensaldo um das Bankguthaben, das am Jahresende vorhanden ist. Da wir eine Habenbuchung vorgenommen haben, müssen wir auf dem Bilanzkonto eine Sollbuchung vornehmen.

- Buchung (8): Auf dem Konto „Stammkapital" haben wir auf der Habenseite einen größeren Wert als auf der Sollseite. Wir müssen also einen Saldo in Höhe von 1.000.000 Euro im Soll buchen, um das Konto auszugleichen. Dieser Endbestand muss auch in der Bilanz erscheinen, und zwar auf der Kapitalseite. Damit wird, wie es das Prinzip der doppelten Buchung verlangt, auch die notwendige Gegenbuchung im Haben vorgenommen.

- Buchung (9): Auf dem Konto „Bankverbindlichkeiten" haben wir auf der Habenseite einen größeren Wert als auf der Sollseite. Wir müssen also einen Saldo in Höhe von 400.000 Euro im Soll buchen, um das Konto auszugleichen. Dieser Endbestand muss auch in der Bilanz erscheinen, und zwar auf der Kapitalseite. Damit wird, wie es das Prinzip der doppelten Buchung verlangt, auch die notwendige Gegenbuchung im Haben vorgenommen.

- Buchung (10): Auf dem Konto „Lieferantenverbindlichkeiten" haben wir auf der Habenseite einen größeren Wert als auf der Sollseite. Wir müssen also einen Saldo in Höhe von 600.000 Euro im Soll buchen, um das Konto auszugleichen. Dieser Endbestand muss auch in der Bilanz erscheinen, und zwar auf der Kapitalseite. Damit wird, wie es das Prinzip der doppelten Buchung verlangt, auch die notwendige Gegenbuchung im Haben vorgenommen.

- Buchung (11) Nunmehr müssen wir noch das Erfolgskonto betrachten. Der Ertrag ist größer als der Aufwand. Es ist also ein Gewinn entstanden. Diesen Gewinnsaldo müssen wir auf der linken Seite einbuchen, um das Erfolgskonto auszugleichen. Damit ist eine Gegenbuchung erforderlich, die wir auf der rechten Seite der Bilanz vornehmen. Der Gewinn wird hierdurch auch in der Bilanz ausgewiesen und gleichzeitig wird auf diesem Wege der Differenzbetrag eingebucht, der erforderlich ist, um die Bilanz zum Ausgleich zu bringen.

4.6 Der Zusammenhang zwischen Bilanz und Erfolgsrechnung – Betrachtung mit Vorkonten zur Erfolgsrechnung

Es liegt auf der Hand, dass die Erfolgsrechnung umso unübersichtlicher wird, je mehr erfolgswirksame Vorgänge anfallen. Wie bei der Bilanz so werden daher auch bei der Erfolgsrechnung Vorkonten eingesetzt. Entsprechend der beiden Seiten der Erfolgsrechnung wird zwischen **Aufwands- und Ertragskonten** unterschieden. Abbildung 11 verdeutlicht den Grundaufbau dieser beiden Kontenarten und die Verbindung zur Erfolgsrechnung.

Bei einem **Aufwandskonto** wird kein Anfangsbestand berücksichtigt; denn Aufwand ist eine Stromgröße. Der Aufwand, der in dem Geschäftsjahr entsteht, der Zugang, wird auf dem Aufwandskonto auf der Seite erfasst, auf welcher der Aufwand auch in der Erfolgsrechnung steht, also auf der linken Seite. Durch die im Verlauf des Geschäftsjahres zu buchenden Aufwendungen ist der Wert auf der linken Seite des Aufwandskontos höher als auf der rechten Seite. Um das Konto auszugleichen, muss man also auf der rechten Seite einen Saldo einbuchen. Die Gegenbuchung erfolgt auf der linken Seite des Erfolgskontos. Damit wird der gesamte Jahresaufwand einer bestimmten Aufwandsart in die Erfolgsrechnung übertragen.

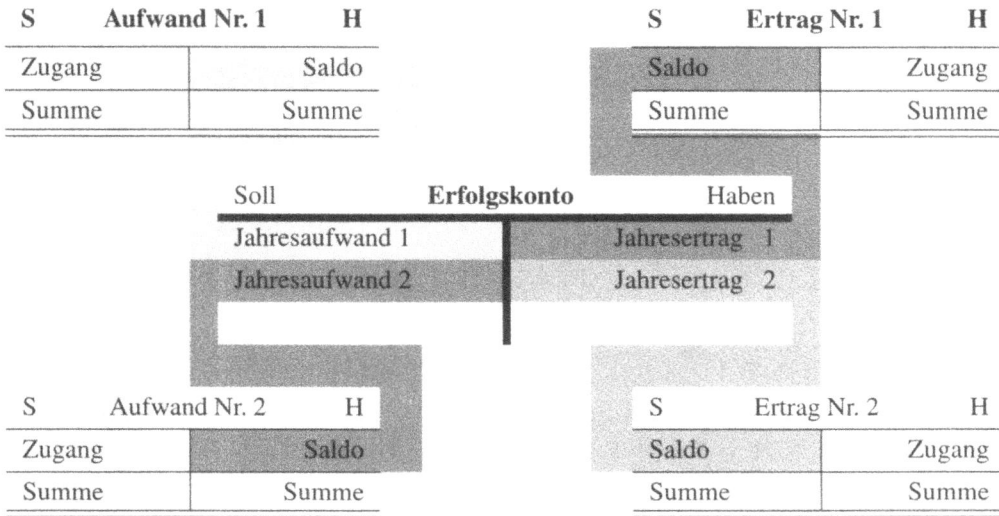

S	Aufwand Nr. 1	H
Zugang	Saldo	
Summe	Summe	

S	Ertrag Nr. 1	H
Saldo		Zugang
Summe		Summe

Soll	Erfolgskonto	Haben
Jahresaufwand 1		Jahresertrag 1
Jahresaufwand 2		Jahresertrag 2

S	Aufwand Nr. 2	H
Zugang	Saldo	
Summe	Summe	

S	Ertrag Nr. 2	H
Saldo		Zugang
Summe		Summe

Abbildung 11: F qt mc `t ea `t ıcdq@ ev `ncr, ıt ncıDqsq`f rj nmsdmrnv ld Verbuchung ihrer Salden im Erfolgskonto

Auch bei einem **Ertragsskonto** wird kein Anfangsbestand berücksichtigt; denn Ertrag ist ebenfalls eine Stromgröße. Der Ertrag, der in dem Geschäftsjahr entsteht, der Zugang, wird auf dem Ertragskonto auf der Seite erfasst, auf welcher der Ertrag auch in der Erfolgsrechnung steht, also auf der rechten Seite. Durch die im Verlauf des Geschäftsjahres zu buchenden Erträge ist der Wert auf der rechten Seite des Ertragskontos höher als auf der linken Seite. Um das Konto auszugleichen, muss man also auf der linken Seite einen Saldo einbuchen. Die Gegenbuchung erfolgt auf der rechten Seite des Erfolgskontos. Dadurch wird der Jahresertrag für die betreffende Ertragsart in der Erfolgsrechnung erfasst.

Ausgehend von diesen Vorüberlegungen, können wir nunmehr mit Hilfe von **Beispielen** den Zusammenhang zwischen Bilanz und GuV-Rechnung unter Berücksichtigung der Aufwands- und Ertragskonten erläutern. Dabei wollen wir zunächst die Gewinnentstehung und anschließend die Verlustentstehung behandeln.

- Gewinnentstehung -

Ausgangspunkt ist die bekannte Bilanz zu Beginn des 2. Jahres (vgl. die nachfolgende Übersicht):

Demnach verfügt der betreffende kommunale Teilbetrieb zu Beginn seines 2. Geschäftsjahres lediglich über ein Grundstück im Werte von 200.000 Euro, eine Verteilungsanlage im Werte von 600.000 Euro und ein Bankguthaben in Höhe von 1.200.000 Euro. Das Stammkapital beträgt 1.000.000 Euro, die Bankverbindlichkeiten haben eine Höhe von 400.000 Euro und die Lieferantenverbindlichkeiten betragen 600.000 Euro.

- **Wir eröffnen wieder die entsprechenden Bestandskonten**:

  Es werden
  - auf dem Aktivkonto „Grundstücke" ein Anfangsbestand in Höhe von 200.000 Euro,
  - auf dem Aktivkonto „Verteilungsanlagen" ein Anfangsbestand in Höhe von 600.000 Euro und
  - auf dem Aktivkonto „Bankguthaben" ein Anfangsbestand in Höhe von 1.200.000 Euro

  im Soll erfasst.

  Weiterhin werden
  - auf dem Passivkonto „Stammkapital" ein Anfangsbestand in Höhe von 1.000.000 Euro,
  - auf dem Passivkonto „Bankverbindlichkeiten" ein Anfangsbestand in Höhe von 400.000 Euro und
  - auf dem Passivkonto „Lieferantenverbindlichkeiten" ein Anfangsbestand in Höhe von 600.000 Euro

  im Haben erfasst.

Darüber hinaus lassen wir Raum für weitere Bestandskonten sowie für die Erfolgskonten, d.h. die Aufwands- und Ertragskonten. Weiterhin berücksichtigen wir wieder je ein T-Konto für die Schlussbilanz und die Erfolgsrechnung.

Im Verlauf des Jahres sind die bereits bekannten und nachfolgend noch einmal aufgeführten Geschäftsvorfälle zu berücksichtigen:

1. Es werden Löhne in Höhe von 100.000 Euro für Tätigkeiten im gleichen Jahr gezahlt, und zwar durch Banküberweisung.
2. Für die Verteilungsanlagen fallen Abschreibungen in Höhe von 200.000 Euro an.
3. Am Jahresende werden für die ausschließlich im zweiten Geschäftsjahr erbrachten Entsorgungsdienstleistungen die Gebührenbescheide in Höhe von 500.000 Euro versandt.

- Die Geschäftsvorfälle werden folgendermaßen gebucht:

  Zu 1.: Auf dem Konto „Bank" ist der Abgang in Höhe von 100.000 Euro im Haben zu berücksichtigen. Weiterhin ist der Lohnaufwand auf dem entsprechenden Aufwandskonto „Lohnaufwand" im Soll zu buchen.

  Zu 2.: Auf dem Konto „Verteilungsanlagen" ist der Abgang in Höhe von 200.000 Euro im Haben zu berücksichtigen. Weiterhin ist der Abschreibungsaufwand auf dem entsprechenden Aufwandskonto „Abschreibungsaufwand" im Soll zu buchen.

A	Bilanz zu Beginn des 2. Jahres		P
Grundstücke	2	Stammkapital	10
Verteilungsanlagen	6	Bankverbindlichkeiten	4
Bankguthaben	12	Lieferantenverbindlichkeiten	6

Aktivkonten

S	Grundstücke		H
AB	2	(7) Sal.	2
Summe	2	Summe	2

S	Verteilungsanlagen		H
AB	6	(2)	2
		(8) Sal.	4
Summe	6	Summe	6

S	Bankguthaben		H
AB	12	(1)	1
		(10) Sal.	11
Summe	12	Summe	12

S	Forderungen		H
(3)	5	(9) Sal.	5
Summe	3	Summe	3

Passivkonten

S	Stammkapital		H
(11) Sal.	10	AB	10
Summe	10	Summe	10

S	Bankverbindlich		H
(12) Sal.	4	AB	4
Summe	4	Summe	4

S	Lieferantenverb.		H
(13) Sal.	6	AB	6
Summe	6	Summe	6

Aufwandskosten   **Ertragskosten**

S	Lohnaufwand		H
(1)	1	(4) Sal.	1
Summe	1	Summe	2

S	Gebührener.		H
(6) Sal.	5	(3)	5
Summe	5	Summe	5

S	Abschreibung		H
(2)	2	(5) Sal.	2
Summe	2	Summe	2

A	Bilanz am Ende des 2. Jahres		P
(7) Grundstücke	2	(11) Stammkapital	10
(8) Verteilungsan.	4	(12) Bankverbindl.	4
(9) Forderungen	5	(13) Lieferantenver.	6
(10) Bankguthaben	11	(14) Gewinn	2
Summe	22	Summe	22

Soll	GuV-Konto		Haben
(4) Lohnaufw.	1	(6) Gebührener.	5
(5) Abschreib.	2		
(14) Gewinn	2		
Summe	5	Summe	5

alle Angaben in 100.000 Euro

Zu 3.: Es ist ein neues Aktivkonto „Forderungen aus Lieferungen und Leistungen" einzurichten, das wir nachfolgend wieder nur kurz als Konto „Forderungen" bezeichnen. Auf dem Konto „Forderungen" ist der Zugang in Höhe von 500.000 Euro im Soll zu berücksichtigen. Weiterhin ist der Gebührenertrag auf dem entsprechenden Ertragskonto „Gebührenertrag" im Haben zu buchen.

Am Jahresende werden die Konten abgeschlossen, und zwar werden

*   zunächst die Aufwands- und Ertragskonten abgeschlossen und ihre Salden in der GuV-Rechnung gegengebucht,

*   dann werden Aktiv- und Passivkonten abgeschlossen und die Salden in der Schlussbilanz gegengebucht und

*   zum Schluss wird das Erfolgskonto abgeschlossen und der Erfolgssaldo in der Schlussbilanz gegengebucht (*vgl. in diesem Zusammenhang Falterbaum / Bolk / Reiß, S. 237 u. 238*).

*   Die einzelnen Abschlussbuchungen können wir damit unter Hinweis auf die verwendeten Buchungsnummern zusammenstellen (vgl. die vorherige Übersicht):

    –   **(4)** Um das Konto „Lohnaufwand" auszugleichen, ist auf der Habenseite ein Saldo in Höhe von 100.000 Euro einzubuchen, der auf der Sollseite der Erfolgsrechnung gegenzubuchen ist. Es handelt sich dabei um den gesamten Lohnaufwand unseres Teilbetriebs. Insofern kennzeichnen wir den Betrag im GuV-Konto als Lohnaufwand.

    –   **(5)** Um das Konto „Abschreibungsaufwand" auszugleichen, ist auf der Habenseite ein Saldo in Höhe von 200.000 Euro einzubuchen, der auf der Sollseite der Erfolgsrechnung gegengebucht wird. Es handelt sich dabei um den gesamten Abschreibungsaufwand des Teilbetriebs, was wir im GuV-Konto auch vermerken.

    –   **(6)** Um das Konto „Gebührenertrag" auszugleichen, ist auf der Sollseite ein Saldo in Höhe von 500.000 Euro einzubuchen, der auf der Habenseite der Erfolgsrechnung gegenzubuchen ist. Es handelt sich dabei um den gesamten Gebührenertrag unseres Teilbetriebs, worauf wir im GuV-Konto durch Berücksichtigung des Begriffs „Gebührenertrag" auch hinweisen.

    –   **(7)** Auf dem Konto „Grundstücke" ist auf der Sollseite ein größerer Wert vorhanden als auf der Habenseite, also müssen wir im Haben einen Saldo in Höhe von 200.000 Euro buchen, um das Konto zum Ausgleich zu bringen. Es handelt sich bei dem Habensaldo um den Bestand an Grundstücken, der am Jahresende vorhanden ist. Da wir eine Habenbuchung vorgenommen haben, müssen wir auf dem Bilanzkonto eine Sollbuchung vornehmen. Wir tragen den Saldo, d.h. den Endbestand, also auf der linken Bilanzseite ein. Zusätzlich vermerken wir in der Bilanz noch die Vermögensart.

    –   **(8)** Auf dem Konto „Verteilungsanlagen" ist auf der Sollseite ein größerer Wert vorhanden als auf der Habenseite, also müssen wir im Haben einen Saldo in Höhe von 400.000 Euro buchen, um das Konto zum Ausgleich zu bringen. Es handelt sich bei dem Habensaldo um den Bestand an Verteilungsanlagen, der am Jahresende vorhanden ist. Da wir eine Habenbuchung vorgenommen haben, müssen wir auf dem Bilanzkonto eine Sollbuchung vornehmen.

- **(9)** Da die Forderungen in der Bilanz vor dem Bankguthaben aufgeführt werden, schließen wir auch das entsprechende Konto vorher ab. Auf dem Konto „Forderungen" ist auf der Sollseite ein größerer Wert vorhanden als auf der Habenseite, also müssen wir im Haben einen Saldo in Höhe von 500.000 Euro buchen, um das Konto zum Ausgleich zu bringen. Es handelt sich bei dem Habensaldo um den Bestand an Forderungen, der am Jahresende vorhanden ist. Da wir eine Habenbuchung vorgenommen haben, müssen wir auf dem Bilanzkonto eine Sollbuchung vornehmen.

- **(10)** Auf dem Konto „Bankguthaben" ist auf der Sollseite ein größerer Wert vorhanden als auf der Habenseite, also müssen wir im Haben einen Saldo in Höhe von 1.100.000 Euro buchen, um das Konto zum Ausgleich zu bringen. Es handelt sich bei dem Habensaldo um das Bankguthaben, das am Jahresende vorhanden ist. Da wir eine Habenbuchung vorgenommen haben, müssen wir auf dem Bilanzkonto eine Sollbuchung vornehmen.

- **(11)** Auf dem Konto „Stammkapital" haben wir auf der Habenseite einen größeren Wert als auf der Sollseite. Wir müssen also einen Saldo in Höhe von 1.000.000 Euro im Soll buchen, um das Konto auszugleichen. Dieser Endbestand muss auch in der Bilanz erscheinen, und zwar auf der Kapitalseite. Damit wird, wie es das Prinzip der doppelten Buchung verlangt, auch die notwendige Gegenbuchung im Haben vorgenommen.

- **(12)** Auf dem Konto „Bankverbindlichkeiten" haben wir auf der Habenseite einen größeren Wert als auf der Sollseite. Wir müssen also einen Saldo in Höhe von 400.000 Euro im Soll buchen, um das Konto auszugleichen. Dieser Endbestand muss auch in der Bilanz erscheinen, und zwar auf der Kapitalseite. Damit wird, wie es das Prinzip der doppelten Buchung verlangt, auch die notwendige Gegenbuchung im Haben vorgenommen.

- **(13)** Auf dem Konto „Lieferantenverbindlichkeiten" haben wir auf der Habenseite einen größeren Wert als auf der Sollseite. Wir müssen also einen Saldo in Höhe von 600.000 Euro im Soll buchen, um das Konto auszugleichen. Dieser Endbestand muss auch in der Bilanz erscheinen, und zwar auf der Kapitalseite. Damit wird, wie es das Prinzip der doppelten Buchung verlangt, auch die notwendige Gegenbuchung im Haben vorgenommen.

- **(14)** Nunmehr müssen wir noch das GuV-Konto betrachten. Der Ertrag ist größer als der Aufwand. Es ist also ein Gewinn entstanden. Diesen Gewinnsaldo müssen wir auf der linken Seite einbuchen, um das Erfolgskonto auszugleichen. Damit ist eine Gegenbuchung erforderlich, die wir auf der rechten Seite der Bilanz vornehmen. Der Gewinn wird hierdurch auch in der Bilanz ausgewiesen und gleichzeitig wird auf diesem Wege der Differenzbetrag eingebucht, der erforderlich ist, um die Bilanz zum Ausgleich zu bringen.

✵ Nunmehr können wir auch die Buchungssätze formulieren.

Bevor wir dies vornehmen, wollen wir noch auf eine Formulierungsvereinfachung hinweisen. Eigentlich müssten wir immer mit der Schlussformulierung „-konto" arbeiten, also beispielsweise die Bezeichnungen „Lohnaufwandskonto", „Abschreibungsaufwandskonto" usw. wählen. Wir beschränken uns jedoch in der Regel auf die Kurzformulierungen, nennen also beispielsweise das Lohnaufwandskonto kurz Lohnaufwand. Lediglich für die Erfolgsrechnung wählen wir die Formulierung „GuV-Konto" und auch für die Bilanz am Jahresende wählen wir die Formulierung „*Schlussbilanzkonto*" bzw. die Abkürzung *SBK*.

1. Lohnaufwand an Bankguthaben 100.000 Euro

2. Abschreibungsaufwand an Verteilungsanlagen 200.000 Euro

3. Forderungen an Gebührenertrag 500.000 Euro

4. GuV-Konto an Lohnaufwand 100.000 Euro

5. GuV-Konto an Abschreibungsaufwand 200.000 Euro

6. Gebührenertrag an GuV-Konto 500.000 Euro

7. Schlussbilanzkonto an Grundstücke 200.000 Euro

8. Schlussbilanzkonto an Verteilungsanlagen 400.000 Euro

9. Schlussbilanzkonto an Forderungen 500.000 Euro

10. Schlussbilanzkonto an Bankguthaben 1.100.000 Euro

11. Stammkapital an Schlussbilanzkonto 1.000.000 Euro

12. Bankverbindlichkeiten an Schlussbilanzkonto 400.000 Euro

13. Lieferantenverbindlichkeiten an Schlussbilanzkonto 600.000 Euro

14. GuV-Konto an Schlussbilanzkonto 200.000 Euro.

- Verlustentstehung -

Um zu erläutern, wie ein negativer Erfolg, d.h. ein Verlust, buchhalterisch zu berücksichtigen ist, führen wir die Betrachtung fort und wählen die Bilanz am Ende des 2. Jahres als Ausgangspunkt. Zusätzlich unterstellen wir, dass der Gewinn abgeführt und eine entsprechende Überweisung getätigt wird, so dass das Bankguthaben sich um 200.000 Euro auf 900.000 Euro vermindert. Die Bilanz zu Beginn des 3. Jahres findet sich in der nachfolgenden Übersicht.

- **Wir eröffnen wieder die entsprechenden Bestandskonten:**

  Es werden

  - auf dem Aktivkonto „Grundstücke" ein Anfangsbestand in Höhe von 200.000 Euro,
  - auf dem Aktivkonto „Verteilungsanlagen" ein Anfangsbestand in Höhe von 400.000 Euro,
  - auf dem Aktivkonto „Forderungen" ein Anfangsbestand in Höhe von 500.000 Euro und
  - auf dem Aktivkonto „Bankguthaben" ein Anfangsbestand in Höhe von 900.000 Euro

  im Soll erfasst.

  Weiterhin werden

  - auf dem Passivkonto „Stammkapital" ein Anfangsbestand in Höhe von 1.000.000 Euro,
  - auf dem Passivkonto „Bankverbindlichkeiten" ein Anfangsbestand in Höhe von 400.000 Euro und
  - auf dem Passivkonto „Lieferantenverbindlichkeiten" ein Anfangsbestand in Höhe von 600.000 Euro

  im Haben erfasst.

Darüber hinaus lassen wir wieder Raum für weitere Bestandskonten, für die Erfolgskonten, für die Schlussbilanz und das Erfolgskonto.

Im Verlauf des 3. Jahres sind die nachfolgend aufgeführten Geschäftsvorfälle zu berücksichtigen:

1. Es werden Löhne in Höhe von 100.000 Euro für Tätigkeiten im gleichen Jahr gezahlt, und zwar durch Banküberweisung.

2. Für die Verteilungsanlagen fallen Abschreibungen in Höhe von 200.000 Euro an.

3. Die Gebührenbescheide aus dem Vorjahr werden in voller Höhe per Überweisung bezahlt.

4. Der Dienstleistungsabsatz ist im Vergleich zum Vorjahr erheblich zurückgegangen. Am Jahresende werden für die ausschließlich im 3. Geschäftsjahr erbrachten Entsorgungsdienstleistungen die Gebührenbescheide in Höhe von 200.000 Euro versandt. Die Zahlungsmittel werden erst im 4. Jahr eingehen

- Für die vier Geschäftsvorfälle gelten somit die folgenden Buchungssätze:

  1. Lohnaufwand an Bankguthaben 100.000 Euro

  2. Abschreibungsaufwand an Verteilungsanlagen 200.000 Euro

  3. Bankguthaben an Forderungen 500.000 Euro

  4. Forderungen an Gebührenertrag 200.000 Euro

Am Jahresende werden die Konten in der bereits erläuterten Reihenfolge abgeschlossen. Folgende Buchungssätze sind zu berücksichtigen:

5. GuV-Konto an Lohnaufwand 100.000 Euro

6. GuV-Konto an Abschreibungsaufwand 200.000 Euro

7. Gebührenertrag an GuV-Konto 200.000 Euro

8. Schlussbilanzkonto an Grundstücke 200.000 Euro

A	Bilanz am Anfang des 3. Jahres		P
Grundstücke	2	Stammkapital	10
Verteilungsanlagen	4	Bankverbindlichkeiten	4
Forderungen	5	Lieferantenverbindlich.	6
Bankguthaben	9		

Aktivkonten

S	Grundstücke		H
AB	2	(8) Sal.	2
Summe	*2*	*Summe*	*2*

S	Verteilungsanlagen		H
AB	4	(2)	2
		(9) Sal.	2
Summe	*4*	*Summe*	*4*

S	Bankguthaben		H
AB	9	(1)	1
(3)	5	(11) Sal.	13
Summe	*14*	*Summe*	*14*

Passivkonten

S	Stammkapital		H
(12) Sal.	10	AB	10
Summe	*10*	*Summe*	*10*

S	Bankverbindlich.		H
(13) Sal.	4	AB	4
Summe	*4*	*Summe*	*4*

S	Lieferantenverb.		H
(14) Sal.	6	AB	6
Summe	*6*	*Summe*	*6*

S	Forderungen		H
AB	5	(3)	5
(4)	2	(10) Sal.	2
Summe	7	Summe	7

Aufwandskonten		Ertragskonten	
S Lohnaufwand H		**S Gebührener. H**	
(1) 1	(5)Sal. 1	(7)Sal. 2	(4) 2
Summe 1	Summe 1	Summe 5	Summe 5

S Abschreibung. H	
(2) 2	(6)Sal. 2
Summe 2	Summe 2

A Bilanz am Ende des 3. Jahres P

(8) Grundstücke	2	(12) Stammkapital	10
(9) Verteilungsan.	2	(13) Bankverbindl.	4
(10) Forderungen	2	(14) Lieferantenver.	6
(11) Bankguthaben	13		
(15) **Verlust**	1		
Summe	20	Summe	20

Soll	**GuV-Konto**		Haben
(5) Lohnaufw.	1	(7) Gebührener.	2
(6) Abschreib.	2	(15) **Verlust**	1
Summe	3	Summe	3

alle Angaben in 100.000 Euro

9. Schlussbilanzkonto an Verteilungsanlagen 200.000 Euro

10. Schlussbilanzkonto an Forderungen 200.000 Euro

11. Schlussbilanzkonto an Bankguthaben 1.300.000 Euro

12. Stammkapital an Schlussbilanzkonto 1.000.000 Euro

13. Bankverbindlichkeiten an Schlussbilanzkonto 400.000 Euro

14. Lieferantenverbindlichkeiten an Schlussbilanzkonto 600.000 Euro

15. Schlussbilanzkonto an GuV-Konto 100.000 Euro.

In Abbildung 12 haben wir das Zwei-Komponenten-System noch einmal im Überblick dargestellt, und zwar jeweils für den Fall der Gewinnentstehung und den der Verlustentstehung.

Aktivkonto		Passivkonto		Aufwandskonto		Ertragskonto	
S	H	S	H	S	H	S	H
AB	ABG	ABG	AB	ZUG	ABG	ABG	ZUG
ZUG	EB	EB	ZUG		Saldo	Saldo	

Aktiva	SBK	Passiva		S	GuV-Konto	H
Endbestand		Endbestand		Saldo		Saldo
	GEWINN		←→	GEWINN		

Aktivkonto		Passivkonto		Aufwandskonto		Ertragskonto	
S	H	S	H	S	H	S	H
AB	ABG	ABG	AB	ZUG	ABG	ABG	ZUG
ZUG	EB	EB	ZUG		Saldo	Saldo	

Aktiva	SBK	Passiva		S	GuV-Konto	H
Endbestand		Endbestand		Saldo		Saldo
VERLUST				Saldo		VERLUST

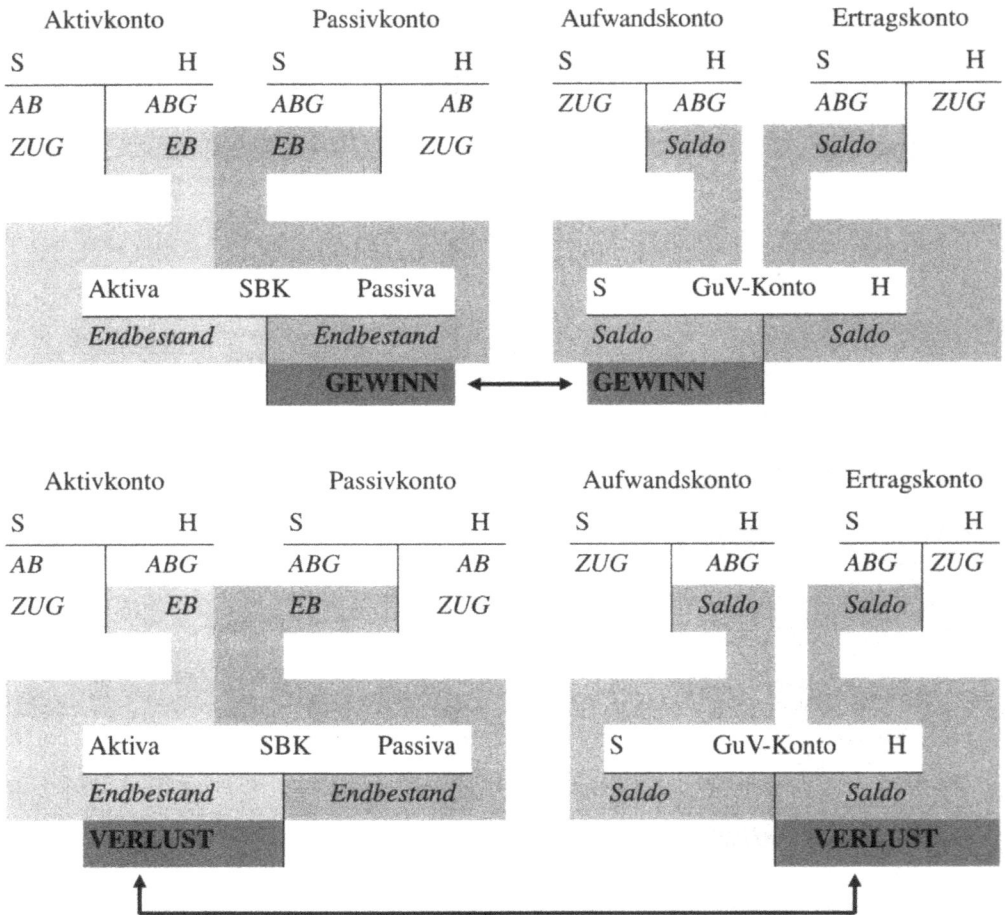

Mit: AB = Anfangsbestand; ZUG = Zugang; ABG = Abgang; EB = Endbestand;
SBK = Schlussbilanzkonto

Abbildung 12: Überblick über das Zwei-Komponenten-System

Es wird deutlich, dass die Salden der Aufwands- und Ertragskonten im GuV-Konto, die Salden der Aktiv- und Passivkonten sowie der Saldo des GuV-Kontos im Schlussbilanzkonto gegengebucht werden, wobei ein eventueller **Gewinn** im GuV-Konto auf der linken Seite und im Schlussbilanzkonto auf der rechten Seite erscheint und ein eventueller **Verlust** im GuV-Konto auf der rechten und **im Schlussbilanzkonto auf der linken Seite** gebucht wird.

Gleichwohl erscheint der **Verlust** anschließend **in der „Reinschrift" der Schlussbilanz**, die dem Schlussbilanzkonto ähnelt, aber eben nicht mit diesem identisch ist, **auf der rechten Seite, und zwar mit negativem Vorzeichen**. Auf diesen Punkt werden wir an späterer Stelle noch eingehen.

5 Wichtige Buchungen bei Anwendung der traditionellen Doppik im Bereich der Kommunalverwaltung

5.1 Eröffnungsbuchungen

Wie bereits dargelegt, ist die Technik der doppelten Buchführung dadurch gekennzeichnet, dass bei einem Buchungsvorgang stets zwei Konten berührt werden, wobei eine Eintragung auf der linken Seite, also im Soll, des einen Kontos und die Gegenbuchung auf der rechten Seite, also im Haben, des anderen Kontos vorgenommen wird.

Bei der Eröffnung der Bestandskonten, d.h. der Aktiv- und der Passivkonten, führt dies zu einer Besonderheit, auf die wir, um den Überblick über das System der doppelten Buchführung zu erleichtern, bisher nicht eingegangen sind. Diesen Punkt können wir nunmehr nachholen.

Wenn wir ein Aktivkonto eröffnen, dann tragen wir, wie bereits dargelegt, den betreffenden Anfangsbestand im Soll des Kontos ein. Um das System der doppelten Buchführung durchzuhalten, benötigen wir ein Konto auf dem wir die entsprechende Gegenbuchung im Haben vornehmen können. Das Gleiche gilt spiegelbildlich für die Eröffnung der Passivkonten. Auf dem betreffenden Passivkonto tragen wir im Haben den Anfangsbestand ein. Um die notwendige Gegenbuchung im Soll vornehmen zu können, benötigen wir ein entsprechendes Konto.

Das Konto, das bei der Eröffnung der Aktiv- und Passivkonten zu Beginn des Geschäftsjahres die notwendigen Gegenbuchungen aufnimmt, wird **Eröffnungsbilanzkonto** genannt.

Das **Eröffnungsbilanzkonto ist spiegelbildlich zum bekannteren Schlussbilanzkonto, das oft nur kurz Bilanz genannt wird, aufgebaut;** d.h. auf dem Eröffnungsbilanzkonto stehen die Aktiva im Haben, also auf der rechten Seite, und die Passiva im Soll, also auf der linken Seite.

Die entsprechenden **Buchungssätze** lauten also **bei der Eröffnung der Konten am Jahresanfang**

entweder

Aktivkonto an Eröffnungsbilanzkonto

oder

Eröffnungsbilanzkonto an Passivkonto.

Beispiel:

Zu Beginn des Geschäftsjahres verfügt ein kommunaler Teilbetrieb über ein Grundstück im Werte von 100.000 Euro; ein Bankguthaben über 200.000 Euro; Stammkapital in Höhe von 250.000 Euro und Verbindlichkeiten gegenüber Lieferanten in Höhe von 50.000 Euro. Wie sieht die Eröffnung der Konten aus? Wie lauten die Buchungssätze?

Soll		Eröffnungsbilanzkonto		Haben
Stammkapital	250.000	Grundstücke		100.000
Verbindlichkeiten gegenüber Lieferanten	50.000	Bank		200.000
300.000				300.000

Aktivkonten   **Passivkonten**

S	Grundstücke	H	S	Stammkapital	H
AB	100.000			AB	250.000

S	Bank	H	S	Verbindlichkeiten gegenüber Lieferanten	H
AB	200.000			AB	50.000

alle Angaben in Euro

Buchungssätze:

1.	Grundstücke	an	Eröffnungsbilanzkonto	100.000 Euro
2.	Bank	an	Eröffnungsbilanzkonto	200.000 Euro
3.	Eröffnungsbilanzkonto	an	Stammkapital	250.000 Euro
4.	Eröffnungsbilanzkonto	an	Verbindlichkeiten gegenüber Lieferanten	50.000 Euro

5.2 Nicht erfolgswirksame Buchungen im Zwei-Komponenten-System

5.2.1 Überblick über die im Bereich der Kommunalverwaltung (zunächst) nicht erfolgswirksamen Geschäftsvorfälle

Die klassischen Buchhaltungslehrbücher beschäftigen sich in der Regel mit dem Handels- oder Industriebetrieb. Der kommunale Verwaltungsbetrieb unterscheidet sich von beiden. Zum einen werden in der Regel keine Sachgüter unverändert weitergegeben, d.h. gehandelt, und zum anderen werden üblicherweise keine Sachgüter erstellt, sondern Dienstleistungen. Insofern spielen die für den Handelsbetrieb typischen Warenein- und -verkäufe sowie die für den Industriebetrieb typische Sachgüterproduktion, wenn überhaupt, im Bereich der Kommunalverwaltung nur eine untergeordnete Rolle. Folgende Geschäftsvorfälle, durch die zumindest zunächst Gewinn bzw. Verlust nicht beeinflusst werden, die also in dem betreffenden Geschäftsjahr nicht erfolgswirksam sind, kommen hingegen im Bereich der Kommunalverwaltung häufiger vor:

• der Kauf einer Sachanlage,

• der Kauf von Werkstoffen,

• die Aufnahme und die Tilgung eines Kredits,

• die Einzahlung von bar eingenommenen Beträgen, z.B. Eintrittsgeldern, bei der Bank,

• die Erhöhung des Stammkapitals

Die entsprechenden Buchungen werden nachfolgend behandelt.

5.2.2   Der Kauf von Sachanlagen

Beim Kauf von Sachanlagen ist danach zu unterscheiden, ob der Kaufpreis sofort bezahlt wird oder ob zunächst ein Lieferantenkredit in Anspruch genommen wird, und weiterhin, ob der Betrieb berechtigt ist, die Umsatzsteuer, die auch als Mehrwertsteuer bezeichnet wird, gegenüber dem Finanzamt geltend zu machen oder nicht. Die in Verbindung mit dem Kauf gezahlte Mehrwertsteuer wird auch Vorsteuer genannt. Nachfolgend wird auf die einzelnen Varianten eingegangen.

Beispiel 1:

Ein kommunaler Verwaltungsbetrieb, der die Vorsteuer nicht gegenüber dem Finanzamt geltend machen kann, kauft einen Büroschrank und entrichtet den fälligen Betrag bei Rechnungseingang per Banküberweisung in Höhe von 1.190 Euro. Der Betrag setzt sich aus dem Verkaufspreis in Höhe von 1.000 Euro und der Mehrwertsteuer in Höhe von 19% auf den Verkaufspreis zusammen.

Folglich ist auf dem Aktivkonto „Bank" ein Abgang in Höhe von 1.190 Euro und auf dem Aktivkonto „Büro- und Geschäftsausstattung" ein Zugang in Höhe von 1.190 Euro zu verzeichnen. Wir haben damit auf dem Konto „Büro- und Geschäftsausstattung" eine Sollbuchung und auf dem Konto „Bank" eine Habenbuchung in Höhe von 1.190 Euro vorzunehmen. Es handelt sich um einen Aktivtausch.

Der Buchungssatz lautet somit

Büro- und Geschäftsausstattung

an

Bank 1.190 Euro

und kann folgendermaßen dargestellt werden (Angaben in Euro):

Aktivkonto			Aktivkonto		
S	Büro- u. Geschäftsausstattung	H	S	Bank	H
1.190					1.190

Beispiel 2:

Ein kommunaler Verwaltungsbetrieb, der die Vorsteuer nicht gegenüber dem Finanzamt geltend machen kann, kauft einen Büroschrank und entrichtet den fälligen Betrag in Höhe von 1.190 Euro nicht sofort, sondern nimmt einen Lieferantenkredit in Anspruch. Der Betrag setzt sich aus dem Verkaufspreis in Höhe von 1.000 Euro und der Mehrwertsteuer in Höhe von 19% auf den Verkaufspreis zusammen.

Folglich ist auf dem Passivkonto „Lieferantenverbindlichkeiten" ein Zugang in Höhe von 1190 Euro und auf dem Aktivkonto „Büro- und Geschäftsausstattung" ebenfalls ein Zugang in Höhe von 1190 Euro zu verzeichnen. Wir haben damit auf dem Konto „Büro- und Geschäftsausstattung" eine Sollbuchung und auf dem Konto „Lieferantenverbindlichkeiten" eine Habenbuchung in Höhe von 1190 Euro vorzunehmen. Es handelt sich um eine Bilanzverlängerung.

Der Buchungssatz lautet somit

Büro- und Geschäftsausstattung

an

Lieferantenverbindlichkeiten 1190 Euro

und kann folgendermaßen dargestellt werden (Angaben in Euro):

Aktivkonto		Passivkonto	
S Büro- u. Geschäftsausstattung H		S Lieferantenverbindlichkeiten H	
1190			1190

Beispiel 3:

Ein kommunaler Verwaltungsbetrieb, der die Vorsteuer gegenüber dem Finanzamt geltend machen kann, der also die Mehrwertsteuer wie jeder andere Betrieb zwar zunächst zahlen muss, sie aber anschließend vom Finanzamt erstattet bekommt, kauft einen Büroschrank und entrichtet den fälligen Betrag in Höhe von 1190 Euro nicht sofort, sondern nimmt einen Lieferantenkredit in Anspruch. Der Betrag setzt sich aus dem Verkaufspreis in Höhe von 1.000 Euro und der Mehrwertsteuer in Höhe von 19% auf den Verkaufspreis zusammen.

Folglich ist zunächst auf dem Passivkonto „Lieferantenverbindlichkeiten" ein Zugang in Höhe von 1190 Euro zu verzeichnen. Gleichzeitig ist eine Forderung gegenüber dem Finanzamt in Höhe der gezahlten Umsatzsteuer entstanden. Dieser Forderungszugang wird auf einem speziellen Aktivkonto „Vorsteuer" erfasst. Weiterhin ist auf dem Aktivkonto „Büro- und Geschäftsausstattung" der Zugang in Höhe des Anschaffungspreises für das Gut (der aufgrund der Erstattung letztlich nur 1.000 Euro beträgt) zu erfassen. Wir haben damit auf dem Konto „Büro- und Geschäftsausstattung" eine Sollbuchung in Höhe von 1.000 Euro, auf dem Konto „Vorsteuer" eine Sollbuchung in Höhe von 190 Euro und auf dem Konto „Lieferantenverbindlichkeiten" eine Habenbuchung in Höhe von 1190 Euro vorzunehmen. Es handelt sich um eine Bilanzverlängerung. Der Buchungssatz lautet somit

Büro- und Geschäftsausstattung 1.000 Euro

und

Vorsteuer 190 Euro

an

Lieferantenverbindlichkeiten 1.190 Euro

und kann folgendermaßen dargestellt werden (Angaben in Euro):

Aktivkonten	Passivkonto
S Büro- u. Geschäftsausstattung H	S Lieferantenverbindlichkeiten H
1.000	1.190
S Vorsteuer H	
190	

5.2.3   Der Kauf von Werkstoffen

Bei den Werkstoffen unterscheidet man zwischen den Roh-, Hilfs- und Betriebsstoffen. Rohstoffe gehen als Hauptbestandteil und Hilfsstoffe gehen als Nebenbestandteile in das Produkt ein. Betriebsstoffe werden keine Produktbestandteile, sondern ermöglichen den Produktionsvorgang und werden beispielsweise benötigt, um eine Maschine anzutreiben. *Betrachten wir einen kommunalen Teilbetrieb „Druckerei", dann kann man das Papier den Rohstoffen, die Druckerschwärze den Hilfsstoffen und die Schmieröle für die Maschinen den Betriebsstoffen zuordnen.* Da der kommunale Verwaltungsbetrieb in der Regel Dienstleistungen erstellt, kann diese für die Sachgüterproduktion hilfreiche Unterscheidung der Werkstoffe allerdings nicht immer durchgehalten werden. Es erscheint dann sinnvoll, das entsprechende Aktivkonto nach der gelagerten Güterart zu benennen, also beispielsweise konkret von Treibstoffen zu sprechen. Wie beim Kauf von Sachanlagen ist bei der Buchung danach zu unterscheiden, ob der Kaufpreis sofort bezahlt wird oder ob zunächst ein Lieferantenkredit in Anspruch genommen wird und ob der Betrieb berechtigt ist, die Vorsteuer vom Finanzamt zurückzufordern oder nicht.

Bei einem **Werkstoffeinkauf auf Ziel**, also unter Inanspruchnahme eines Lieferantenkredits, sind damit folgende **Buchungssätze** relevant, und zwar,

- **falls die Vorsteuer nicht beim Finanzamt eingefordert werden kann**
  - Rohstoffe an Lieferantenverbindlichkeiten
  - Hilfsstoffe an Lieferantenverbindlichkeiten
  - Betriebsstoffe an Lieferantenverbindlichkeiten

oder falls die Möglichkeit besteht, die gezahlte Mehrwertsteuer beim Finanzamt zurück-zufordern

- Rohstoffe u. Vorsteuer an Lieferantenverbindlichkeiten
- Hilfsstoffe u. Vorsteuer an Lieferantenverbindlichkeiten
- Betriebsstoffe u. Vorsteuer an Lieferantenverbindlichkeiten

Beispiel 1:

Ein kommunaler Verwaltungsbetrieb, der die Vorsteuer nicht gegenüber dem Finanzamt geltend machen kann, kauft Schreibpapier und entrichtet den fälligen Betrag in Höhe von 1.190 Euro nicht sofort, sondern nimmt einen Lieferantenkredit in Anspruch. Der Betrag setzt sich aus dem Verkaufspreis in Höhe von 1.000 Euro und der Mehrwertsteuer in Höhe von 19% auf den Verkaufspreis zusammen.

Folglich ist auf dem Passivkonto „Lieferantenverbindlichkeiten" ein Zugang in Höhe von 1.190 Euro und auf dem Aktivkonto „Rohstoffe" ebenfalls ein Zugang in Höhe von 1.190 Euro zu verzeichnen. Wir haben damit auf dem Konto „Rohstoffe" eine Sollbuchung und auf dem Konto „Lieferantenverbindlichkeiten" eine Habenbuchung in Höhe von 1.190 Euro vorzunehmen. Es handelt sich um eine Bilanzverlängerung.

Der Buchungssatz lautet somit

Rohstoffe

an

Lieferantenverbindlichkeiten 1.190 Euro

und kann folgendermaßen dargestellt werden (Angaben in Euro):

	Aktivkonto			Passivkonto	
S	Rohstoffe	**H**	**S**	Lieferantenverbindlichkeiten	**H**
1.190					1.190

Beispiel 2:

Ein kommunaler Verwaltungsbetrieb, der die Vorsteuer gegenüber dem Finanzamt geltend machen kann, kauft Schreibpapier und entrichtet den fälligen Betrag in Höhe von 1.190 Euro nicht sofort, sondern nimmt einen Lieferantenkredit in Anspruch. Der Betrag setzt sich aus dem Verkaufspreis in Höhe von 1.000 Euro und der Mehrwertsteuer in Höhe von 19% auf den Verkaufspreis zusammen.

Folglich ist zunächst auf dem Passivkonto „Lieferantenverbindlichkeiten" ein Zugang in Höhe von 1.190 Euro zu verzeichnen. Gleichzeitig ist eine Forderung gegenüber dem Finanzamt in Höhe der gezahlten Umsatzsteuer entstanden. Dieser Forderungszugang wird auf dem Aktivkonto „Vorsteuer" erfasst. Weiterhin ist auf dem Aktivkonto „Rohstoffe" der Zugang in Höhe des Anschaffungswertes für das Gut, der aufgrund der Erstattung nur 1.000 Euro beträgt, zu erfassen. Wir haben damit auf dem Konto „Rohstoffe" eine Sollbuchung in Höhe von 1.000 Euro, auf dem Konto „Vorsteuer" eine Sollbuchung in Höhe von 190 Euro und auf dem Konto „Lieferantenverbindlichkeiten" eine Habenbuchung in Höhe von 1.190 Euro vorzunehmen. Es handelt sich um eine Bilanzverlängerung.

Der Buchungssatz lautet somit

Rohstoffe 1.000 Euro und Vorsteuer 190 Euro

an

Lieferantenverbindlichkeiten 1.190 Euro

und kann folgendermaßen dargestellt werden (Angaben in Euro):

	Aktivkonten			Passivkonto	
S	Rohstoffe	H	S	Lieferantenverbindlichkeiten	H
1.000					1.190

S	Vorsteuer	H
190		

5.2.4   Aufnahme und Tilgung eines Kredits

Bei der Aufnahme eines Kredits handelt es sich um einen nicht erfolgswirksamen Vorgang. In Höhe des aufgenommenen Kredits entstehen zwar einerseits Verbindlichkeiten (Schulden), erhält der Betrieb aber andererseits Zahlungsmittel (Vermögen). Insofern handelt es sich um eine Bilanzverlängerung, durch die kein Gewinn bzw. Verlust entsteht. Das gleiche gilt spiegelbildlich für die Rückzahlung des aufgenommenen Kredits, d.h. die Tilgung. In Höhe der Tilgung nimmt einerseits zwar das Vermögen des Betriebs ab, weil entsprechende Zahlungsmittel abfließen, nehmen andererseits aber auch die Schulden in gleichem Umfang ab. Es handelt sich um eine Bilanzverkürzung, durch die weder ein Gewinn noch ein Verlust entsteht.

Zu beachten ist allerdings, dass in der Regel ein Kredit nicht unentgeltlich zur Verfügung gestellt wird, sondern dass man für die Kreditgewährung Zinsen bezahlen muss. **Das Zinsgeschäft ist jedoch nicht mit dem Kreditgeschäft zu verwechseln. Es handelt sich hierbei um einen zweiten Geschäftsvorfall, der zwar mit dem ersten verbunden, aber von diesem zu unterscheiden ist.** Im Gegensatz zur Kreditaufnahme und zur Kredittilgung ist die Zinszahlung erfolgswirksam. Sie wird erst in einem späteren Kapitel unter den erfolgswirksamen Geschäftsvorfällen behandelt.

Zunächst wollen wir nur die **reinen Kreditgeschäfte** betrachten.

Beispiel 1 (Aufnahme und Tilgung eines Bankkredits):

Ein kommunaler Verwaltungsbetrieb nimmt einen langfristigen Bankkredit in Höhe von 100.000 Euro auf und lässt sich den Betrag auf das Girokonto überweisen. Der Kredit ist, auf 10 Jahre verteilt, in gleich hohen Raten zu tilgen.

Zunächst ist jeweils ein Zugang in Höhe von 100.000 Euro auf dem Aktivkonto „Bank" und dem Passivkonto „langfristige Bankverbindlichkeiten" zu berücksichtigen. Dann ist Jahr für Jahr jeweils ein Abgang auf beiden Konten in Höhe von 10.000 Euro zu buchen.

- Der **Buchungssatz bei der Kreditaufnahme** lautet

Bank

an

langfristige Bankverbindlichkeit 100.000 Euro

und kann folgendermaßen dargestellt werden (Angaben in Euro):

Aktivkonto				**Passivkonto**	
S	Bank	H	S	langf. Bankverbindlichkeiten	H
100.000					100.000

- Für die einzelne jährliche Tilgung gilt der Buchungssatz

langfristige Bankverbindlichkeit

an

Bank 10.000 Euro

und die folgende Darstellung (Angaben in Euro):

Aktivkonto				**Passivkonto**	
S	Bank	H	S	langf. Bankverbindlichkeiten	H
		10.000	10.000		

Die gleichen Überlegungen gelten bei der Tilgung eines Lieferantenkredits.

Beispiel 2 (Tilgung eines Lieferantenkredits):

Ein kommunaler Verwaltungsbetrieb bezahlt nach Ablauf des gewährten Zahlungsaufschubs die fällige Rechnung des Schreibpapierlieferanten in Höhe von 1190 Euro durch Banküberweisung:

Für die Tilgung gilt der Buchungssatz

Lieferantenverbindlichkeiten

an

Bank 1190 Euro

und die folgende Darstellung (Angaben in Euro):

	Aktivkonto				Passivkonto	
S	Bank	H	S	Lieferantenverbindlichkeiten		H
		1190	1190			

5.2.5   Erhaltene Anzahlungen

Eine Verbindlichkeit besonderer Art entsteht, wenn der kommunale Verwaltungsbetrieb, bevor er eine Dienstleistung erbringt, vom zukünftigen Abnehmer der kommunalen Dienstleistung eine **Anzahlung erhält**. In diesem Fall ist wieder danach zu unterscheiden, ob der kommunale Verwaltungsbetrieb, für die betreffenden Transaktionen der Umsatzsteuer (Mehrwertsteuer) unterliegt oder nicht.

Beispiel 1 (Umsatzsteuerbefreiung):

Ein kommunaler Verwaltungsbetrieb erhält per Banküberweisung für eine zu erbringende Dienstleistung eine Anzahlung (Vorauszahlung) des zukünftigen Abnehmers in Höhe von 1190 Euro. Der Vorgang unterliegt nicht der Umsatzsteuer.

Der kommunale Verwaltungsbetrieb hat folglich einen Zugang in Höhe von 1190 Euro auf dem Aktivkonto „Bank" zu verzeichnen. Gleichzeitig entsteht eine Verbindlichkeit gegenüber dem Kunden. Die Konten „Bankverbindlichkeit" und „Lieferantenverbindlichkeit" kommen damit für die Erfassung des Geschäftsvorfalls nicht in Betracht. Es wird ein **spezielles Verbindlichkeitskonto** benötigt, das man beispielsweise als „**Erhaltene Anzahlungen**" bezeichnen kann.

Es gilt damit der folgende Buchungssatz

Bank

an

Erhaltene Anzahlungen 1190 Euro

und die folgende Darstellung (Angaben in Euro):

	Aktivkonto				Passivkonto	
S	Bank	H	S	Erhaltene Anzahlungen		H
1190						1190

Beispiel 2 (Umsatzsteuerpflicht):

Ein kommunaler Verwaltungsbetrieb erhält per Banküberweisung für eine zu erbringende Dienstleistung eine Anzahlung (Vorauszahlung) des zukünftigen Abnehmers in Höhe von 1.190 Euro. Der Dienstleistungsverkauf unterliegt der Umsatzsteuer.

Der kommunale Verwaltungsbetrieb hat folglich einen Zugang in Höhe von 1.190 Euro auf dem Aktivkonto „Bank" zu verzeichnen.

Steuerrechtlich wird dieser Zahlungsmittelzugang wie die Bezahlung eines Güterverkaufs gewertet. Für diesen gilt, falls der Betrieb umsatzsteuerpflichtig ist, dass dem Käufer der Kaufpreis zuzüglich Mehrwertsteuer in Rechnung gestellt wird. Erhält der verkaufende Betrieb diesen Gesamtbetrag, führt er den Anteil, der auf die Mehrwertsteuer entfällt, an das Finanzamt ab. Solange dies noch nicht geschehen ist, hat er eine entsprechende Verbindlichkeit gegenüber dem Finanzamt. Diese Verbindlichkeit gegenüber dem Finanzamt wird auf einem **Passivkonto**, das **„Berechnete Umsatzsteuer" oder „Umsatzsteuerschuld"** genannt wird, gebucht.

Folglich entsteht neben dem Zugang auf dem Bankkonto einerseits eine Verbindlichkeit gegenüber dem Kunden, die auf dem Konto „Erhaltene Anzahlungen" erfasst wird und gleichzeitig eine Verbindlichkeit gegenüber dem Finanzamt, die auf dem Konto „Berechnete Umsatzsteuer" zu buchen ist. Wie der Gesamtbetrag aufzuteilen ist, hängt vom gültigen Mehrwertsteuersatz ab. Beträgt dieser 19%, ist der oben genannte Gesamtbetrag in Höhe von 1.190 Euro in einen Ausgangsbetrag von 1.000 Euro und die eingenommene Umsatzsteuer in Höhe von 190 Euro aufzuteilen.

Es gilt damit der folgende Buchungssatz

Bank 1190 Euro

an

Erhaltene Anzahlungen 1.000 Euro

und an Berechnete Umsatzsteuer 190 Euro

und die folgende Darstellung (Angaben in Euro):

Aktivkonto			Passivkonten		
S	Bank	H	S	Erhaltene Anzahlungen	H
1.190					1.000
			S	Berechnete Umsatzsteuer	H
					190

5.2.6   Einzahlung von bar eingenommenen Beträgen auf das Bankkonto

Relativ häufig werden bei bestimmten Veranstaltungen des kommunalen Verwaltungsbetriebs die Eintrittsentgelte in Form von Münzen und Banknoten entgegengenommen. Das gilt beispielsweise beim Besuch des kommunalen Theaters oder des kommunalen Badebetriebs. In diesen Fällen steigt zunächst der Kassenbestand.

Werden die empfangenen Münzen und Noten später bei der Bank eingezahlt, ist dies buchhalterisch zu berücksichtigen. Auf dem Aktivkonto „Kasse" ist im Haben ein entsprechender Abgang und auf dem Aktivkonto „Bank" ist im Soll ein entsprechender Zugang zu erfassen. Es handelt sich also um einen Aktivtausch.

Beispiel :

Es werden die an der Abendkasse des Theaters eingenommenen Eintrittsentgelte in Höhe von 1.000 Euro bei der Bank eingezahlt.

Es gilt der Buchungssatz

Bank

an

Kasse 1.000 Euro

und die folgende Darstellung (Angaben in Euro):

	Aktivkonto				Aktivkonto	
S	Bank	**H**	**S**		Kasse	**H**
1.000						1.000

5.2.7   Erhöhung des Stamm- bzw. Grundkapitals

Bei Kapitalgesellschaften und bei kommunalen Eigenbetrieben unterscheidet man zwischen verschiedenen Arten des Eigenkapitals. Das durch eine Satzung festgelegte Eigenkapital wird bei **der Aktiengesellschaft (AG) Grundkapital** und bei der **Gesellschaft mit beschränkter Haftung (GmbH) sowie beim Eigenbetrieb Stammkapital** genannt. Das Konto, auf dem dieses durch die betreffende Satzung festgelegte Eigenkapital gebucht wird, wird als **„Gezeichnetes Kapital"** bezeichnet. Zu- und Abgänge auf diesem Konto setzen eine Satzungsänderung voraus. Wird durch eine Satzungsänderung eine Erhöhung des Stamm- bzw. Grundkapitals beschlossen und der entsprechende Betrag auf dem Bankkonto des Betriebs eingezahlt, ist auf dem Aktivkonto „Bank" im Soll und auf dem Passivkonto „Gezeichnetes Kapital" der entsprechende Zugang im Haben zu buchen.

Beispiel:

Das Stammkapital eines kommunalen Eigenbetriebs wird um 500.000 Euro erhöht. Die Satzung wird entsprechend angepasst und der Betrag geht auf dem Bankkonto des Eigenbetriebs ein.

Es gilt der folgende Buchungssatz

Bank an Gezeichnetes Kapital 500.000 Euro

und die folgende Darstellung (Angaben in Euro):

Aktivkonto				Passivkonto	
S	Bank	**H**	**S**	Gezeichnetes Kapital	**H**
500.000					500.000

5.3 Erfolgswirksame Buchungen im Zwei-Komponenten-System

5.3.1 Überblick über die wichtigsten erfolgswirksamen Geschäftsvorfälle im Bereich der Kommunalverwaltung

Die erfolgswirksamen Geschäftsvorfälle lassen sich grundsätzlich danach unterscheiden, ob sie den Aufwand oder den Ertrag betreffen. Im kommunalen Verwaltungsbetrieb sind in der Regel folgende Aufwands- bzw. Ertragsarten bedeutsam, auf deren Verbuchung nachfolgend eingegangen wird:

- der Personalaufwand,
- der Abschreibungsaufwand,
- der mit dem Verbrauch der Werkstoffe entstehende Aufwand,
- der Zinsaufwand,
- der Mietaufwand,
- der Versicherungsaufwand,
- der in Verbindung mit der Bildung von Rückstellungen verbundene Aufwand
- die Erlöse in Verbindung mit der Produktabgabe (wie beispielsweise Eintrittsentgelte, Gebührenerträge),
- Erlöse durch Verkäufe von anderen Gütern (z.B. Grundstücksverkäufe, Schrotterlöse usw.)
- Zinserträge,
- Mieterträge,
- Erträge durch Zuweisungen und ähnlichen Zahlungen anderer öffentlicher Verwaltungsbetriebe,
- Steuererträge.

5.3.2 Die Verbuchung des Personalaufwandes

Bei der Verbuchung des Personalaufwandes ist zwischen dem Personalaufwand, der auf die Angestellten und Arbeiter bzw. Arbeiterinnen entfällt, und dem für die Beamtinnen und Beamten zu unterscheiden. Wir betrachten zunächst die erste Gruppe der Beschäftigten, also die Lohn- und Gehaltsempfänger, und anschließend die zweite Gruppe, die Empfänger von Bezügen.

- Für die **Lohn- und Gehaltsempfänger** gilt Folgendes:
  - Ausgangspunkt ist das so genannte **Bruttogehalt**, das der Betrieb zahlen muss und das sich aus folgenden Positionen zusammensetzt (auf die Berücksichtigung des Solidaritätszuschlags wird aus Gründen der Vereinfachung verzichtet); und zwar aus
    - dem **Nettogehalt**, das der Arbeitnehmer erhält,
    - dem **Arbeitnehmeranteil zur Sozialversicherung**, den der Arbeitgeber einbehält und an die Sozialversicherung weiterleitet,
    - der **Lohnsteuer**, die der Arbeitgeber ebenfalls einbehält und an das Finanzamt weiterleitet, und
    - die (eventuell zu berücksichtigende) **Kirchensteuer**, die der Arbeitgeber ebenfalls einbehält und an das Finanzamt weiterleitet.
  - Zusätzlich muss der Betrieb noch den **Arbeitgeberanteil zur Sozialversicherung** **entrichten.**

Welche Konten berührt werden, hängt von dem zeitlichen Abstand ab, der zwischen den einzelnen Zahlungen besteht.

Erfolgen die Zahlungen zeitgleich durch Banküberweisung, ist die Buchung einfach: dem Abgang auf dem Bankkonto steht ein Lohn- und Gehaltsaufwand in Höhe des Bruttogehalts und ein zusätzlicher Aufwand, der durch den Arbeitgeberanteil zur Sozialversicherung entsteht und der auf dem speziellen Aufwandskonto „Sozialaufwand Arbeitgeberanteil" erfasst wird, gegenüber.

In der Regel erfolgen jedoch die Gehaltszahlungen und die Zahlungen an das Finanzamt bzw. an die Sozialversicherung zu unterschiedlichen Zeitpunkten. In diesen Fällen entstehen zunächst Verbindlichkeiten gegenüber den betreffenden Institutionen.

Beispiel:

Das Bruttogehalt für einen Mitarbeiter betrage 3.000 Euro, es wird weiterhin unterstellt, dass davon auf den Arbeitnehmeranteil zur Sozialversicherung 400 Euro sowie auf die Lohn- und Kirchensteuer 600 Euro entfallen. Zusätzlich muss der Arbeitgeber noch seinen Anteil zur Sozialversicherung in Höhe von 400 Euro entrichten. Das Nettogehalt wird pünktlich überwiesen, die anderen Zahlungen werden später vorgenommen.

Vom Bankkonto fließt zunächst das Nettogehalt in Höhe von 2.000 Euro ab. Dort ist also eine Habenbuchung vorzunehmen. 600 Euro ist der Betrieb dem Finanzamt schuldig. Auf dem Konto „Verbindlichkeiten aus einbehaltenen Lohn- und Kirchensteuern gegenüber dem Finanzamt", das nachfolgend kurz als „Verbindlichkeiten gegenüber Finanzamt" bezeichnet wird, ist der Zugang in Höhe von 600 Euro im Haben zu berücksichtigen. Entsprechendes gilt für die Verbindlichkeiten gegenüber der Sozialversicherung, die auf dem Konto „Verbindlichkeiten im Rahmen der sozialen Sicherheit" erfasst werden und die um 800 Euro zunehmen. Folglich ist dort in dieser Höhe eine Habenbuchung vorzunehmen. Weiterhin entsteht Lohn- und Gehaltsaufwand in Höhe des Bruttogehalts. Auf dem Konto „Lohn- und Gehaltsaufwand" sind somit 3.000 Euro im Soll zu buchen. Zusätzlich entsteht noch Aufwand, der durch den Arbeitgeberanteil zur Sozialversicherung hervorgerufen wird und der auf dem Konto „Sozialaufwand" in Höhe von 400 Euro im Soll zu buchen ist.

Der Buchungssatz lautet somit

Lohn- und Gehaltsaufwand 3.000 Euro und Sozialaufwand 400 Euro

an

Bank 2.000 Euro

und Verbindlichkeiten gegenüber Finanzamt 600 Euro

und Verbindlichkeiten im Rahmen der sozialen Sicherheit 800 Euro

und kann folgendermaßen dargestellt werden (Angaben in Euro):

Aktivkonto

S	Bank	H
		2.000

Passivkonten

S	Verbindlichkeiten im Rahmen der sozialen Sicherheit	H
		800

S	Verbl. gegenüber Finanzamt	H
		600

Aufwandskonten

S	Lohn- und Gehaltsaufwand	H
3.000		

S	Sozialaufwand	H
400		

- Für die **Empfänger von Beamtenbezügen** gilt Folgendes:
  - Ausgangspunkt sind auch hier die Bruttobezüge, die der Betrieb zahlen muss und die sich aus folgenden Positionen zusammensetzten (auf die Berücksichtigung des Solidaritätszuschlags wird wieder aus Gründen der Vereinfachung verzichtet), und zwar aus
    - den **Nettobezügen**, die der Arbeitnehmer erhält,
    - der **Lohnsteuer**, die der Arbeitgeber einbehält und an das Finanzamt weiterleitet, und
    - die (eventuell zu berücksichtigende) **Kirchensteuer**, die der Arbeitgeber ebenfalls einbehält und an das Finanzamt weiterleitet.
  - Zusätzlich muss der Betrieb noch eine eventuelle **Beihilfe** tragen.
  - **Zu beachten ist weiterhin, dass es sinnvoll ist, im Hinblick auf spätere Pensionszahlungen Rückstellungen zu bilden.** Es handelt sich dabei um eine Passivposition, die den Verbindlichkeiten sehr nahe steht, ob und, falls ja, wann und in welchem Umfang eine Pensionszahlung anfällt, ist jedoch ungewiss. Insofern kann man nicht von Verbindlichkeiten sprechen.

Welche Konten berührt werden, hängt auch jetzt wieder von dem zeitlichen Abstand ab, der zwischen den einzelnen Zahlungen besteht.

Beispiel:

Es wird unterstellt, dass die Bruttobezüge für einen Mitarbeiter 3.000 Euro betragen und davon auf die Lohn- und Kirchensteuer 600 Euro entfallen. Zusätzlich muss der Arbeitgeber noch eine Beihilfe in Höhe von 400 Euro gewähren. Weiterhin werden Rückstellungen für Pensionen in Höhe von 500 Euro gebildet. Die Bezüge und die Beihilfe werden ohne zeitliche Verzögerung überwiesen. Die Lohn- und Kirchensteuer werden erst später an das Finanzamt abgeführt.

Vom Bankkonto fließen zunächst die Nettobezüge in Höhe von 2.400 Euro ab. Dort ist also eine Habenbuchung vorzunehmen. 600 Euro ist der Betrieb dem Finanzamt schuldig. Auf dem Konto „Verbindlichkeiten gegenüber Finanzamt", ist der Zugang in Höhe von 600 Euro im Haben zu berücksichtigen. Weiterhin entsteht Lohn- und Gehaltsaufwand in Höhe des Bruttogehalts. Auf dem Konto „Lohn- und Gehaltsaufwand" sind somit 3.000 Euro im Soll zu buchen. Zusätzlich entsteht noch Aufwand, der durch die Bildung der Pensionsrückstellung hervorgerufen wird und der auf einem Konto „Aufwand für Pensionsrückstellungen" in Höhe von 500 Euro im Soll zu buchen ist. Gleichzeitig ist auf dem Passivkonto „Pensionsrückstellungen" ein gleich hoher Betrag im Haben zu buchen. Schließlich ist noch zu beachten, dass die Gewährung der Beihilfe zu einem Abgang auf dem Bankkonto führt. 400 Euro sind also dort im Haben zu buchen. Auf einem speziellen Aufwandskonto „Beihilfeaufwand", das die Privatwirtschaft nicht kennt, ist der Aufwand in Höhe von 400 Euro im Soll zu buchen.

Sinnvoll ist es, drei getrennte Buchungssätze zu bilden:

(1.)
Aufwand für Bezüge 3.000 Euro
an
Bank 2.400 Euro und
Verbindlichkeiten gegenüber Finanzamt 600 Euro

(2.)
Aufwand für Pensionsrückstellungen
an
Pensionsrückstellungen 500 Euro

(3.)
Beihilfeaufwand
an
Bank 400 Euro

Der Vorgang lässt sich folgendermaßen darstellen (Angaben in Euro):

Aktivkonto

S	Bank		H
	(1.)	2.400	
	(3.)	400	

Passivkonten

S	Pensionsrückstellungen		H
	(2.)	500	

S	Verbl. gegenüber Finanzamt		H
	(1.)	600	

Aufwandskonten

S	Aufwand für Bezüge		H
(1.)	3.000		

S	Aufwand f. Pensionsrückstellungen		H
(2.)	500		

S	Beihilfeaufwand		H
(3.)	400		

5.3.3 Die Verbuchung des Abschreibungsaufwandes

Die Arten des Abschreibungsaufwandes

Bei dem Abschreibungsaufwand, der oft auch nur Abschreibung genannt wird, handelt es sich um den periodischen Wertverzehr eines in der Regel langlebigen Wirtschaftsgutes, beispielsweise einer Anlage, einer Maschine oder eines Fahrzeuges, der in der Buchhaltung erfasst wird.

Solche Güter verbrauchen sich üblicherweise nicht in einem Geschäftsjahr, sondern sie dienen einem Betrieb mehrere Jahre. Den genauen anteiligen Werteverzehr, der auf ein Jahr entfällt, kann man nicht ermitteln, sondern nur unterstellen. Insofern ist der jährliche Abschreibungsaufwand zunächst einmal eine Wertminderung, die man unter bestimmten Annahmen, d.h. bei einem planmäßigen Einsatz des Wirtschaftsgutes, in der Buchhaltung berücksichtigt. Zur Berechnung der Abschreibung benötigt man Informationen über den Ausgangswert, die voraussichtliche Nutzungsdauer und die Abschreibungsmethode. Durch rechtliche Vorschriften wird teilweise festgelegt, von welchen Größen man bei der Berechnung der zu erwartenden Abschreibungen auszugehen hat. So ist beispielsweise in der Buchhaltung in der Regel als Ausgangswert der Anschaffungs- oder Herstellungswert heranzuziehen.

Die unter Beachtung der rechtlichen Vorschriften bei üblichem Gebrauch des Wirtschaftsgutes geschätzten Abschreibungen nennt man auch **planmäßige Abschreibungen.** Üblicherweise werden **planmäßige Abschreibungen nur für Sachanlagen** berücksichtigt. Daneben gibt es noch Abschreibungen, mit denen man auch bei sorgfältiger Prognose nicht hat rechnen können und die beispielsweise auf außergewöhnliche Einflüsse (z.B. Hochwasser, Sturm oder Blitzschlag) zurückzuführen sind. Hierbei handelt es um **außerplanmäßige Abschreibungen.** Außerplanmäßige Abschreibungen können nicht nur bei Sachanlagen, sondern auch bei nichtabnutzbaren Gütern des Anlagevermögens, also bei Grundstücken, und bei Gütern des Umlaufvermögens, also beispielsweise bei den Vorräten, berücksichtigt werden.

Als **Sonderfälle** sind **die Abschreibungen auf Forderungen** anzusehen.

Nachfolgend wird auf die Verbuchung der einzelnen Abschreibungsvarianten eingegangen.

Buchung der planmäßigen Abschreibungen auf Sachanlagen

Bei den **planmäßigen Abschreibungen auf Sachanlagen** ist zunächst der Wertverzehr auf dem betreffenden Vermögenskonto wie ein Abgang im Haben zu buchen. Die Gegenbuchung wird im Soll auf dem Aufwandskonto „Abschreibungsaufwand für Sachanlagen" vorgenommen. Man spricht in diesem Zusammenhang auch von der **direkten Abschreibung.**

Zulässig ist in manchen Fällen allerdings auch die so genannte **indirekte Abschreibung.** In diesem Fall wird die Wertminderung nicht auf dem Vermögenskonto erfasst, sondern es wird ein spezielles Passivkonto eingerichtet, das „**Wertberichtigung auf Anlagen**" genannt wird. Es hat die Funktion eines Gegenkontos zum betreffenden Vermögenskonto, das, weil dort die Wertminderung nicht als Abgang berücksichtigt wird, einen zu hohen Wert ausweist. Durch den Zugang auf dem Passivkonto wird die notwendige „Wertberichtigung" vorgenommen. Das Vermögenskonto und das Passivkonto „Wertberichtigung" informieren gemeinsam über den tatsächlichen Vermögenswert. Ist, wie dies bei Kapitalgesellschaften der Fall ist, ein Ausweis der Passivposition „Wertberichtigung" in der Schlussbilanz nicht zulässig, muss am Jahresende eine Verrechnung zwischen dem Vermögenskonto und dem Konto „Wertberichtigungen" erfolgen. Ansonsten wird eine Verrechnung dann vorgenommen, wenn die Wertberichtigungen insgesamt den Anschaffungswert des Wirtschaftsgutes erreicht haben und das Wirtschaftsgut nicht mehr im Betrieb vorhanden ist.

Beispiel:

Eine Anfang des Jahres angeschaffte Maschine mit einem Anschaffungswert von 10.000 Euro wird 4 Jahre abgeschrieben. Es wird unterstellt, dass die korrekt berechnete Abschreibung pro Jahr 2.500 Euro beträgt.

- Bei **direkter Abschreibung** gilt in jedem Jahr der Buchungssatz

Abschreibungsaufwand für Sachanlagen

an

Maschinen 2.500 Euro

und die folgende Darstellung (Angaben in Euro):

	Aktivkonto			Aufwandskonto	
				Abschreibungsaufwand	
S	Maschinen	H	S	für Sachanlagen	H
		2.500	2.500		

- Bei **indirekter Abschreibung** gilt in jedem Jahr der Buchungssatz

Abschreibungsaufwand für Sachanlagen

an

Wertberichtigung auf Anlagen 2.500 Euro

und die folgende Darstellung (Angaben in Euro):

	Passivkonto			Aufwandskonto	
				Abschreibungsaufwand	
S	Wertberichtigung auf Anlagen	H	S	für Sachanlagen	H
		2.500	2.500		

Zusätzlich gilt, falls das Wirtschaftsgut nicht mehr im Betrieb vorhanden ist und auch kein Schrotterlös erzielt wird, noch am Ende des 4. Jahres der Buchungssatz

Wertberichtigung auf Anlagen

an

Maschinen 10.000 Euro

und die folgende Darstellung (Angaben in Euro):

	Aktivkonto			Passivkonto	
S	Maschinen	**H**	**S**	Wertberichtigung auf Anlagen	**H**
		10.000	10.000		

Bei Kapitalgesellschaften müsste in jedem Jahr die Wertberichtigung vor der Erstellung des Jahresabschlusses wieder abgebaut werden. Der Buchungssatz würde somit in diesem Fall in jedem Jahr folgendermaßen lauten:

Wertberichtigung auf Anlagen

an

Maschinen 2.500 Euro.

Buchung der außerplanmäßigen Abschreibungen

Die Buchung der **außerplanmäßigen Abschreibung** unterscheidet sich bezüglich der grundsätzlichen Vorgehensweise nicht von der Buchung der planmäßigen Abschreibung. Da die Aufwandsentstehung einen besonderen Grund hat, darf der Aufwand allerdings nicht auf dem gleichen Konto erfasst werden wie der planmäßige Abschreibungsaufwand. Man wählt daher die Bezeichnung „außerplanmäßige Abschreibung". Zu beachten ist, dass die außerplanmäßige Abschreibung gegebenenfalls zusätzlich zur planmäßigen Abschreibung zu berücksichtigen ist.

Beispiel:

Ein Feuerwehrfahrzeug wird im ersten Halbjahr eingesetzt. Die geplante Abschreibung für das erste halbe Jahr beträgt 50.000 Euro. Im Juli erleidet es einen Totalschaden. Es kann nicht einmal ein Resterlös erzielt werden. Zu Beginn des Jahres hatte es einen Buchwert von 500.000 Euro.

Bei **direkter Abschreibung** gilt der Buchungssatz

Abschreibungsaufwand für Fahrzeuge 50.000 Euro

und

außerplanmäßige Abschreibung 450.000 Euro

an

Fahrzeuge 500.000 Euro

und die folgende Darstellung (Angaben in Euro):

	Aktivkonto			**Aufwandskonten**	
				Abschreibungsaufwand für	
S	Fahrzeuge	H	S	Fahrzeuge	H
		500.000	50.000		

			S	außerplanmäßige Abschreibung	H
			450.000		

Buchung der Abschreibungen von bzw. auf Forderungen

In Verbindung mit Forderungen sind zwei Arten von Abschreibungen zu unterscheiden:

Zum einen kann man eine Abschreibung vornehmen, wenn sicher ist, dass einzelne Kunden nicht zahlen werden. Es werden dann ganz konkrete Forderungen abgeschrieben. Man spricht in diesem Zusammenhang von **Einzelabschreibungen von bzw. auf Forderungen.**

Auf der anderen Seite kann man vom gesamten Forderungsbestand einen bestimmten Prozentsatz abschreiben, wenn in der Vergangenheit stets ein bestimmter Anteil der Forderungen nicht realisiert werden konnte und man bei sorgfältiger Prognose davon ausgehen kann, dass diese Einbuße auch in Zukunft auftreten wird. Diese nicht auf einzelne Forderungen, sondern auf den gesamten Forderungsbestand bezogene Abschreibung, könnte man im Gegensatz zur Einzelabschreibung von Forderungen auch als **Pauschalabschreibung von bzw. auf Forderungen** bezeichnen. Es wird hierfür jedoch, weil man früher die indirekte Form der Abschreibung gewählt hat, nach wie vor der alte, allerdings heute etwas irreführende Begriff „**Pauschalwertberichtigung auf Forderungen**" verwendet.

- Einzelabschreibungen auf Forderungen -

Bei den **Einzelabschreibungen von Forderungen** wird folgendermaßen vorgegangen:

1. Jede einzelne Forderung wird darauf hin überprüft, ob bei sorgfältiger Prognose damit zu rechnen ist, dass die Zahlungen eingehen werden. Bestehen Zweifel, dann findet eine Umbuchung statt. Auf dem Vermögenskonto „Forderungen" wird ein Abgang in Höhe der zweifelhaften Forderungen gebucht und auf einem **Vermögenskonto**, das als „**zweifelhafte Forderungen**" oder „**Dubiose**" bezeichnet wird, wird ein Zugang in gleicher Höhe erfasst.

2. Die zweifelhaften Forderungen werden dann am Jahresende noch einmal daraufhin überprüft, ob man sie bei sorgfältiger Prognose sogar als **uneinbringliche Forderungen** ansehen muss. Das ist beispielsweise der Fall, wenn der Schuldner Konkurs gegangen ist. Man kann die betreffende Forderung dann im wahrsten Sinne des Wortes abschreiben. Die einzelne nicht mehr zu realisierende Forderung wird auf dem Konto „zweifelhafte Forderungen" als Abgang erfasst.

- **Ist der betreffende Betrieb nicht umsatzsteuerpflichtig,** entsteht in gleicher Höhe Abschreibungsaufwand, der auf einem speziellen Aufwandskonto „Abschreibungen auf Forderungen" zu erfassen ist.

- **Ist der betreffende Betrieb umsatzsteuerpflichtig,** dann ist zu beachten, dass bei dem der Forderung zugrunde liegenden Verkaufsgeschäft vom Kunden der Rechnungsbetrag plus Mehrwertsteuer verlangt wurde und somit im Umfang der einbehaltenen Mehrwertsteuer eine Verbindlichkeit gegenüber dem Finanzamt entstanden ist. Kann die Forderung nun nicht realisiert werden, fällt nicht nur die Forderung weg, sondern auch diese Verbindlichkeit gegenüber dem Finanzamt. Auf dem Passivkonto „Berechnete Umsatzsteuer" ist also ein Abgang zu berücksichtigen. Die Differenz zwischen dem Forderungsbetrag und der Mehrwertsteuer wird auf dem Konto „Abschreibungen auf Forderungen" gegengebucht.

Beispiel (Einzelabschreibung von Forderungen bei fehlender Umsatzsteuerpflicht):

Ein kommunaler Verwaltungsbetrieb, der nicht umsatzsteuerpflichtig ist, hat Forderungen aus Lieferungen und Leistungen in Höhe von 5.000 Euro. Im Verlauf des Jahres zeichnet sich ab, dass erhebliche Zweifel bestehen, ob alle Forderungen erfüllt werden, und zwar ist eine Firma A in Zahlungsschwierigkeiten (die Forderung hat eine Höhe von 300 Euro) und eine Firma B ebenfalls (die Forderung beträgt 700 Euro). Die Überprüfung der zweifelhaften Forderung ergibt, dass man bei sorgfältiger Prognose, die Forderung gegenüber der Firma B in voller Höhe abschreiben kann.

Zunächst werden, die beiden zweifelhaften Forderungen vom Aktivkonto Forderungen auf das Aktivkonto „zweifelhafte Forderungen" gebucht. Dann erfolgt die Abschreibung der Forderung in Höhe von 700 Euro. Es wird auf dem Konto „zweifelhafte Forderungen" ein entsprechender Abgang gebucht und der Aufwand in gleicher Höhe wird auf dem Aufwandskonto „Abschreibungen auf Forderungen" erfasst. Es sind somit folgende Buchungssätze zu berücksichtigen:

(1.) **zweifelhafte Forderungen**

an

Forderungen 1.000 Euro

(2.) **Abschreibungen auf Forderungen**

an

zweifelhafte Forderungen 700 Euro

Der Vorgang lässt sich folgendermaßen darstellen (Angaben in Euro):

	Aktivkonten				**Aufwandskonto**	
S	Forderungen	H	S	Abschreibungen auf Forderungen	H
	1.000	(1.)	(2.)	700	

S	zweifelhafte Forderungen	H
(1.)	1.000	700	(2.)

Beispiel (Einzelabschreibung von Forderungen bei Umsatzsteuerpflicht):

Ein kommunaler Verwaltungsbetrieb, der umsatzsteuerpflichtig ist, hat Forderungen aus Lieferungen und Leistungen in Höhe von 5.000 Euro. Im Verlauf des Jahres zeichnet sich ab, dass erhebliche Zweifel bestehen, ob alle Forderungen erfüllt werden, und zwar ist eine Firma A in Zahlungsschwierigkeiten (die Forderung hat eine Höhe von 500 Euro) und eine Firma B ebenfalls (die Forderung beträgt 1190 Euro). Die Überprüfung der zweifelhaften Forderung ergibt, dass man bei sorgfältiger Prognose, die Forderung gegenüber der Firma B in voller Höhe abschreiben kann, wobei von dem Betrag von 1190 Euro 190 Euro auf die Mehrwertsteuer entfallen.

Zunächst werden, die beiden zweifelhaften Forderungen vom Aktivkonto Forderungen auf das Aktivkonto „zweifelhafte Forderungen" gebucht. Dann erfolgt die Abschreibung der Forderung in Höhe von 1190 Euro. Es wird auf dem Konto „zweifelhafte Forderungen" ein entsprechender Abgang gebucht. Auf dem Passivkonto „Berechnete Umsatzsteuer" ist ein Abgang in Höhe von 190 Euro zu buchen. Um diesen Betrag nimmt die Verbindlichkeit gegenüber dem Finanzamt ab. Bei dem Rest in Höhe von 1.000 Euro handelt es sich um Aufwand. Er wird auf dem Aufwandskonto „Abschreibungen auf Forderungen" erfasst. Es sind somit folgende Buchungssätze zu berücksichtigen:

(1.)   **zweifelhafte Forderungen**

an

Forderungen 1.690 Euro

(2.)   **Berechnete Umsatzsteuer 190 Euro**

und

Abschreibungen auf Forderungen 1.000 Euro

an

zweifelhafte Forderungen 1.190 Euro

Der Vorgang lässt sich folgendermaßen darstellen (Angaben in Euro):

	Aktivkonten			**Passivkonto**	
S	Forderungen	**H**	**S**	Berechnete Umsatzsteuer	**H**
	1.690	(1.)	(2.)	190	

			Aufwandskonto	
			S Abschreibungen auf Forderungen **H**	
S	zweifelhafte Forderungen	**H**		
(1.) 1.690	1.190	(2.)	(2.) 1.000	

Ist der Forderungsausfall zwar sehr wahrscheinlich, aber noch nicht mit letzter Sicherheit gegeben, dann ist zwar aus Vorsichtsgründen die Abschreibung der Forderung vorzunehmen. Eine Kürzung der Verbindlichkeit gegenüber dem Finanzamt ist jedoch (noch) nicht zulässig.

Es sind dann folgende Buchungssätze zu berücksichtigen:

(1.) **zweifelhafte Forderungen**

an

Forderungen 1.690 Euro

(2.) **Abschreibungen auf Forderungen 1.000 Euro**

an

zweifelhafte Forderungen 1.000 Euro

Der Vorgang lässt sich folgendermaßen darstellen (Angaben in Euro):

	Aktivkonten	
S	Forderungen	**H**
	1.690	(1.)

			Aufwandskonto
			S Abschreibungen auf Forderungen **H**
S	zweifelhafte Forderungen	**H**	
(1.) 1.690	1.000	(2.)	(2.) 1.000

- Pauschalwertberichtigung auf Forderungen -

Bei der **Pauschalwertberichtigung auf Forderungen** wird folgendermaßen vorgegangen:

* Zunächst ist der Forderungsbestand festzulegen, welcher der Pauschalwertberichtigung unterworfen werden soll. Forderungen, für die man eine Einzelabschreibung vorgenommen hat, müssen also herausgerechnet werden. Hat man beispielsweise 100% einer Forderung im Rahmen der Einzelabschreibung abgeschrieben, muss die betreffende Forderung völlig unberücksichtigt bleiben. Hat man eine Forderung nur zu einem bestimmten Prozentsatz (einzeln) abgeschrieben, dann ist genau dieser Teil herauszurechnen.

* Durch sorgfältige Auswertung der Buchhaltung der vergangenen Perioden wird geklärt, wie hoch bei den nicht der Einzelabschreibung unterworfenen Forderungen üblicherweise der Ausfallanteil ist. Mit diesem Prozentsatz multipliziert man den um die Einzelabschreibungen bereinigten Forderungsbestand und erhält so den Betrag, den man für die Pauschalwertberichtigung ansetzen kann.

* Dieser Betrag wird auf dem Vermögenskonto „Forderungen" als Abgang also im Haben gebucht.

* **Bei direkter Abschreibung** erfolgt die Gegenbuchung auf einem Aufwandskonto. Um eine Vermischung mit den Einzelabschreibungen auf Forderungen zu vermeiden, ist allerdings ein gesondertes Abschreibungskonto zu wählen, das man Pauschalabschreibungen auf Forderungen nennen könnte.

* **Üblicherweise wird jedoch für die pauschale Korrektur der Forderungen die indirekte Abschreibung gewählt.** In diesem Fall erfolgt zunächst keine Buchung auf dem Vermögenskonto „Forderungen", sondern es wird auf einem **Passivkonto „Pauschalwertberichtigungen auf Forderungen"** der Zugang an Wertberichtigungen im Haben gebucht. Die Gegenbuchung erfolgt wieder auf einem **gesonderten Aufwandskonto**, das man wie oben erwähnt, **Pauschalabschreibungen auf Forderungen** nennen könnte.

* **Bei Kapitalgesellschaften ist zu beachten, dass man Wertberichtigungen auf Forderungen nicht in der Schlussbilanz ausweisen darf,** insofern muss, bei Anwendung der indirekten Abschreibung, das Konto „Wertberichtigungen auf Forderungen" aufgelöst werden. In Höhe des Endbestand (ein Sollsaldo) wird dann auf dem Konto „Forderungen" im Haben gegengebucht. Dies wirkt dort wie ein Abgang, so dass letztlich auf dem Konto „Forderungen", wieder – wie bei der direkten Abschreibung – der um die Pauschalabschreibungen bereinigte Forderungsbestand ausgewiesen wird.

* **Zu beachten ist weiterhin, dass bei kommunalen Verwaltungsbetrieben, die umsatzsteuerpflichtig sind, im Falle einer pauschalen Abschreibung von Forderungen die Verbindlichkeiten gegenüber dem Finanzamt (noch) nicht vermindert werden dürfen.** Insofern ist dann auch bei der Höhe der pauschalen Abschreibungen zu beachten, dass die Mehrwertsteuer nicht in die Schätzung einfließt. Erst wenn sich später herausstellt, dass die pauschalen Korrekturen berechtigt waren, kann die Verbindlichkeit gegenüber dem Finanzamt entsprechend gekürzt werden. Es wird dann sowohl auf dem Aktivkonto „Forderungen" als auch auf dem Passivkonto „Berechnete Umsatzsteuer" der entsprechende Abgang berücksichtigt.

Beispiel :

Ein kommunaler Verwaltungsbetrieb hat Forderungen in Höhe von 100.000 Euro gegenüber seinen Abnehmern. Einzelabschreibungen auf Forderungen sind nicht vorzunehmen. Üblicherweise sind 5% der Forderungen nicht zu realisieren. Es ist berechtigt, auch in Zukunft von diesem Forderungsausfall auszugehen.

- **Vorgehensweise bei direkter Abschreibung**

Es gilt der Buchungssatz

Pauschalabschreibungen auf Forderungen

an

Forderungen 5.000 Euro

und die folgende Darstellung (Angaben in Euro):

	Aktivkonto			**Aufwandskonto**	
	Forderungen			Pauschalabschreibungen auf Forderungen	
S		H	S		H
		5.000	5.000		

- **Vorgehensweise bei indirekter Abschreibung (Nicht-Kapitalgesellschaften)**

Es gilt der Buchungssatz

Pauschalabschreibungen auf Forderungen

an

Pauschalwertberichtigungen auf Forderungen 5.000 Euro

und die folgende Darstellung (Angaben in Euro):

	Passivkonto			**Aufwandskonto**	
	Pauschalwertberichtigungen auf Forderungen			Pauschalabschreibungen auf Forderungen	
S		H	S		H
		5.000	5.000		

- **Vorgehensweise bei indirekter Abschreibung (Kapitalgesellschaften)**

Jetzt darf nur der Betrag ohne Mehrwertsteuer abgeschrieben werden. Für diesen Betrag, den wir aus Gründen der Vereinfachung mit 5.000 Euro unterstellen, gelten die Buchungssätze

(1.) **Pauschalabschreibungen auf Forderungen**

an

Pauschalwertberichtigungen auf Forderungen 5.000 Euro

(2.) **Pauschalwertberichtigungen auf Forderungen**

an

Forderungen 5.000 Euro

und die folgende Darstellung (Angaben in Euro):

	Aktivkonto			Passivkonto Pauschalwertberichtigungen auf		
S	Forderungen	H	S	Forderungen		H
	5.000	(2.)	(2.)	5.000	5.000	(1.)

	Aufwandskonto Pauschalabschreibungen auf	
S	Forderungen	H
(1.)	5.000	

5.3.4 Die Verbuchung des beim Verbrauch der Werkstoffe entstehenden Aufwandes

Im kommunalen Verwaltungsbetrieb wird in der Regel die Werkstofflieferung zunächst auf Lager genommen. Mit der Entnahme der Werkstoffe vom Lager findet dann der Verbrauch statt und ist somit der Aufwand zu buchen. Dabei kann man entweder die einzelnen Entnahmen buchen, oder aber die einzelnen Entnahmen in einem bestimmten Zeitraum, beispielsweise im Geschäftsjahr, zusammenfassen und den Gesamtbetrag als Aufwand buchen. Im letzten Fall handelt es sich um eine **Sammelbuchung.**

Beispiel:

Ein kommunaler Verwaltungsbetrieb verfügt zu Beginn des Geschäftsjahres (Haushalts-jahres) über einen Büromaterialbestand im Werte von 10.000 Euro. Im Verlauf des Jahres wird nur ein Einkauf getätigt. Vom Rechnungsbetrag in Höhe von 5950 Euro entfallen 950 Euro auf die Mehrwertsteuer (Vorsteuer). Es wird ein Lieferantenkredit in Anspruch genommen. Zwei Entnahmen sind zu verzeichnen: Zunächst wird Material im Werte von

1.000 Euro und später wird Material im Werte von 4.000 Euro entnommen und verbraucht.

- **Falls der Betrieb nicht umsatzsteuerpflichtig bzw. nicht vorsteuerabzugsberechtigt
  ist und der einzelne Materialverbrauch gebucht wird,** sind folgende Buchungen zu
  berücksichtigen:

(1.)   **Materialbestand**

                                            an

       Verbindlichkeiten aus Lieferungen und Leistungen 5.950 Euro

(2.)   **Materialaufwand**

                                            an

                       Materialbestand 1.000 Euro

(3.)   **Materialaufwand**

                                            an

                       Materialbestand 4.000 Euro

- **Falls der Betrieb nicht umsatzsteuerpflichtig ist und für den Verbrauch eine Sammelbuchung vorgenommen wird, reduzieren sich die Buchungssätze.** Es gilt dann

(1.)   **Materialbestand**

                                            an

       Verbindlichkeiten aus Lieferungen und Leistungen 5.950 Euro

(2.)   **Materialaufwand**

                                            an

                       Materialbestand 5.000 Euro

Die letzte Variante lässt sich folgendermaßen darstellen (Angaben in Euro):

	Aktivkonto				Passivkonto	
S	**Materialbestand**		**H**	**S**	**Verbindlichkeiten aus L. u. L.**	**H**
AB 10.000		5.000	(2.)		5.950	(1.)
(1.)	5.950					

	Aufwandskonto	
S	**Materialaufwand**	**H**
(2.)	5.000	

- **Falls der Betrieb umsatzsteuerpflichtig bzw. vorsteuerabzugsberechtigt ist und der einzelne Materialverbrauch gebucht wird,** sind folgende Buchungen zu berücksichtigen:

(1.) **Materialbestand 5.000 Euro**
und
Vorsteuer 950 Euro
an
Verbindlichkeiten aus Lieferungen und Leistungen 5.950 Euro

(2.) **Materialaufwand**
an
Materialbestand 1.000 Euro

(3.) **Materialaufwand**
an
Materialbestand 4.000 Euro

- Ist der Betrieb **umsatzsteuerpflichtig** und wird für den Verbrauch eine **Sammelbuchung** vorgenommen, gilt

(1.) **Materialbestand 5.000 Euro**
und
Vorsteuer 950 Euro
an
Verbindlichkeiten aus Lieferungen und Leistungen 5.950 Euro

(2.) **Materialaufwand**
an
Materialbestand 5.000 Euro

Die letzte Variante lässt sich folgendermaßen darstellen (Angaben in Euro):

	Aktivkonto				**Passivkonto**	
S	Materialbestand	H		S	Verbindlichkeiten aus L. u. L.	H
AB 10.000	5.000	(2.)			5.950	(1.)
(1.) 5.000						

	Aktivkonto				**Aufwandskonto**	
S	Vorsteuer	H		S	Materialaufwand	H
(1.) 950				(2.) 5.000		

5.3.5 Die Verbuchung des Zins- und Mietaufwandes

Falls der kommunale Verwaltungsbetrieb Zinsen für aufgenommene Kredite zahlen muss, liegt eine Erfolgsausgabe vor, die folglich zu Aufwand führt. Allerdings können in einzelnen Jahren Zinsausgaben und **Zinsaufwand** voneinander abweichen. Dies ist dann der Fall, wenn die Zinszahlungen, die in einem Geschäftsjahr getätigt werden, Zinsvorauszahlung oder Zinsnachzahlungen für andere Jahre beinhalten. Auf diesen Punkt wird in Verbindung mit den Rechnungsabgrenzungsposten an späterer Stelle noch eingegangen. Betrifft die Zinsausgabe ausschließlich die Kreditinanspruchnahme im laufenden Geschäftsjahr, sind Zinsausgaben und Zinsaufwand gleich hoch. Es wird dann einerseits das Konto „Bank" im Haben und andererseits das Konto „Zinsaufwand" im Soll berührt. Da Zinszahlungen bei reinen Finanzgeschäften keine Umsatzsteuer beinhalten, kommt ein Vorsteuerabzug nicht in Betracht.

Beispiel:

Ein kommunaler Verwaltungsbetrieb hat einen Bankkredit aufgenommen. Für das laufende Geschäftsjahr zahlt er im laufenden Geschäftsjahr die fälligen Zinsen in Höhe von 10.000 Euro per Banküberweisung.

Der Buchungssatz lautet

Zinsaufwand

an

Bank 10.000 Euro

und lässt sich folgendermaßen darstellen (Angaben in Euro):

	Aktivkonto			Aufwandskonto	
S	Bank	H	S	Zinsaufwand	H
		10.000	10.000		

Ähnliche Überlegungen gelten für den **Mietaufwand**. Bei einer Mietzahlung handelt es sich ebenfalls um eine Erfolgsausgabe, die folglich zu Aufwand führt. Wie bei den Zinsen können auch hier in einzelnen Jahren Ausgaben und Aufwand voneinander abweichen. Dies ist dann der Fall, wenn die Mietzahlungen, die in einem Geschäftsjahr getätigt werden, Mietvorauszahlungen oder Mietnachzahlungen für andere Jahre beinhalten. Auch hierauf wird bei der Behandlung der Rechnungsabgrenzungsposten an späterer Stelle noch eingegangen. In Verbindung mit Mietzahlung spielt die Umsatz- bzw. Mehrwertsteuer nur ausnahmsweise eine Rolle. Im kommunalen Verwaltungsbetrieb dürfte daher in der Regel eine Berücksichtigung der Vorsteuer nicht in Betracht kommen, so dass wenn die Mietzahlungen nur für die Nutzung des Mietobjekts im betreffenden Geschäftsjahr geleistet werden das Konto „Bank" im Haben und das Konto „Mietaufwand" im Soll berührt werden.

Beispiel:

Ein kommunaler Verwaltungsbetrieb zahlt für die Nutzung eines Mietobjekt im laufenden Geschäftsjahr den für dieses Jahr fälligen Betrag in Höhe von 12.000 Euro per Banküberweisung.

Der Buchungssatz lautet

Mietaufwand

an

Bank 12.000 Euro

und lässt sich folgendermaßen darstellen (Angaben in Euro):

	Aktivkonto			Aufwandskonto	
S	Bank	H	S	Mietaufwand	H
		12.000	12.000		

5.3.6 Die Verbuchung des mit der Bildung von Rückstellungen verbundenen Aufwandes

Bei den Rückstellungen handelt es sich um eine Passivposition, die in der Bilanz zwischen dem Eigenkapital und den Verbindlichkeiten angeordnet wird.

Damit wird das Wesen dieser Position deutlich. Es handelt sich also nicht um Eigenkapital, aber auch nicht um das typische Fremdkapital, die Verbindlichkeit. Von den Verbindlichkeiten unterscheidet sich die Rückstellung besonders dadurch, dass sie mit einer größeren Unsicherheit verbunden ist. Die Bildung von Rückstellungen ist im Bereich der Privatwirtschaft streng geregelt (vgl. § 249 HGB). Für den kommunalen Verwaltungsbetrieb dürfte die Bildung von Pensionsrückstellungen besonders bedeutsam sein, auf die wir in Verbindung mit der Erläuterung des Personalaufwandes bereits hingewiesen haben. In diesem Zusammenhang lassen sich die Rückstellung und der mit ihrer Bildung verbundene Aufwand folgendermaßen erklären:

Für die gegenwärtig beschäftigten Beamtinnen und Beamten fallen in Zukunft Pensionszahlungen und somit Ausgaben an. Diese Ausgaben sind Erfolgsausgaben und führen somit zu Aufwand. Denkbar wäre es, die Pensionsausgabe und den Pensionsaufwand zeitgleich zu buchen, dann würden allerdings zukünftige Haushalts- bzw. Geschäftsjahre mit einem Aufwand belastet, der gar nicht durch eine Tätigkeit der betreffenden Personen in dem betreffenden Jahr entstanden ist. Will man den Aufwand richtig, also periodengerecht, erfassen, muss man ihn dann buchen, wenn die betreffenden Beamten und Beamtinnen tätig sind und diese quasi ihren Pensionsanspruch erwerben. Die Gegenbuchung zu dieser Buchung des (periodengerecht erfassten) Aufwands, d.h. zu dieser Sollbuchung, kann nicht im Haben auf einem Vermögenskonto erfolgen, denn es wird Arbeitskraft und damit ein Gut verbraucht, das in der Bilanz nicht als Vermögen erfasst wird. Eine Gegenbuchung auf einem Verbindlichkeitskonto kommt ebenfalls nicht in Betracht; denn eine Zahlungsverpflichtung gegenüber den noch tätigen Beamten bzw. Beamtinnen entsteht (noch) nicht. Wenn überhaupt, dann entsteht eine Zahlungsverpflichtung erst dann, wenn die Pensionsgrenze erreicht wird. Also muss man ein gesondertes Passivkonto bei der Gegenbuchung einsetzen, das sich von den Konten unterscheidet, die konkrete Verbindlichkeiten erfassen. Das **Konto** und die entsprechende Bilanzposition erhält die Bezeichnung „**Pensionsrückstellungen**". Den Aufwand für die Bildung von Pensionsrückstellungen kann man auch **Aufwand für Alterversorgung** nennen.

Die Rückstellung erfüllt eine Übergangsfunktion. Entsteht – aus welchen Gründen auch immer – kein Pensionsanspruch, dann wird die Rückstellung aufgelöst und es entsteht Eigenkapital. Ist später eine Pensionszahlung zu leisten, werden aus der Rückstellung Monat für Monat die entsprechenden Verbindlichkeiten abgeleitet, die gegenüber der betreffenden Person zu erfüllen sind.

Beispiel (stark vereinfachte Betrachtung):

Ein Beamter arbeitet 40 Jahre in einem kommunalen Verwaltungsbetrieb, bis er die Pensionsgrenze erreicht. Es wird geschätzt, dass er danach etwa 15 Jahre Pensionszahlungen erhält und zwar pro Jahr etwa 70.000 Euro, insgesamt also 1.050.000 Euro. 40 Jahre lang müsste man bei Vernachlässigung des Zinseszinseffekts 26.250 Euro „zurückstellen". Die entsprechenden Rückstellungen werden auch gebildet und der Beamte bezieht tatsächlich 15 Jahre lang die oben angegebene Pension.

*   Damit wäre, wenn wir aus Gründen der Vereinfachung von einer einmaligen Zahlung pro Jahr ausgehen, zunächst 40 Jahre lang in jedem Jahr der folgende Buchungssatz zu bilden:

Aufwand für Altersversorgung

an

Pensionsrückstellungen 26.250 Euro

Dies lässt sich folgendermaßen darstellen:

	Passivkonto			Aufwandskonto	
				Aufwand	
S	Pensionsrückstellungen	H	S	für Altersversorgung	H
		26.250	26.250		

*   Danach wäre, wenn wieder aus Gründen der Vereinfachung nur von einer Zahlung pro Jahr ausgegangen wird und wenn die Auszahlung synchron mit dem entstehenden Pensionsanspruch erfolgt, 15 Jahre lang in jedem Jahr der folgende Buchungssatz maßgeblich:

Pensionsrückstellungen

an

Bank 70.000 Euro

Die Darstellung des Buchungssatzes sieht folgendermaßen aus:

Aktivkonto				Passivkonto	
S	Bank	H	S	Pensionsrückstellungen	H
		70.000	70.000		

Es wird deutlich, dass durch die Rückstellungsbildung der Aufwand der richtigen Periode zugeordnet wird. Würde man die Bildung der Rückstellung unterlassen, dann würde 40 Jahre lang kein Aufwand entstehen und erst, nachdem die betreffende Person den kommunalen Verwaltungsbetrieb bereits verlassen hat, würde 15 Jahre lang jedes Jahr Aufwand in Höhe von 70.000 Euro entstehen.

Das Beispiel macht weiterhin deutlich, dass durch eine Rückstellungsbildung keineswegs garantiert wird, dass die entsprechenden Zahlungsmittel für die Pensionszahlungen auch tatsächlich vorhanden sind. Hierzu bedarf es gesonderter Maßnahmen. Durch die Bildung der Rückstellungen wird lediglich der Aufwand richtig zugeordnet – mehr nicht.

5.3.7 Die Verbuchung der Produkterlöse

Wir haben bereits darauf hingewiesen, dass der kommunale Verwaltungsbetrieb überwiegend Dienstleistungen erstellt, beispielsweise Beratungs-, Genehmigungs-, Versorgungs- und Entsorgungsdienstleistungen. Teilweise werden hierfür keine Entgelte verlangt. Dann fallen auch keine Erlöse an. Eine buchhalterische Erfassung dieser unentgeltlichen Abgabe immaterieller Produkte findet nicht statt. Der Vorgang ist lediglich für die kalkulatorische Rechnung, d.h. für die Kosten- und Leistungsrechnung, bedeutsam. Auf der anderen Seite muss man für zahlreiche kommunale Dienstleistungen einen Preis bezahlen, wobei unterschiedliche Entgeltformen eine Rolle spielen. Neben privatrechtlichen Entgelten, die beispielsweise als Eintrittspreise bei einem Theater- oder Museumsbesuch verlangt werden, sind auch öffentlich-rechtliche Entgelte, wie beispielsweise Verwaltungsgebühren und Benutzungsgebühren, von Bedeutung. Während die privatrechtlichen Entgelte in der Regel bar entrichtet werden, werden bei den öffentlich-rechtlichen Entgelten neben Bareinzahlungen auch im großen Umfang Bezahlungen mittels Banküberweisung getätigt. Insofern sind unterschiedliche Buchungen vorzunehmen. Weiterhin ist für die Buchung bedeutsam, ob der Verkaufsvorgang der Mehrwertsteuer unterliegt oder nicht.

Nachfolgend werden einige Varianten der **Bezahlung kommunaler Dienstleistungen** behandelt:

Beispiel 1:

Es wird für den Besuch einer Veranstaltung, die nicht der Umsatzsteuer unterliegt, der Eintrittspreis in Höhe von 10 Euro bar entgegengenommen.

Auf dem Aktivkonto „Kasse" ist im Soll der Zugang zu buchen und die Habenbuchung findet auf dem Ertragskonto „Umsatzerlöse" statt.

Der Buchungssatz lautet

Kasse

an

Umsatzerlöse 10 Euro

Die Buchung lässt sich folgendermaßen darstellen (Angaben in Euro):

	Aktivkonto			**Ertragskonto**	
S	Kasse	**H**	**S**	Umsatzerlöse	**H**
10					10

Beispiel 2:

Es wird von einem Betrieb gewerblicher Art der Gemeinde eine Dienstleistung, die der Umsatzsteuer unterliegt, erbracht und dem betreffenden Kunden in Rechnung gestellt, der Rechnungsbetrag in Höhe von 23,80 Euro beinhaltet 3,80 Euro Mehrwertsteuer.

Mit dem Ausgang der Rechnung ist auf dem Aktivkonto „Forderungen" im Soll der Zugang in Höhe von 23,80 Euro zu buchen. Aus diesem Betrag ist die Mehrwertsteuer herauszurechnen. Sie beträgt 3,80 Euro. Dieser Betrag ist an das Finanzamt abzuführen. Die entsprechende Verbindlichkeit gegenüber dem Finanzamt wird auf dem Passivkonto „Berechnete Umsatzsteuer" im Haben gebucht. Der restliche Betrag in Höhe von 20 Euro wird im Haben auf dem Ertragskonto „Umsatzerlöse" erfasst. Der Buchungssatz lautet

Forderungen 23,80 Euro

an

Berechnete Umsatzsteuer 3,80 Euro

und

Umsatzerlöse 20 Euro

und die Buchung lässt sich folgendermaßen darstellen (Angaben in Euro):

	Aktivkonto			**Passivkonto**	
S	Forderungen	H	S	Berechnete Umsatzsteuer	H
23,80					3,80

	Ertragskonto	
S	Umsatzerlöse	H
		20

Beispiel 3:

Dem Benutzer einer kommunalen Einrichtung wird am Jahresende die fällige Benutzungs-gebühr in Höhe von 100 Euro in Rechnung gestellt. Der Vorgang unterliegt nicht der Mehr-wertsteuer.

Mit dem Versand des Gebührenbescheides ist auf dem Aktivkonto „Forderungen" im Soll der Zugang in Höhe von 100 Euro zu buchen. Die Habenbuchung in Höhe von 100 Euro findet auf einem speziellen Ertragskonto „Benutzungsgebührenertrag" statt, um diese Ent-gelte getrennt von anderen Entgeltarten zu erfassen.

Der Buchungssatz lautet

Forderungen

an

Benutzungsgebührenertrag 100 Euro

Die Buchung lässt sich folgendermaßen darstellen (Angaben in Euro):

	Aktivkonto			**Ertragskonto**	
S	Forderungen	H	S	Benutzungsgebührenertrag	H
100					100

5.3.8 Die Verbuchung der beim Verkauf von Sachanlagen entstehenden Erlöse

Die Verbuchung ohne Berücksichtigung der Mehrwertsteuer

Welche Buchungen beim Verkauf von Sachanlagen, also beispielsweise beim Verkauf von Maschinen oder Fahrzeugen, zu berücksichtigen sind, hängt einerseits davon ob, ob der betreffende Vorgang der Mehrwertsteuer unterliegt oder nicht, und andererseits davon, wie hoch der erzielte Erlös im Vergleich zum Buchwert ist.

Wir betrachten zunächst den Verkauf ohne Berücksichtigung der Mehrwertsteuer, wie dies im Bereich des kommunalen Verwaltungsbetriebs die Regel ist.

In diesem Fall haben wir bei den Buchungen lediglich darauf zu achten, ob der Verkaufspreis

*   genau in Höhe des Buchwertes,
*   unter dem Buchwert oder
*   über dem Buchwert liegt,

wobei mit dem Buchwert der Wert gemeint ist, mit dem das betreffende Wirtschaftsgut im Augenblick des Verkaufs in der Bilanz bzw. in der Buchhaltung noch ausgewiesen wird.

*   Der **Verkauf zum Buchwert** ist erfolgsneutral, durch ihn entsteht weder Aufwand noch Ertrag. Es handelt sich um einen Aktivtausch.

Beispiel:

Ein kommunaler Verwaltungsbetrieb verkauft ein Fahrzeug, das in der Buchhaltung mit 2.000 Euro ausgewiesen wird, bar zum Preis von 2.000 Euro.

Auf dem Aktivkonto „Fahrzeuge" ist im Haben ein Abgang in Höhe von 2.000 Euro zu buchen. Dafür ist auf dem Konto „Kasse" in gleicher Höhe ein Zugang im Soll zu verzeichnen.

Der Buchungssatz lautet

Kasse

an

Fahrzeuge 2.000 Euro

Die Buchung lässt sich folgendermaßen darstellen (Angaben in Euro):

	Aktivkonto			Aktivkonto	
S	Kasse	**H**	**S**	Fahrzeuge	**H**
2.000					2.000

• Wird hingegen ein **Erlös** erzielt, der **über dem Buchwert** liegt, entsteht ein Ertrag.

Beispiel:

Ein kommunaler Verwaltungsbetrieb verkauft ein Fahrzeug, das in der Buchhaltung mit 2.000 Euro ausgewiesen wird, bar zum Preis von 3.000 Euro.

Auf dem Aktivkonto „Fahrzeuge" ist wieder im Haben der Abgang in Höhe von 2.000 Euro zu buchen. Auf dem Konto „Kasse" ist allerdings ein Zugang in Höhe von 3.000 Euro im Soll zu verzeichnen. Folglich muss noch eine Habenbuchung in Höhe von 1.000 Euro erfolgen, die auf einem speziellen Ertragskonto, und zwar auf dem Konto „Sonstiger betrieblicher Ertrag" vorgenommen wird.

Der Buchungssatz lautet

Kasse 3.000 Euro

an

Fahrzeuge 2.000 Euro

und

Sonstiger betrieblicher Ertrag 1.000 Euro

Die Buchung lässt sich folgendermaßen darstellen (Angaben in Euro):

	Aktivkonto	
S	Kasse	H
3.000		

	Aktivkonto			**Ertragskonto**	
S	Fahrzeuge	H	S	Sonstiger betrieblicher Ertrag	H
		2.000			1.000

• Wird ein **Erlös** erzielt, der **unter dem Buchwert** liegt, entsteht ein Aufwand.

Beispiel:

Ein kommunaler Verwaltungsbetrieb verkauft ein Fahrzeug, das in der Buchhaltung mit 2.000 Euro ausgewiesen wird, bar zum Preis von 1.000 Euro.

Auf dem Aktivkonto „Fahrzeuge" ist wieder im Haben der Abgang in Höhe von 2.000 Euro zu buchen. Auf dem Konto „Kasse" ist allerdings nur ein Zugang in Höhe von 1.000 Euro im Soll zu verzeichnen. Folglich muss noch eine Sollbuchung in Höhe von 1.000 Euro erfolgen, die auf einem speziellen Aufwandskonto, und zwar auf dem Konto „Sonstiger betrieblicher Aufwand" vorgenommen wird. Der Betrag wird ähnlich wie eine Abschreibung gebucht, allerdings wird, um der Besonderheit des Güterverzehrs Rechnung zu tragen, ein gesondertes Aufwandskonto gewählt.

Der Buchungssatz lautet

Kasse 1.000 Euro

und

Sonstiger betrieblicher Aufwand 1.000 Euro

an

Fahrzeuge 2.000 Euro

Die Buchung lässt sich folgendermaßen darstellen (Angaben in Euro):

Aktivkonto

S	Kasse	H
1.000		

Aktivkonto			**Aufwandskonto**		
S	Fahrzeuge	H	S	Sonstiger betrieblicher Aufwand	H
		2.000	1.000		

Die Verbuchung unter Berücksichtigung der Mehrwertsteuer

Wir betrachten nunmehr den Verkauf unter Berücksichtigung der Mehrwert – bzw. Vorsteuer, wie dies beispielsweise bei Betrieben gewerblicher Art im Bereich des kommunalen Verwaltungsbetriebs erforderlich sein kann. Auch in diesem Fall ist dem Käufer der Anlage zusätzlich zum Verkaufspreis die Mehrwertsteuer in Rechnung zu stellen.

Die Buchungen unterscheiden sich danach, ob der **Verkaufspreis (ohne Mehrwertsteuer)**

• genau in Höhe des Buchwertes,

• unter dem Buchwert oder

• über dem Buchwert liegt.

Beim **Verkauf zum Buchwert** werden drei Konten berührt. Zum einen haben wir auf einem Aktivkonto einen Zugang in Höhe des gesamten Rechnungsbetrages (Verkaufspreis + Mehrwertsteuer) im Soll zu erfassen. Bei einem Bargeschäft würde es sich dabei um das Konto Kasse handeln. Gewährt der Verkäufer dem Käufer ein Zahlungsziel, wäre das Konto Forderungen zu berücksichtigen. Weiterhin ist auf dem Aktivkonto, auf dem die betreffenden Sachanlage buchhalterisch erfasst ist, ein Abgang in Höhe des Restwertes im Haben zu buchen. Der Unterschied zwischen dem Rechnungsbetrag und diesem Resterlös entspricht der Mehrwertsteuer, die der Verkäufer für das Finanzamt entgegen nimmt und die er somit dem Finanzamt schuldet. Auf dem Passivkonto „Berechnete Umsatzsteuer" ist dieser Zugang im Haben zu erfassen.

Beispiel:

Ein kommunaler Verwaltungsbetrieb verkauft ein Fahrzeug, das in der Buchhaltung mit 2.000 Euro ausgewiesen wird, bar zum Preis von 2.000 Euro plus Mehrwertsteuer. Diese betrage 380 Euro.

Auf dem Aktivkonto „Fahrzeuge" ist im Haben ein Abgang in Höhe von 2.000 Euro zu buchen. Dafür ist auf dem Konto „Kasse" ein Zugang im Soll in Höhe von 2.380 Euro zu verzeichnen. Der über 2.000 Euro hinausgehende Betrag entsteht durch Einbehalten der Mehrwertsteuer. Die entsprechende Verbindlichkeit gegenüber dem Finanzamt in Höhe von 380 Euro wird im Haben des Passivkontos „Berechnete Umsatzsteuer" als Zugang gebucht.

Der Buchungssatz lautet

Kasse 2.380 Euro

an

Fahrzeuge 2.000 Euro

und

Berechnete Umsatzsteuer 380 Euro

Die Buchung lässt sich folgendermaßen darstellen (Angaben in Euro):

	Aktivkonto	
S	Kasse	**H**
2.380		

	Aktivkonto			**Passivkonto**	
S	Fahrzeuge	**H**	**S**	Berechnete Umsatzsteuer	**H**
		2.000			380

- Wird ein **Erlös** erzielt, der **über dem Buchwert** liegt, entsteht zusätzlich ein Ertrag.

Beispiel:

Ein kommunaler Verwaltungsbetrieb verkauft ein Fahrzeug, das in der Buchhaltung mit 2.000 Euro ausgewiesen wird, bar zum Preis von 3570 Euro. Der Betrag beinhaltet 570 Euro Mehrwertsteuer.

Auf dem Aktivkonto „Fahrzeuge" ist wieder im Haben der Abgang in Höhe von 2.000 Euro zu buchen. Auf dem Konto „Kasse" ist der Zugang in Höhe des erhaltenen Geldbetrages (3.570 Euro) im Soll zu verzeichnen. Davon betreffen 570 Euro die einbehaltene Mehrwertsteuer, die an das Finanzamt abzuführen ist. Folglich ist auf dem Passivkonto „Berechnete Umsatzsteuer" ein Zugang in Höhe von 570 Euro im Haben zu buchen. Damit ist noch eine weitere Habenbuchung als Gegenbuchung zur Sollbuchung erforderlich. Es geht dabei um den Betrag in Höhe 1.000 Euro, den der Betrieb über den Restbuchwert hinaus zusätzlich erzielt hat. Es handelt sich folglich um einen Ertrag. Dieser ist auf dem bereits bekannten speziellen Ertragskonto „Sonstiger betrieblicher Ertrag" zu buchen.

Der Buchungssatz lautet

Kasse 3.570 Euro

an

Fahrzeuge 2.000 Euro,

Berechnete Umsatzsteuer 570 Euro

und

Sonstiger betrieblicher Ertrag 1.000 Euro

Die Buchung lässt sich folgendermaßen darstellen (Angaben in Euro):

Aktivkonto

S	Kasse	H
3570		

Aktivkonto

S	Fahrzeuge	H
		2.000

Passivkonto

S	Berechnete Umsatzsteuer	H
		570

Ertragskonto

S	Sonstiger betrieblicher Ertrag	H
		1.000

- Wird ein **Erlös** erzielt, der **unter dem Buchwert** liegt, entsteht kein Ertrag, sondern ein Aufwand.

Beispiel:

Ein kommunaler Verwaltungsbetrieb verkauft ein Fahrzeug, das in der Buchhaltung mit 2.000 Euro ausgewiesen wird, bar zum Preis von 1190 Euro. Der Rechnungsbetrag beinhaltet 190 Euro Mehrwertsteuer.

Auf dem Aktivkonto „Fahrzeuge" ist wieder im Haben der Abgang in Höhe von 2.000 Euro zu buchen. Auf dem Konto „Kasse" ist allerdings nur ein Zugang in Höhe von 1190 Euro im Soll zu verzeichnen. 190 Euro entfallen dabei auf die einbehaltene Mehrwertsteuer. Sie sind auf dem Passivkonto „Berechnete Umsatzsteuer" im Haben als Zugang zu buchen. Folglich muss noch eine Sollbuchung in Höhe von 1.000 Euro erfolgen, damit die Sollbuchungen insgesamt den gleichen Betrag erreichen wie die Habenbuchungen. Es handelt sich um den Betrag, um den der Verkaufserlös den Restbuchwert unterschreitet, also um eine Wertminderung des Vermögens. Der Vorgang ähnelt einer Abschreibung. Aus Gründen der Transparenz wird der Betrag allerdings auf dem speziellen Aufwandskonto „Sonstiger betrieblicher Aufwand" erfasst.

Der Buchungssatz lautet

Kasse 1190 Euro

und

Sonstiger betrieblicher Aufwand 1.000 Euro

an

Fahrzeuge 2.000 Euro

und

Berechnete Umsatzsteuer 190 Euro

Die Buchung lässt sich folgendermaßen darstellen (Angaben in Euro):

Aktivkonto			Passivkonto		
S	Kasse	**H**	**S**	Berechnete Umsatzsteuer	**H**
1190					190

Aktivkonto			Aufwandskonto		
S	Fahrzeuge	**H**	**S**	Sonstiger betrieblicher Aufwand	**H**
		2.000	1.000		

5.4   Spezielle Buchungen im Zwei-Komponenten-System

5.4.1   Überblick über einige spezielle Buchungsfälle

Zusätzlich zu den bisher behandelten erfolgswirksamen und nicht -erfolgswirksamen Buchungen sind noch einige Buchungsfälle zu beachten, die einige Besonderheiten aufweisen und daher getrennt von den anderen Buchungen besprochen werden sollten.

Es handelt sich dabei um

*   die Berücksichtigung von Bonus, Skonto und Rabatt,
*   die Aktivierung von Eigenleistungen,
*   die Verrechnung von Vorsteuer und erhaltener Mehrwertsteuer sowie
*   die Bildung von Rechnungsabgrenzungsposten.

5.4.2   Die Buchung von Bonus, Skonto und Rabatt

Die Rabattbuchung

Bei dem **Rabatt** handelt es sich um einen Preisnachlass, der sofort in Abzug gebracht wird. Insofern ergeben sich hierdurch keine buchungstechnischen Besonderheiten. Auf der einen Seite wird weniger gezahlt und auf der anderen Seite ist der Wert des gekauften Gutes geringer.

Beispiel:

Eine Gemeinde kauft ein Fahrzeug. Der Listenpreis beträgt 200.000 Euro. Der Verkäufer gewährt der Gemeinde 2% Rabatt. Die Mehrwertsteuer betrage 19%. Die Gemeinde überweist den um den Rabatt, d.h. 4.000 Euro, verminderten Listenpreis zuzüglich Mehrwertsteuer und erhält gleichzeitig das Fahrzeug.

Der Rechnungsbetrag hat eine Höhe von 233.240 Euro. Er ergibt sich, indem man zusätzlich zu den 196.000 Euro noch 19% auf diesen Betrag, also 37.240 Euro, berücksichtigt.

*   Falls der betreffende Teil der Gemeinde **nicht** vorsteuerabzugsberechtigt ist, lautet der Buchungssatz

Fahrzeuge

an

Bank 233.240 Euro

Der Vorgang lässt sich folgendermaßen darstellen (Angaben in Euro):

Aktivkonto				**Aktivkonto**	
S	Bank	H	S	Fahrzeuge	H
		233.240	233.240		

- Falls der betreffende Teil der Gemeinde vorsteuerabzugsberechtigt ist, lautet der Buchungssatz

Fahrzeuge 196.000 Euro

und

Vorsteuer 37.240 Euro

an

Bank 233.240 Euro

Der Vorgang lässt sich folgendermaßen darstellen (Angaben in Euro):

Aktivkonten

S	Fahrzeuge	H
196.000		

S	Vorsteuer	H
37.240		

S	Bank	H
		233.240

Die Bonusbuchung

Bei einem **Bonus** handelt es sich um einen Preisnachlass, der erst nachträglich gewährt wird, eventuell erst am Jahresende, und der sich dann in der Regel auf den bis zu diesem Zeitpunkt insgesamt getätigten Einkauf bezieht. **Den Bonus, den der kaufende Betrieb erhält, nennt man auch Lieferantenbonus** oder **erhaltener Bonus.** Nur dieser ist Gegenstand der nachfolgenden Betrachtung.

Das betreffende Konto, auf dem solche nachträglichen Preisnachlässe erfasst werden, kann man als **Lieferantenboni oder erhaltene Boni** bezeichnen.

Beispiel:

Eine Gemeinde kauft ein Fahrzeug. Der Listenpreis beträgt 200.000 Euro. Der Verkäufer gewährt der Gemeinde 2% Rabatt. Die Mehrwertsteuer betrage 19%. Die Gemeinde überweist den um den Rabatt, d.h. 4.000 Euro, verminderten Listenpreis zuzüglich Mehrwertsteuer und erhält gleichzeitig das Fahrzeug. Am Jahresende wird der Gemeinde zusätzlich noch ein Bonus in Höhe von 1% gewährt. Der entsprechende Betrag in Höhe von 2.332,40 Euro wird auf das Bankkonto der Gemeinde überwiesen.

Durch die Bonusgewährung wird das gekaufte Wirtschaftsgut nachträglich billiger. Der ursprüngliche Anschaffungswert ist zu hoch und muss nach unten korrigiert werden. Simultan mit dem Eingang der Zahlungsmittel ist somit ein Abgang auf dem Konto Fahrzeuge zu buchen.

- Falls der betreffende Teil der Gemeinde **nicht** vorsteuerabzugsberechtigt ist, lauten die Buchungssätze folgendermaßen

(1.)   **Fahrzeuge**

                                   an

                        Bank 233.240 Euro

(2.)   **Bank**

                                   an

                      Fahrzeuge 2.332,40 Euro

Der Vorgang lässt sich folgendermaßen darstellen (Angaben in Euro):

Aktivkonto

S	Bank	H
(2.) 2.332,40		233.240 (1.)

Aktivkonto

S	Fahrzeuge	H
(1.) 233.240		2.332,40 (2.)

- Falls der betreffende Teil der Gemeinde vorsteuerabzugsberechtigt ist, wird durch die Bonusgewährung nicht nur der Anschaffungswert kleiner, sondern auch die Forderung gegenüber dem Finanzamt, die auf dem Konto „Vorsteuer" erfasst wird. Die Buchungssätze lauten dann

(1.)   **Fahrzeuge 196.000 Euro**

und

Vorsteuer 37.240 Euro

an

Bank 233.240 Euro

(2.)   **Bank 2.332,40 Euro**

an

Fahrzeuge 1.960 Euro

und

Vorsteuer 372,40 Euro

Der Vorgang lässt sich folgendermaßen darstellen (Angaben in Euro):

Aktivkonten

S	Fahrzeuge	H
(1.) 196.000,00		1.960,00 (2.)

S	Vorsteuer	H
(1.) 37.240,00		372,40 (2.)

S	Bank	H
(2.) 2.332,40		233.240,00 (1.)

Teilweise werden die Boni nicht erst am Jahresende gewährt, sondern eventuell schon in kürzeren Abschnitten gutgeschrieben. Solche Gutschriften verrechnet man in der Regel nicht direkt mit dem entsprechenden Bestandskonto, sondern man **sammelt die Boni** zunächst auf dem **Konto „Lieferantenboni"**, um sie dann am Jahresende gebündelt als Verminderung des Anschaffungswertes zu berücksichtigen oder aber, wenn keine Zurechnung auf einzelne Wirtschaftsgüter möglich ist, über das Gewinn-und-Verlust-Konto abzuschließen.

Beispiel:

Eine Gemeinde kauft in der ersten Hälfte eines Jahres und in der zweiten Hälfte des gleichen Jahres je ein Fahrzeug. Der Listenpreis beträgt jeweils 100.000 Euro. Der Verkäufer gewährt der Gemeinde 2% Rabatt. Die Mehrwertsteuer betrage 19%. Die Gemeinde überweist jeweils den um den Rabatt, d.h. 2.000 Euro, verminderten Listenpreis zuzüglich Mehrwertsteuer und erhält gleichzeitig das Fahrzeug. Nach jedem Halbjahr wird noch ein Bonus in Höhe von 1% auf das Bankkonto der Gemeinde überwiesen.

- Falls der betreffende Teil der Gemeinde **nicht** vorsteuerabzugsberechtigt ist, lauten die Buchungssätze folgendermaßen:

(1.)

Fahrzeuge

an

Bank 116.620 Euro

(2.)

Bank

an

Lieferantenboni 1.166,20 Euro

(3.)

Fahrzeuge

an

Bank 116.620 Euro

(4.)

Bank

an

Lieferantenboni 1.166,20 Euro

(5.)

Lieferantenboni

an

Fahrzeuge 2.332,40 Euro

Der Vorgang lässt sich folgendermaßen darstellen (Angaben in Euro):

Aktivkonto

S	Bank	H
(2.) 1.166,20	116.620, 00	(1.)
(4.) 1.166,20	116.620, 00	(3.)

Aktivkonto   **Zwischen- oder Sammelkonto**

S	Fahrzeuge	H	S	Lieferantenboni	H
(1.) 116.620, 00	2.332,40 (5.)		(5.) 2.332,40	1.166,20 (2.)
(3.) 116.620, 00				1.166,20 (4.)

- Falls der betreffende Teil der Gemeinde vorsteuerabzugsberechtigt ist, sind die Forderungen gegenüber dem Finanzamt mit jedem erzielten Bonus sofort zu kürzen.

Die Buchungssätze lauten dann folgendermaßen:

(1.)
Fahrzeuge 98.000 Euro
und
Vorsteuer 18.620 Euro
an
Bank 116.620 Euro

(2.)
Bank 1.166,20 Euro
an
Lieferantenboni 980 Euro
und
Vorsteuer 186,20 Euro

(3.)
Fahrzeuge 98.000 Euro
und
Vorsteuer 18.620 Euro
an
Bank 116.620 Euro

(4.)
Bank 1.166,20 Euro
an
Lieferantenboni 980 Euro
und
Vorsteuer 186,20 Euro

(5.)
Lieferantenboni
an
Fahrzeuge 1.960 Euro

Der Vorgang lässt sich folgendermaßen darstellen (Angaben in Euro):

Aktivkonten

S	Bank	H
(2.) 1.166,20	116.620, 00 (1.)	
(4.) 1.166,20	116.620, 00 (3.)	

S	Vorsteuer	H		S	Zwischenkonto Lieferantenboni	H
(1.) 18.620,00	186, 20 (2.)			(5.) 1.960,00	980,00 (2.)	
(3.) 18.620,00	186, 20 (4.)				980,00 (4.)	

S	Fahrzeuge	H
(1.) 98.000, 00	1.960,0 (5.)	
(3.) 98.000, 00		

Die Skontobuchung

Beim Skonto ist zunächst zwischen dem Skonto, den man beim Verkauf einem Abnehmer gewährt, und dem Skonto, den man bei der Beschaffung eines Gutes erhält, zu unterscheiden.

Bei einem „empfangenen" **Skonto** handelt es sich um eine Verminderung des Rechnungsbetrages, die der Käufer vornehmen kann, wenn er den vom Verkäufer bereits einkalkulierten Lieferantenkredit nicht in Anspruch nimmt. Man kann hier auch von einem **Lieferantenskonto** sprechen, d.h. von einem Skonto, der vom Lieferanten eingeräumt wird. Obwohl es sich hierbei um einen Abzug handelt, der mit einem Kredit in Verbindung steht, wird der Skonto üblicherweise wie ein Preisnachlass, d.h. als nachträgliche Verminderung des Anschaffungswertes, behandelt, so dass auf dem das betreffende Gut erfassenden Bestandskonto ein Abgang zu buchen ist.

Bei Gütern des Anlagevermögens ist die Verminderung des Anlagevermögens zwingend, allerdings kann man für die Buchung des Skontos ein Vorkonto „Nachlass" einrichten, dass dann später über das betreffende Bestandskonto abzuschließen ist.

Bei Gütern des Umlaufvermögens ist die gleiche Vorgehensweise zulässig. Hier ist allerdings auch die Buchung auf einem Konto „Skontoertrag", das dann über das Gewinn-und-Verlust-Konto abgeschlossen wird, möglich.

Beispiel:

Eine Gemeinde kauft Büromaterial im Werte von 100.000 Euro zuzüglich 19% Mehrwertsteuer, also zu einem Rechnungsbetrag einschließlich Mehrwertsteuer in Höhe von 119.000 Euro. Auf der Rechnung findet sich der Hinweis, dass bei einer Bezahlung innerhalb von 14 Tagen vom Rechnungsbetrag 2% Skonto abgezogen werden können. Die Gemeinde überweist 10 Tage nach Rechnungseingang den um 2% Skonto, d.h. um 2.380 Euro, verminderten Rechnungsbetrag, also einen Betrag in Höhe von 116.620 Euro.

- Falls der betreffende Teil der Gemeinde **nicht** vorsteuerabzugsberechtigt ist, lauten die Buchungssätze folgendermaßen:

(1.) bei Rechnungseingang

Büromaterialbestand

an

Verbindlichkeiten aus Lieferungen und Leistungen 119.000 Euro

(2.) bei Bezahlung

Verbindlichkeiten aus Lieferungen und Leistungen 119.000 Euro

an

Bank 116.620 Euro

und

Büromaterialbestand 2.380 Euro

Der Vorgang lässt sich folgendermaßen darstellen (Angaben in Euro):

Aktivkonto		Passivkonto	
S Bank **H**		**S** Verbindlichkeiten aus L. u. L. **H**	
	116.620 (2.)	(2.) 119.000	119.000 (1.)

Aktivkonto	
S Büromaterialbestand **H**	
(1.) 119.000	2.380 (2.)

- Falls der betreffende Teil der Gemeinde vorsteuerabzugsberechtigt ist, lauten die Buchungssätze folgendermaßen:

(1.) bei Rechnungseingang

Büromaterialbestand 100.000 Euro

und

Vorsteuer 19.000 Euro

an

Verbindlichkeiten aus Lieferungen und Leistungen 119.000 Euro

(2.) bei Bezahlung

Verbindlichkeiten aus Lieferungen und Leistungen 119.000 Euro

an

Bank 116.620 Euro

und

Büromaterialbestand 2.000 Euro

und

Vorsteuer 380 Euro

Der Vorgang lässt sich folgendermaßen darstellen (Angaben in Euro):

	Aktivkonto			Passivkonto	
S	Bank	**H**	**S**	Verbindlichkeiten aus L. u. L.	**H**
	116.620 (2.)		(2.) 119.000	119.000 (1.)	

	Aktivkonto	
S	Büromaterialbestand	**H**
(1.) 100.000	2.000 (2.)	

	Aktivkonto	
S	Vorsteuer	**H**
(1.) 19.000	380 (2.)	

Unterstellt ein kommunaler Teilbetrieb würde selbst Skonto gewähren, dann würde man ein Konto „Skontoaufwand" einrichten, das man entweder direkt über das Gewinn-und-Verlust-Konto abschließt, oder aber man könnte ein Vorkonto „Erlösberichtigung" zum Ertragskonto „Umsatzerlöse" einrichten, so dass letztlich nur die um den gewährten Skonto gekürzten Erlöse in dem Gewinn-und-Verlust-Konto erscheinen.

5.4.3 Buchungen bei der Aktivierung von Eigenleistungen

Im Bereich der Kommunalverwaltung werden üblicherweise Dienstleistungen produziert. Da es sich hierbei um immaterielle Güter handelt, können sie in aller Regel nicht auf einem Bestandskonto erfasst werden. Anders als bei einem privatwirtschaftlichen Produktionsbetrieb spielt daher im kommunalen Verwaltungsbetrieb die Verbuchung fertiger oder unfertiger Erzeugnisse bzw. von Fertigfabrikaten und Halbfertigfabrikaten eine zu vernachlässigende Rolle.

Häufiger werden hingegen in einem kommunalen Verwaltungsbetrieb Güter des Anlagevermögens erstellt. Man denke beispielsweise an Spielplätze, Schutzhütten in kommunalen Wäldern und Parkanlagen, Garagen, Werkzeugschuppen usw.

In diesen Fällen nimmt das Anlagevermögen zu, ist also beispielsweise auf dem Konto „Gebäude" ein Zugang zu verzeichnen. Die Gegenbuchung erfolgt auf einem **Konto, das zu den Ertragskonten zählt** und die Bezeichnung **„Aktivierte Eigenleistungen"** trägt.

Die Bewertung der selbsterstellten Güter des Anlagevermögens erfolgt zu Herstellungskosten, wobei man besser von Herstellungsaufwand sprechen sollte; denn nicht sämtliche Kosten, die in Verbindung mit der Herstellung des Gutes anfielen, dürfen berücksichtigt werden. So ist es insbesondere nicht gestattet, Zusatzkosten, also beispielsweise kalkulatorische Zinsen für das eingesetzte Eigenkapital, in Ansatz zu bringen.

Beispiel:

Eine Gemeinde lässt vom eigenen Bauhof eine Schutzhütte errichten. Zu diesem Zweck wird Material im Werte von 5.000 Euro gekauft und an die Baustelle angeliefert. Bei Rechnungseingang wird der Betrag sofort überwiesen. Die Baumaßnahme wird ausschließlich mit Aushilfskräften abgewickelt, die nur mit der Errichtung der Schutzhütte befasst sind. Hierdurch fallen Lohnzahlung, die in voller Höhe Lohnaufwand sind, in Höhe 10.000 Euro an. Nach der Fertigstellung wird die Schutzhütte „aktiviert".

• Falls der betreffende Teil der Gemeinde **nicht** vorsteuerabzugsberechtigt ist, lauten die Buchungssätze folgendermaßen:

(1.)   **Materialaufwand**

                          an

                Bank 5.000 Euro

(2.)   **Lohnaufwand**

an

Bank 10.000 Euro

(3.)   **Gebäude**

an

Aktivierte Eigenleistungen 15.000 Euro

Der Vorgang lässt sich folgendermaßen darstellen (Angaben in Euro):

Aktivkonto			**Aufwandskonto**		
S	Bank	H	S	Materialaufwand	H
		5.000 (1.)	(1.) 5.000		
		10.000 (2.)			

Aktivkonto			**Aufwandskonto**		
S	Gebäude	H	S	Lohnaufwand	H
(3.) 15.000			(2.) 10.000		

	Ertragskonto	
S	Aktivierte Eigenleistungen	H
		15.000 (3.)

Die Betrachtung der Aufwands- und Ertragskonten zeigt, dass dem Aufwand in Höhe von 15.000 Euro eine Position, die wie ein Ertrag erfasst wird und die man in Anführungszeichen auch als Ertrag bezeichnen kann, gegenübersteht. Dadurch gleichen sich Aufwand und Ertrag aus; der Vorgang ist also nicht erfolgswirksam. Das Gleiche machen die beiden Aktivkonten deutlich. Letztlich steht dem Abgang auf dem Bankkonto ein wertgleicher Zugang auf dem Gebäudekonto gegenüber. Damit handelt es sich also im Ergebnis um einen Aktivtausch und somit auch aus dieser Sicht ebenfalls um einen nicht erfolgswirksamen Vorgang.

- Falls der betreffende Teil der Gemeinde vorsteuerabzugsberechtigt ist, müssen die Materialausgaben in Höhe von 5.000 Euro in den Güterpreis und die Mehrwertsteuer aufgespalten werden, wie dies aus der Rechnung auch hervorgeht. Angenommen die Mehrwertsteuer betrage 798,32 Euro und der Nettopreis ohne Mehrwertsteuer belaufe sich auf 4201,68 Euro, so lauten die Buchungssätze folgendermaßen:

(1.)   **Materialaufwand 4.201,68 Euro**

und

Vorsteuer 798,32 Euro

an

Bank 5.000 Euro

(2.)   **Lohnaufwand**

an

Bank 10.000 Euro

(3.)   **Gebäude**

an

Aktivierte Eigenleistungen 14.201,68 Euro

Der Vorgang lässt sich folgendermaßen darstellen (Angaben in Euro):

	Aktivkonto			**Aufwandskonto**	
S	Bank	H	S	Materialaufwand	H
	5.000,00 (1.)		(1.) 4.201,68		
	10.000,00 (2.)				

	Aktivkonto			**Aufwandskonto**	
S	Gebäude	H	S	Lohnaufwand	H
(3.)14.201,68			(2.) 10.000,00		

	Aktivkonto			**Ertragskonto**	
S	Vorsteuer	H	S	Aktivierte Eigenleistungen	H
(1.) 798,32				14.201,68 (3.)	

Auch hier verdeutlicht die Betrachtung der Aufwands- und Ertragskonten, dass dem Auf-wand in Höhe von insgesamt 14.201,68 Euro ein „Ertrag" in gleicher Höhe gegenüber-steht und der Vorgang also auch jetzt nicht erfolgswirksam ist. Das Gleiche machen die drei Aktivkonten deutlich. Letztlich wird der Abgang auf dem Bankkonto durch einen Zugang auf dem Konto „Gebäude" und einen Zugang auf dem Konto „Vorsteuer" ausgeglichen. Auch hier liegt also im Ergebnis ein Aktivtausch und damit auch aus dieser Sicht ein nicht erfolgswirksamer Vorgang vor.

Sollte der in der Kommunalverwaltung seltene Fall vorkommen, dass man nicht eine Position des Anlagevermögens selbst erstellt, sondern eine Position des Umlaufvermögens, also beispielsweise **Fertigfabrikate**, dann ergibt sich der gleiche Buchungszusammenhang. Es wird dann lediglich statt des Ertragskontos „Aktivierte Eigenleistungen" das Ertragskonto „Bestandserhöhung Fertigfabrikate" herangezogen und statt des Aktivkontos „Gebäude" das Aktivkonto „Fertigfabrikatebestand".

5.4.4   Die Verrechnung von Vorsteuer und berechneter Umsatzsteuer

Wir haben bereits darauf hingewiesen, dass die Kommunalverwaltung in der Regel nicht umsatzsteuerpflichtig ist. Insofern behält sie in Verbindung mit den Entgelten, die sie für Ihre Dienstleistungen erzielt, überwiegend auch keine Mehrwertsteuer ein. Folglich muss sie dann auch keine Mehrwertsteuer an das Finanzamt abführen. Da sie selbst keine Mehrwertsteuer abführt, kann sie umgekehrt auch keine Mehrwertsteuer, die sie gezahlt hat, gegenüber dem Finanzamt geltend machen. Sie ist – in anderen Worten – dann auch nicht vorsteuerabzugsberechtigt.

Ausnahmsweise kann es aber sein, dass ein Bereich der Kommunalverwaltung umsatzsteuerpflichtig ist. Wie wir ebenfalls erwähnt haben, spricht man in diesem Zusammenhang von einem Betrieb gewerblicher Art. Weiterhin gilt die Umsatzsteuerpflicht beispielsweise für kommunale Unternehmen, die als AG oder GmbH geführt werden. Beim Verkauf muss ein solcher Bereich der Kommunalverwaltung dem Abnehmer des Gutes zuzüglich zum Nettoverkaufspreis die Mehrwertsteuer in Rechnung stellen. Die empfangene Mehrwertsteuer hat er dann an das Finanzamt abzuführen. Ein solcher Betrieb kann auf der anderen Seite die Mehrwertsteuer, die er seinen Vorlieferanten bezahlt hat, die so genannte Vorsteuer, gegenüber dem Finanzamt geltend machen.

Wir haben bereits gezeigt, dass die *gezahlte Mehrwertsteuer* auf dem **Konto „Vorsteuer"** erfasst wird, das man als Konto „Forderung gegenüber Finanzamt" interpretieren kann, und dass umgekehrt die beim Güterverkauf *empfangene Mehrwertsteuer* auf dem **Konto „Berechnete Umsatzsteuer"**, das auch als **„Umsatzsteuer-Schuld"** bezeichnet werden kann, zu erfassen ist, wobei sich dieses Konto als „Verbindlichkeiten gegenüber Finanzamt" interpretieren lässt.

Entstehen in einem kommunalen Teilbetrieb in Verbindung mit der Umsatzsteuer im Abrechnungszeitraum, der in der Regel einen Monat umfasst, sowohl Forderungen als auch Verbindlichkeiten gegenüber dem Finanzamt, dann kann diese auf einem **Konto** verrechnen, das man **Umsatzsteuerverrechnungskonto, Mehrwertsteuerverrechnungskonto** oder **Zahllastkonto** nennen kann.

Ist die empfangene Mehrwertsteuer größer als die Vorsteuer, verbleibt **eine Verbindlichkeit gegenüber dem Finanzamt**. Man spricht dann auch von einer **Zahllast**, die durch eine entsprechende Zahlung an das Finanzamt zu erfüllen ist. Ist die Vorsteuer größer als die gezahlte Mehrwertsteuer verbleibt **eine Forderung gegenüber dem Finanzamt**, die letztlich zu einer Erstattung, also zu einer Einnahme führt.

Beispiel:

Ein Betrieb gewerblicher Art tätigt Umsätze im Umfang von 200.000 Euro zuzüglich 19 % Mehrwertsteuer (32.000 Euro). Die entsprechenden Zahlungen gehen kurz nach Rechnungsausgang im gleichen Jahr auf dem Bankkonto ein. Bei der Produktion der verkauften Güter wird das angelieferte Material im Werte 119.000 Euro sofort verbraucht, wobei der Betrag die Mehrwertsteuer in Höhe von 19.000 Euro beinhaltet. Das Material wird kurz nach Rechnungseingang im gleichen Jahr durch Banküberweisung bezahlt. Vorsteuer und empfangene Mehrwertsteuer werden verrechnet und der Differenzbetrag in Höhe von 19.000 Euro wird an das Finanzamt abgeführt.

Folgende Buchungssätze sind zu berücksichtigen:

(1.)

Materialaufwand 100.000 Euro

und

Vorsteuer 19.000 Euro

an

Verbindlichkeiten aus L. u. L. 119.000 Euro

(2.)

Verbindlichkeiten aus L. u. L. 119.000 Euro

an

Bank 119.000 Euro

(3.)

Forderungen aus L. u. L. 238.000 Euro

an

Umsatzerlöse 200.000 Euro

und

Berechnete Umsatzsteuer 38.000 Euro

(4.)

Bank 238.000 Euro

an

Forderungen aus L. u. L. 238.000 Euro

(5.)   **Umsatzsteuerverrechnungskonto**

an

Vorsteuer 19.000 Euro

(6.)   **Berechnete Umsatzsteuer**

an

Umsatzsteuerverrechnungskonto 38.000 Euro

(7.)   **Umsatzsteuerverrechnungskonto 19.000 Euro**

an

Bank 19.000 Euro

Der Vorgang lässt sich folgendermaßen darstellen (Angaben in Euro):

	Aktivkonto				**Aufwandskonto**	
S	Bank	**H**	**S**		Materialaufwand	**H**
(4.) 238.000		119.000 (2.)	(1.) 100.000			
		19.000 (7.)				

	Aktivkonto				**Ertragskonto**	
S	Forderungen	**H**	**S**		Umsatzerlöse	**H**
(3.) 238.000		238.000 (4.)				200.000 (3.)

	Passivkonto	
S	Verbindlichkeiten aus L. u. L.	**H**
(2.) 119.000		119.000 (1.)

	Aktivkonto				**Passivkonto**	
S	Vorsteuer	**H**	**S**		Berechnete Umsatzsteuer	**H**
(1.) 19.000		19.000 (5.)	(6.) 38.000			38.000 (3.)

	Umsatzsteuerverrechnungskonto	
S		**H**
(5.) 19.000		(6.) 38.000
(7.) 19.000		

Denkbar ist auch der Fall, dass in einem Jahr die Vorsteuer größer ausfällt als die empfangene Mehrwertsteuer. Dann ergibt sich netto eine Forderung gegenüber dem Finanzamt und somit bei der letzten Buchung statt der Ausgabe eine Einnahme.

Beispiel:

Ein Betrieb gewerblicher Art tätigt Umsätze im Umfang von 200.000 Euro zuzüglich 19 % Mehrwertsteuer (38.000 Euro). Die entsprechenden Zahlungen gehen kurz nach Rechnungsausgang im gleichen Jahr auf dem Bankkonto ein. Bei der Produktion der verkauften Güter wird das angelieferte Material im Werte 357.000 Euro sofort verbraucht, wobei der Betrag die Mehrwertsteuer in Höhe von 57.000 Euro beinhaltet. Das Material wird kurz nach Rechnungseingang im gleichen Jahr durch Banküberweisung bezahlt. Vorsteuer und empfangene Mehrwertsteuer werden verrechnet und der Differenzbetrag in Höhe von 19.000 Euro wird vom Finanzamt erstattet.

Folgende Buchungssätze sind zu berücksichtigen:

(1.)   **Materialaufwand 300.000 Euro**

                                        und

                            Vorsteuer 57.000 Euro

                                        an

                    Verbindlichkeiten aus L. u. L. 357.000 Euro

(2.)   **Verbindlichkeiten aus L. u. L.**

                                        an

                            Bank 357.000 Euro

(3.)   **Forderungen aus L. u. L. 238.000 Euro**

                                        an

                            Umsatzerlöse 200.000 Euro

                                        und

                    Berechnete Umsatzsteuer 38.000 Euro

(4.)   **Bank**

                                        an

                    Forderungen aus L. u. L. 238.000 Euro

(5.)   **Umsatzsteuerverrechnungskonto**

                                        an

                            Vorsteuer 57.000 Euro

(6.)   **Berechnete Umsatzsteuer**

an

Umsatzsteuerverrechnungskonto 38.000 Euro

(7.)   **Bank**

an

Umsatzsteuerverrechnungskonto 19.000 Euro

Der Vorgang lässt sich folgendermaßen darstellen (Angaben in Euro):

Aktivkonto			Aufwandskonto		
S	Bank	**H**	**S**	Materialaufwand	**H**
(4.) 238.000		357.000 (2.)	(1.) 300.000		
(7.) 19.000					

Aktivkonto			Ertragskonto		
S	Forderungen	**H**	**S**	Umsatzerlöse	**H**
(3.) 238.000		238.000 (4.)			200.000 (3.)

	Passivkonto	
S	Verbindlichkeiten aus L. u. L	**H**
(2.) 357.000		357.000 (1.)

Aktivkonto			Passivkonto		
S	Vorsteuer	**H**	**S**	Berechnete Umsatzsteuer	**H**
(1.) 57.000		57.000 (5.)	(6.) 38.000		38.000 (3.)

	Umsatzsteuerverrechnungskonto	
S		**H**
(5.) 57.000		38.000 (6.)
		19.000 (7.)

5.4.5   Die Bildung der Rechnungsabgrenzungsposten

Grundsätzliche Erläuterung des Begriff „Rechnungsabgrenzungsposten"

Abgrenzungsprobleme entstehen dann, wenn Erfolgszahlungen für mehrere Perioden anfallen. Ausgabe und Aufwand bzw. Ertrag und Einnahme stimmen dann in den einzelnen Jahren nicht überein.

Solche Abgrenzungsprobleme treten beispielsweise bei langlebigen Wirtschaftsgütern und bei Gütern, die auf Lager gehen, auf. In diesen Fällen ist mit Nebenrechnungen zu klären, wie hoch der Aufwand, also beispielsweise der Abschreibungsaufwand oder der Materialaufwand, ist, der in die betreffende Periode fällt. Das entsprechende Bestandskonto erfüllt in diesen Fällen eine Speicherfunktion. Durch seine Berücksichtigung ist eine periodengerechte erfolgswirksame Zuordnung der Zahlung möglich.

Solche Abgrenzungsprobleme können auch in anderen Fällen auftreten, wenn die Zahlungen Vor- oder Nachzahlungen für andere Perioden beinhalten. Es kann dann erforderlich sein, Abgrenzungsposten oder -positionen in der Bilanz zu berücksichtigen, welche die notwendige Speicherfunktion übernehmen und es ermöglichen, die Erfolgszahlung richtig zu periodisieren.

Wird eine solche Position auf der Aktivseite der Bilanz eingestellt, handelt es sich um einen **aktiven Rechnungsabgrenzungsposten** oder kurz um einem **aktiven RAP**. Das entsprechende **Konto lautet „RAP aktiv"**. Im umgekehrten Fall spricht man von einem **passiven Rechnungsabgrenzungsposten** oder kurz von einem **passiven RAP**. Das entsprechende **Konto lautet „RAP passiv"**.

Die Berücksichtigung des aktiven Rechnungsabgrenzungspostens

Ein aktiver Rechnungsabgrenzungsposten wird dann gebildet, wenn der Betrieb

a. eine **Erfolgsausgabe für**

b. **eine Dienstleistung** tätigt, **die sich über einen bestimmten Zeitraum erstreckt** und die

c. wenigstens **teilweise erst im Folgejahr in Anspruch genommen** wird, so dass die betreffende Auszahlung für einen Güterverzehr geleistet wird, der zumindest zu einem gewissen Teil das nächste Jahr betrifft.

Im Handels- und Haushaltsrecht werden daher die **aktiven Rechnungsabgrenzungsposten als Ausgaben vor dem Abschlussstichtag** definiert, **soweit sie Aufwand für eine bestimmte Zeit nach diesem Tag darstellen** (vgl. § 250 (1) HGB und § 42 (1) GemHVO NRW). Völlig klar ist diese Definition nicht, allerdings wird deutlich, dass die betreffende Ausgabe zumindest teilweise den Charakter einer Vorauszahlung für die folgende Periode hat. Man spricht hier auch von einer **transitorischen Ausgabe**.

Solche Zahlungen fallen auch im Bereich der Kommunalverwaltung an, so beispielsweise dann, wenn im Verlauf des Geschäftsjahres die Miete oder die Versicherungsprämie für ein Jahr im Voraus gezahlt werden muss.

Beispiel:

Ein kommunales Ausbildungsinstitut zahlt am 1.10. eines Haushaltsjahres die Miete für ein Jahr im Voraus. Die monatliche Miete beträgt 2.000 Euro.

- Folgende Buchungssätze sind **in dem betreffenden Haushaltsjahr** zu berücksichtigen:

    (1.) bei Mietzahlung am 1.10.

Mietaufwand

an

Bank 24.000 Euro

    (2.) vor dem Jahresabschluss

RAP aktiv

an

Mietaufwand 18.000 Euro

Der Vorgang lässt sich folgendermaßen darstellen (Angaben in Euro):

Aktivkonten			Aufwandskonto		
S	Bank	H	S	Mietaufwand	H
		24.000 (1.)	(1.) 24.000		18.000 (2.)
S	RAP aktiv	H			
(2.) 18.000					

Das Buchungsbeispiel macht deutlich, dass zunächst die Mietzahlung in voller Höhe periodisiert wird, also zu Mietaufwand führt. Vor dem Jahresabschluss wird dieser „Fehler" korrigiert; denn das Benutzungsrecht hat man noch nicht in Höhe der gesamten Zahlung in Anspruch genommen. Man hat das Recht, die betreffenden Räumlichkeiten noch 9 Monate im nächsten Jahr zu nutzen. Es handelt sich hier um einen Vermögenswert, der einer Forderung ähnelt. Allerdings erstreckt sich das Recht nicht auf Zahlungsmittel, sondern auf ein anderes Gut. Insofern kann man den Vermögenszugang nicht auf dem Konto „Forderungen" erfassen, sondern muss man ein neues Vermögenskonto „RAP aktiv" bilden. Dieses wird wie jedes andere Vermögenskonto dann in Verbindung mit dem Jahresabschluss zur Bilanz hin abgeschlossen, so dass dort die eigenständige Bilanzposition „Aktiver Rechnungsabgrenzungsposten" ausgewiesen wird.

- **Im Folgejahr** ist dann der folgende Buchungssatz zu berücksichtigen:

Mietaufwand

an

RAP aktiv 18.000 Euro

Der Vorgang lässt sich folgendermaßen darstellen (Angaben in Euro):

	Aktivkonto			Aufwandskonto	
S	RAP aktiv	**H**	**S**	Mietaufwand	**H**
		18.000	18.000		

Im Gegensatz zu den Ausgaben, die periodenübergreifende Vorauszahlungen, beinhalten, führen Ausgaben, die periodenübergreifende **Nachzahlungen** beinhalten, **nicht zur Bildung von Rechnungsabgrenzungsposten.** In diesem Fall spricht man auch von antizipativen Ausgaben. Solche Zahlungen liegen beispielsweise vor, wenn im Verlauf eines Geschäftsjahres die Miete für ein Jahr rückwirkend gezahlt wird.

Beispiel:

Ein kommunales Ausbildungsinstitut zahlt am 1.10. eines Haushaltsjahres die Miete für ein Jahr rückwirkend. Die monatliche Miete beträgt 2.000 Euro.

- **Im vorherigen Haushaltsjahr** wäre folgender Buchungssatz zu berücksichtigen gewesen:

Mietaufwand

an

sonstige Verbindlichkeiten 6.000 Euro

Der Vorgang lässt sich folgendermaßen darstellen (Angaben in Euro):

	Passivkonto			Aufwandskonto	
S	sonstige Verbindlichkeiten	**H**	**S**	Mietaufwand	**H**
		6.000	6.000		

- **Im aktuellen Haushaltsjahr,** d.h. dann, wenn die Auszahlung rückwirkend vorgenommen wird, ist der folgende Buchungssatz zu berücksichtigen:

Mietaufwand 18.000 Euro

und

sonstige Verbindlichkeiten 6.000 Euro

an

Bank 24.000 Euro

Der Vorgang lässt sich folgendermaßen darstellen (Angaben in Euro):

	Aktivkonto			**Aufwandskonto**	
S	Bank	**H**	**S**	Mietaufwand	**H**
		24.000 (1.)	(1.) 18.000		

	Passivkonto	
S	sonstige Verbindlichkeiten	**H**
(1.) 6.000		

Die Berücksichtigung des passiven Rechnungsabgrenzungspostens

Ein passiver Rechnungsabgrenzungsposten wird dann gebildet, wenn der Betrieb

a. eine **Erfolgseinnahme für**

b. **eine Dienstleistung** erhält, **die sich über einen bestimmten Zeitraum erstreckt** und die

c. wenigstens **teilweise erst im Folgejahr vom Abnehmer in Anspruch genommen** wird, so dass die betreffende Einzahlung für eine Güterentstehung geleistet wird, die zumindest zu einem gewissen Teil das nächste Jahre betrifft.

Im Handels- und Haushaltsrecht werden daher die **passiven Rechnungsabgrenzungsposten als Einnahmen vor dem Abschlussstichtag** definiert, **soweit sie Ertrag für eine bestimmte Zeit nach diesem Tag darstellen** (vgl. § 250 (2) HGB und § 42 (3) GemHVO NRW). Völlig klar ist auch diese Definition nicht, allerdings wird deutlich, dass die betreffende Einzahlung zumindest teilweise den Charakter einer empfangenen Vorauszahlung für die folgende Periode hat. Man spricht hier auch von einer **transitorischen Einnahme.** Solche Zahlungen fallen auch im Bereich der Kommunalverwaltung an, so **beispielsweise** dann, wenn die Kommunalverwaltung als Vermieterin eines Objekts im Verlauf des Geschäftsjahres die **Miete für ein Jahr im Voraus** erhält **oder** ihr beispielsweise **Entgelte** gezahlt werden, **die eine Dienstleistung betreffen, die sich über einen Zeitraum erstrecken, der bis in das nächsten Jahr hineinreicht.**

Beispiel:

Ein kommunales Ausbildungsinstitut erhält am 1.10. eines Haushaltsjahres von einem Teilnehmer das Entgelt in Höhe von 900 Euro für einen Kurs im Voraus. Der Kurs beginnt am auch 1.10. und erstreckt sich dann ohne Unterbrechung über einen Zeitraum von 9 Monaten. Der Bereich unterliegt nicht der Umsatzsteuer.

- Folgende Buchungssätze sind **in dem betreffenden Haushaltsjahr** zu berücksichtigen:

(1.) bei Bezahlung

Bank

an

Umsatzerlöse 900 Euro

(2.) vor dem Jahresabschluss

Umsatzerlöse 600 Euro

an

RAP passiv 600 Euro

Der Vorgang lässt sich folgendermaßen darstellen (Angaben in Euro):

Aktivkonto			Ertragskonto		
S	Bank	**H**	**S**	Umsatzerlöse	**H**
(1.) 900			(2.) 600		900 (1.)

Passivkonto		
S	RAP passiv	**H**
		600 (2.)

Das Buchungsbeispiel macht deutlich, dass zunächst die Einnahme in voller Höhe periodisiert wird, also zu Ertrag führt. Vor dem Jahresabschluss wird dieser „Fehler" korrigiert; denn das Entgelt hat man erst zu einem Drittel „verdient". Man muss im nächsten Jahr noch 6 Monate Unterricht erteilen. Ein Teil der Güterentstehung findet also erst im Folgejahr statt. Man „schuldet" dem Teilnehmer am Ende des Jahres, in dem die Bezahlung erfolgt ist, diesen zukünftigen Unterricht. Es ist somit ein Zustand erkennbar, der einer Verbindlichkeit ähnelt. Allerdings „schuldet" der Betrieb dem Teilnehmer keine Zahlungsmittel, sondern ein anderes Gut, nämlich eine zukünftig zu erbringende Dienstleistung. Insofern kann man den Vorgang nicht auf dem Konto „Verbindlichkeiten" erfassen, sondern muss man ein neues Passivkonto „RAP passiv" bilden. Dieses wird wie jedes andere Passivkonto dann am Ende des Geschäftsjahres zur Bilanz hin abgeschlossen, so dass dort die eigenständige Bilanzposition „Passiver Rechnungsabgrenzungsposten" ausgewiesen wird.

- **Im Folgejahr** ist dann der folgende Buchungssatz zu berücksichtigen:

RAP passiv

an

Umsatzerlöse 600 Euro

Der Vorgang lässt sich folgendermaßen darstellen (Angaben in Euro):

	Passivkonto				**Ertragskonto**	
S	RAP passiv	**H**		**S**	Umsatzerlöse	**H**
600						600

Im Gegensatz zu den Einnahmen, die periodenübergreifende Vorauszahlungen beinhalten, führen Einnahmen, die periodenübergreifende Nachzahlungen beinhalten und die man auch antizipative Einnahmen nennt, nicht zur Bildung von Rechnungsabgrenzungsposten. Solche Zahlungen liegen beispielsweise vor, wenn im Verlauf eines Geschäftsjahres die Teilnehmerentgelte rückwirkend gezahlt werden und damit auch Unterricht aus dem Vorjahr bezahlt wird.

Beispiel:

Ein kommunales Ausbildungsinstitut erhält am 1.9. eines Haushaltsjahres von einem Teilnehmer das Entgelt in Höhe von 900 Euro rückwirkend für einen Kurs. Der Kurs begann am 1.10. des Vorjahres und erstreckte sich dann ohne Unterbrechung über einen Zeitraum von 9 Monaten. Der Bereich unterliegt nicht der Umsatzsteuer.

- Folgender Buchungssatz war im Vorjahr zu berücksichtigen:

Forderungen aus L. u. L.

an

Umsatzerlöse 300 Euro

Der Vorgang lässt sich folgendermaßen darstellen (Angaben in Euro):

	Aktivkonto				**Ertragskonto**	
S	Forderungen aus L. u. L.	**H**		**S**	Umsatzerlöse	**H**
300						300

- **Im aktuellen Haushaltsjahr, d.h. im Jahr der Bezahlung,** ist dann der folgende Buchungssatz zu berücksichtigen:

Bank 900 Euro

an

Umsatzerlöse 600 Euro

und

Forderungen aus L. u. L. 300 Euro

Der Vorgang lässt sich folgendermaßen darstellen (Angaben in Euro):

	Aktivkonto				**Ertragskonto**	
S	Bank	H		S	Umsatzerlöse	H
900						600

	Aktivkonto	
S	Forderungen aus L. u. L.	H
		300

5.5 Abschlussbuchungen im Zwei-Komponenten-System

5.5.1 Überblick über einige Besonderheiten in Verbindung mit den Abschlussbuchungen

Im Kapitel 4 haben wir die grundsätzliche Vorgehensweise beim Jahresabschluss bereits erläutert, wobei wir aus didaktischen Gründen einige Vereinfachungen vorgenommen haben. Insofern sind noch einige Ergänzungen erforderlich:

So haben wir bisher nicht immer zwischen dem Schlussbilanzkonto und der eigentlichen Schlussbilanz unterschieden. Beim **Schlussbilanzkonto,** kurz SBK, handelt es sich um das Konto, das am Jahresende die Endbestände der Aktiv- und Passivkonten aufnimmt. Die **Schlussbilanz** selbst ist eine verbindliche „Reinschrift" dessen, was im Schlussbilanzkonto erfasst wird. Je nach Art der rechtlichen Regelung sind bei der Erstellung der Schlussbilanz bestimmte Form- und Gliederungsvorschriften zu beachten, die für das Schlussbilanzkonto nicht gelten. Insofern können sich rein optisch Unterschiede ergeben. Inhaltlich sind Schlussbilanzkonto und Schlussbilanz jedoch grundsätzlich gleich. **Im Falle einer Verlustentstehung** ergeben sich allerdings **Unterschiede: So ist aus buchtechnischen Gründen ein Verlust bzw. Jahresfehlbetrag im Schlussbilanzkonto im Soll zu buchen (als Gegenbuchung zur Buchung im Haben des Gewinn-und-Verlust-Kontos). Haushalts- und handelsrechtliche Vorschriften (vgl. § 266 HGB und § 41 GemHVO) geben jedoch vor, dass ein Verlust bzw. Jahresfehlbetrag auf der Passivseite unter der Position Eigenkapital auszuweisen ist, was dann den Einsatz eines negativen Vorzeichens erforderlich macht.** Häufig wird der Unterschied zwischen der Schlussbilanz und dem Schlussbilanzkonto auch dadurch hervorgehoben, dass man für die Seiten des T-Kontos nicht wie bei der Schlussbilanz die Bezeichnungen „Aktiva und Passiva", sondern nur die Bezeichnungen „Soll und Haben" verwendet. In dieser Schrift werden für das Schlussbilanzkonto beide Bezeichnungen gewählt.

- Ein ähnlicher Hinweis gilt für die **Gewinn- und Verlust-Rechnung** und **das Gewinn-und-Verlust-Konto**, das auch als GuV-Konto bezeichnet wird. Auch diese sind inhaltlich grundsätzlich gleich, können sich aber in Form und Aufbau unterscheiden. So ist beispielsweise nach § 275 HGB die Gewinn- und Verlustrechnung nicht in Form eines T-Kontos, sondern in **Staffelform** zu erstellen. In Abbildung 13 findet sich eine **vereinfachte Darstellung der GuV-Rechnung in der Staffelform** bei Anwendung des so genannten Gesamtkostenverfahrens.

1. Umsatzerlöse ----------
2. Erhöhung oder Verminderung des Bestandes an fertigen und unfertigen Erzeugnissen ----------
3. andere aktivierte Eigenleistungen ----------
4. sonstige betriebliche Erträge - - - - - - - - - -

5. Materialaufwand ----------
6. Personalaufwand ----------
7. Abschreibungen ----------
8. sonstige betriebliche Aufwendungen - - - - - - - - - -

9. Erträge aus Beteiligungen ----------
10. Erträge aus anderen Wertpapieren und Ausleihungen des Finanzanlagevermögens ----------
11. sonstige Zinsen und ähnliche Erträge - - - - - - - - - -

12. Abschreibungen auf Finanzanlagen und auf Wertpapiere des Umlaufvermögens ----------
13. Zinsen und ähnliche Aufwendungen - - - - - - - - - -

14. Ergebnis der gewöhnlichen Geschäftstätigkeit - - - - - -

15. außerordentliche Erträge ----------
16. außerordentliche Aufwendungen - - - - - - -
17. außerordentliches Ergebnis - - - - - -

18. Steuern vom Einkommen und vom Ertrag ----------
19. sonstige Steuern - - - - - - - - - -

22. Jahresüberschuss/Jahresfehlbetrag ====

Abbildung 13: Vereinfachte Darstellung der Gewinn- und Verlust-Rechnung in der Staffelform

Es wird deutlich, dass die Aufwendungen und Erträge nach Gruppen sortiert im Wechsel gelistet werden und zusätzlich noch Zwischenergebnisse ermittelt werden. So beispielsweise das Ergebnis der gewöhnlichen Geschäftstätigkeit. Für die Seiten des Gewinn-und-Verlust-Kontos kann man aus didaktischen Gründen statt der Bezeichnungen „Soll und Haben" auch die Bezeichnungen „Aufwand und Ertrag" wählen. Inhaltliche Unterschiede ergeben sich dadurch nicht.

- Weiterhin haben wir das auf dem Gewinn-und-Verlust-Konto ermittelte Ergebnis, den Erfolg, kurz als Gewinn bzw. Verlust bezeichnet und auf dem Schlussbilanzkonto gegengebucht. **Sowohl die Bezeichnung des Gesamtergebnisses als auch die Verbuchung dieses Betrages fallen bei einzelnen Betriebstypen unterschiedlich aus.** Was die Bezeichnungen anbelangt, so haben wir auf die Begriffe „Jahresüberschuss" und „Jahresfehlbetrag" bereits hingewiesen. Die Unterschiede bei den Abschlussbuchungen werden noch erläutert.

- In der Praxis schließen sich in der Regel die Abschlussbuchungen nicht einfach an die laufende Buchhaltung an, sondern erfährt das doppische System eine Unterbrechung, indem die **Hauptabschlussübersicht** eingefügt wird, die den Ausgangspunkt für die Entwicklung des Jahresabschlusses bildet.

- Weiterhin werden Versuche unternommen, der Ermittlung des **Gesamtergebnisses** die Ermittlung bestimmter **Teilergebnisse** vorzuschalten. So wird beispielsweise in Abbildung 13 (Gewinn- und Verlustrechnung in der Staffelform) zwischen dem „Ergebnis der gewöhnlichen Geschäftstätigkeit" (vgl. Position 14) und dem „außerordentlichen Ergebnis" (vgl. Position 17) unterschieden. Denkbar sind auch andere Varianten, das Jahresergebnis aufzuspalten.

Auf die wichtigsten der genannten Besonderheiten wird nachfolgend eingegangen.

5.5.2 Die Buchung des Erfolges bei einer Einzelunternehmung

Anders als in dieser Schrift erfolgt die Einführung in die doppelte Buchführung in der Regel am Beispiel der **Einzelunternehmung**. Für eine Einzelunternehmung ist unter anderem typisch, dass nicht zwischen verschiedenen Arten des Eigenkapitals unterschieden wird und somit in der Schlussbilanz nur die Position „Eigenkapital" erscheint.

- Die Buchung eines Verlustes -

Wir haben bereits darauf hingewiesen, dass ein negatives Gesamtergebnis in der GuV-Rechnung, d.h. ein (pagatorischer) **Verlust,** nichts anderes ist als eine Reinvermögensverminderung, die ihrerseits einer Eigenkapitalabnahme entspricht.

Insofern führt ein Verlust bei einem Einzelunternehmen unmittelbar zu einer Verringerung des Eigenkapitals.

Buchungstechnisch bedeutet dies, dass in Höhe des Verlustes ein Abgang auf dem Konto „Eigenkapital" zu verzeichnen ist. Anschließend wird dann das Eigenkapitalkonto – wie jedes andere Passivkonto – zur Bilanz hin abgeschlossen.

Beispiel:

Ein Einzelunternehmen wird gegründet. Das Eigenkapital beträgt 1.000 Euro. Der entsprechende Betrag ist auch in der Kasse vorhanden. Weiterhin wird in Höhe von 2.000 Euro ein Bankkredit aufgenommen. Den Betrag lässt sich der Einzelunternehmer auszahlen. Am Jahresende erfolgt, wie vereinbart, eine Zahlung in Höhe von 700 Euro, die sich aus einer Tilgungszahlung in Höhe von 500 Euro und eine Zinszahlung für das laufende Jahr in Höhe von 200 Euro zusammensetzt. Ansonsten sind keine Geschäftsvorfälle zu berücksichtigen. Auf die Eröffnungsbuchungen soll verzichtet werden. Es reicht, wenn die Anfangsbestände auf den entsprechenden Konten erscheinen.

Wie sehen die laufenden und die Abschlussbuchungen aus?

Zunächst werden die Anfangsbestände in Höhe von 1.000 Euro auf dem Konto „Kasse" im Soll und auf dem Konto „Eigenkapital" im Haben eingetragen.

Die laufenden Buchungen beginnen mit der Kreditaufnahme:

(1.)   **Kasse**

an

Bankverbindlichkeiten 2.000 Euro

Am Jahresende werden dann die Tilgungs- und die Zinszahlung gebucht:

(2.)   **Zinsaufwand 200 Euro**

und

Bankverbindlichkeiten 500 Euro

an

Kasse 700 Euro

Es folgen die Abschlussbuchungen, und zwar wird zunächst das Aufwandskonto „Zinsaufwand" zum GuV-Konto hin abgeschlossen. Der Buchungssatz lautet:

(3.)   **GuV-Konto**

an

Zinsaufwand 200 Euro

Dann wird das GuV-Konto zum Eigenkapitalkonto hin abgeschlossen. Buchungssatz:

(4.)   **Eigenkapital**

an

GuV-Konto 200 Euro

Anschließend werden die Aktiv- und die Passivkonten zum Schlussbilanzkonto hin abgeschlossen. Es gelten die folgenden Buchungssätze:

(6.)   **Schlussbilanzkonto**

an

Kasse 2.300 Euro

(7.)   **Eigenkapital**

an

Schlussbilanzkonto 800 Euro

(8.)   **Bankverbindlichkeit**

an

Schlussbilanzkonto 1.500 Euro

Der Zusammenhang lässt sich folgendermaßen darstellen (Angaben in Euro sowie mit EK für Eigenkapital und BV für Bankverbindlichkeit):

	Aktivkonto			**Passivkonto**	
S	Kasse	**H**	**S**	Eigenkapital	**H**
AB 1.000		700 (2.)	(4.) 200 **Verlust**		1.000 AB
(1.) 2.000		2.300 (5.)	(6.) 800		
3.000		*3.000*	*1.000*		*1.000*

	Aufwandskonto			**Passivkonto**	
S	Zinsaufwand	**H**	**S**	Bankverbindlichkeiten	**H**
(2.) 200		200 (3.)	(2.) 500		2.000 (1.)
			(7.) 1.500		
200		*200*	*2.000*		*2.000*

	Schlussbilanzkonto			GuV-Konto	
S		**H**	**S**		**H**
Kasse (5.) 2.300	EK	800 (6.)	(3.) 200		**Verlust** 200 (4.)
	BV	1.500 (7.)			
2.300		*2.300*	*200*		*200*

- Die Buchung eines Gewinns -

Wir haben bereits darauf hingewiesen, dass ein positives Gesamtergebnis in der GuV-Rechnung, d.h. ein (pagatorischer) **Gewinn,** nichts anderes ist als eine Reinvermögenserhöhung, die ihrerseits einer Eigenkapitalzunahme entspricht.

> **Insofern führt ein Gewinn bei einem Einzelunternehmen unmittelbar zu einer Erhöhung des Eigenkapitals.**

Buchungstechnisch bedeutet dies, dass in Höhe des Gewinns ein Zugang auf dem Konto „Eigenkapital" zu verzeichnen ist. Anschließend wird dann das Eigenkapitalkonto – wie jedes andere Passivkonto – zur Bilanz hin abgeschlossen.

Beispiel:

Ein Einzelunternehmen wird gegründet. Das Eigenkapital beträgt 1.000 Euro. Der entsprechende Betrag ist auch in der Kasse vorhanden. Weiterhin wird in Höhe von 2.000 Euro ein Bankkredit aufgenommen. Den Betrag lässt sich der Einzelunternehmer auszahlen. Am Jahresende erfolgt, wie vereinbart, in einer Summe eine Tilgungszahlung in Höhe von 500 Euro und eine Zinszahlung für das laufende Jahr in Höhe von 200 Euro. Weiterhin wird eine Beratungsdienstleistung erbracht und dem Kunden in Rechnung gestellt (Rechnungsbetrag 900 Euro). Ansonsten sind keine Geschäftsvorfälle zu berücksichtigen. Auf die Eröffnungsbuchungen soll verzichtet werden. Es reicht, wenn die Anfangsbestände auf den entsprechenden Konten erscheinen. Weiterhin soll auf die Berücksichtigung der Mehrwertsteuer verzichtet werden.

Wie sehen die laufenden Buchungen und die Abschlussbuchungen aus?

Zunächst werden wieder die Anfangsbestände in Höhe von 1.000 Euro auf dem Konto „Kasse" im Soll und auf dem Konto „Eigenkapital" im Haben eingetragen.

Die laufenden Buchungen beginnen wieder mit der Kreditaufnahme:

(1.)   **Kasse**

an

Bankverbindlichkeiten 2.000 Euro

Am Jahresende werden dann die Tilgungs- und die Zinszahlung gebucht:

(2.)   **Zinsaufwand 200 Euro**

und

Bankverbindlichkeiten 500 Euro

an

Kasse 700 Euro

und schließlich muss noch der Rechnungsausgang erfasst werden:

(3.)   **Forderungen**

an

Umsatzerlöse 900 Euro

Es folgen die Abschlussbuchungen, und zwar werden zunächst das Aufwandskonto „Zinsaufwand" und das Ertragskonto „Umsatzerlöse" zum GuV-Konto hin abgeschlossen. Die Buchungssätze lauten:

(4.)   **GuV-Konto**

an

Zinsaufwand 200 Euro

(5.)   **Umsatzerlöse**

an

GuV-Konto 900 Euro

Dann wird das GuV-Konto zum Eigenkapitalkonto hin abgeschlossen. Buchungssatz:

(6.)   **GuV-Konto**

an

Eigenkapital 700 Euro

Anschließend werden die Aktiv- und die Passivkonten zum Schlussbilanzkonto hin abgeschlossen. Es gelten die folgenden Buchungssätze:

(7.)   **Schlussbilanzkonto**

an

Kasse 2.300 Euro

(8.)   **Schlussbilanzkonto**

an

Forderungen 900 Euro

(9.)   **Eigenkapital**

an

Schlussbilanzkonto 1.700 Euro

(10.)   **Bankverbindlichkeit**

an

Schlussbilanzkonto 1.500 Euro

Der Zusammenhang lässt sich folgendermaßen darstellen (Angaben in Euro sowie mit F für Forderungen, EK für Eigenkapital und BV für Bankverbindlichkeit):

Aktivkonto

S	Kasse		H
AB 1.000			700 (2.)
(1.) 2.000			2.300 (7.)
3.000			*3.000*

Passivkonto

S	Eigenkapital		H
			1.000 AB
(9.) 1.700		Gewinn	700 (6.)
1.700			*1.700*

Aktivkonto

S	Forderungen		H
(3.) 900			900 (8.)
900			*900*

Passivkonto

S	Bankverbindlichkeiten		H
(2.) 500			2.000 (1.)
(10.) 1.500			
2.000			*2.000*

Aufwandskonto

S	Zinsaufwand		H
(2.) 200			200 (4.)
200			*200*

Ertragskonto

S	Umsatzerlöse		H
(5.) 900			900 (3.)
900			*900*

S	GuV-Konto		H
(4.) 200			900 (5.)
(6.) 700 Gewinn			
900			*900*

S	Schlussbilanzkonto		H
Kasse (7.) 2.300		EK	1.700 (9.)
F	(8.) 900	BV	1.500 (10.)
	3.200		*3.200*

5.5.3 Die Buchung des Erfolges bei einer Kapitalgesellschaft

Bei den Kapitalgesellschaften sind bezüglich der Abschlussbuchungen je nach Art der Rechtsform Unterschiede zu beachten. Die grundsätzliche Vorgehensweise ist jedoch ähnlich. Im Rahmen einer Einführungsschrift kann nur diese behandelt werden.

Zunächst ist zu beachten, dass das Eigenkapital **bei Kapitalgesellschaften** differenziert ausgewiesen wird. Es sind **drei Eigenkapitalarten** zu unterscheiden, die man allerdings noch weiter gliedern kann, und zwar

* das „Gezeichnete Kapital"

* die Rücklagen

* der Jahresüberschuss

Bei dem **„Gezeichneten Kapital"** handelt es sich um Eigenkapital, dessen Umfang durch die Satzung festgelegt wird. Es kann nur im Rahmen strenger rechtlicher Vorgaben verändert werden. Darüber hinaus gibt es gesetzlich festgelegte Mindestbeträge. Bei Aktiengesellschaften wird es **Grundkapital** genannt. Bei einer GmbH und bei einem Eigenbetrieb spricht man vom **Stammkapital**.

Bei dem **Jahresüberschuss** handelt es sich um das in dem betreffenden Jahr neu entstandene Eigenkapital. Der Jahresüberschuss ist somit nicht anderes als **das positive Ergebnis der GuV-Rechnung**, das man üblicherweise kurz als **Gewinn** bezeichnet. Ein negatives Ergebnis der GuV-Rechnung, d.h. der **Verlust**, wird bei Kapitalgesellschaften **Jahresfehlbetrag** genannt.

Bei den **Rücklagen** handelt es sich erstens um Eigenkapital, dessen Bildung zwar durch die Satzung geregelt sein kein, dessen Höhe aber im Gegensatz zum Stamm- bzw. Grundkapital nicht fixiert wird. Insofern unterscheiden sie sich vom „Gezeichneten Kapital" dadurch, dass sie leichter als dieses verändert werden können. Zweitens handelt es sich bei den Rücklagen nicht um Eigenkapital, das im laufenden Geschäftsjahr neu entstanden ist; denn hierfür wird, wie soeben erläutert, die Bezeichnung „Jahresüberschuss" verwendet. Insofern handelt es sich bei den Rücklagen um eine Eigenkapitalposition, die zwischen dem „Gezeichneten Kapital" und dem Jahresüberschuss einzuordnen ist. **Rücklagen entstehen üblicherweise dadurch, dass man den Jahresüberschuss nicht oder nur teilweise „ausschüttet" bzw. ganz oder teilweise „einbehält" (thesauriert).** Solche Rücklagen, die durch Gewinneinbehaltung gebildet werden, nennt man **Gewinnrücklagen**. Nur diese sind Gegenstand der nachfolgenden Betrachtung.

Im Hinblick auf die Abschlussbuchungen einer Kapitalgesellschaft ist Folgendes zu beachten: Zum Ende des Geschäftsjahres steht zwar fest, ob und in welcher Höhe ein Jahresüberschuss erzielt wurde, jedoch wird erst im Folgejahr darüber entschieden, wie dieser Jahresüberschuss verwendet werden soll.

Folglich wird in der Schlussbilanz zunächst nur der erzielte Jahresüberschuss ausgewiesen werden. Man kann hier auch von der Buchung der **Gewinnentstehung** sprechen. Bei der Eröffnung für das Folgejahr wird dieser Betrag dann auf ein **Konto „Gewinnverwendung"** gebucht, von dem die weiteren Buchungen, je nach Art der Verwendung, ausgehen. Die Buchungen der Gewinnverwendung gehören somit an sich nicht mehr zum Jahresabschluss, sondern resultieren aus diesem.

- Die Buchung der Gewinnentstehung -

Beispiel (1.Teil):

Eine Kapitalgesellschaft verfügt zu Beginn eines Jahres über Stammkapital in Höhe von 1.000.000 Euro und Gewinnrücklagen, die in den Vorjahren gebildet wurden in Höhe 500.000 Euro. Das Vermögen besteht aus einem Bankguthaben in Höhe von 1.500.000 Euro. Im Verlauf des Jahres werden Honorarkräfte beschäftigt. Das fällige Gehalt in Höhe von 700.000 Euro wird auch überwiesen. Mit Hilfe dieser Kräfte werden Beratungen durchgeführt, die dem Kunden in Rechnung gestellt werden. Die betreffende Rechnung über 900.000 Euro wird im Dezember abgeschickt. Die Zahlungen werden aller Wahrscheinlichkeit nach Anfang des nächsten Jahres eingehen. Auf die Eröffnungsbuchungen soll verzichtet werden. Es reicht, wenn die Anfangsbestände auf den entsprechenden Konten erscheinen. Weiterhin soll auf die Berücksichtigung der Steuern verzichtet werden.

Wie sehen die laufenden Buchungen und die Abschlussbuchungen aus?

Zunächst werden die Anfangsbestände auf den Aktiv- und Passivkonten, und zwar in Höhe von 1.500.000 Euro im Soll auf dem Konto „Bank", in Höhe von 1.000.000 Euro im Haben auf dem Konto „Stammkapital" und in Höhe von 500.000 Euro auf dem Konto „Rücklagen" im Haben eingetragen.

Die laufenden Buchungen beginnen mit der Gehaltszahlung:

(1.)   **Gehaltsaufwand**

an

Bank 700.000 Euro

Es folgt die Buchung der Umsatzerlöse

(2.)   **Forderungen**

an

Umsatzerlöse 900.000 Euro

Damit können die Abschlussbuchungen vorgenommen werden, und zwar werden zunächst das Aufwandskonto „Gehaltsaufwand" und das Ertragskonto „Umsatzerlöse" zum GuV-Konto hin abgeschlossen. Die Buchungssätze lauten:

(3.)   **GuV-Konto**

an

Gehaltsaufwand 700.000 Euro

(4.)   **Umsatzerlöse**

                                             an

                              GuV-Konto 900.000 Euro

Dann wird das GuV-Konto zum Eigenkapitalkonto „Jahresüberschusskonto" hin abgeschlossen. Buchungssatz:

(5.)   **GuV-Konto**

                                             an

                        Jahresüberschusskonto 200.000 Euro

Anschließend werden die Aktiv- und die Passivkonten zum Schlussbilanzkonto hin abgeschlossen. Es gelten die folgenden Buchungssätze:

(6.)   **Schlussbilanzkonto**

                                             an

                                Bank 800.000 Euro

(7.)   **Schlussbilanzkonto**

                                             an

                            Forderungen 900.000 Euro

(8.)   **Stammkapital**

                                             an

                        Schlussbilanzkonto 1.000.000 Euro

(9.)   **Gewinnrücklagen**

                                             an

                          Schlussbilanzkonto 500.000 Euro

(10.)   **Jahresüberschusskonto**

                                             an

                          Schlussbilanzkonto 200.000 Euro

Der Zusammenhang lässt sich folgendermaßen darstellen:

Aktivkonto			**Passivkonto**		
S	Bank	**H**	**S**	Stammkapital	**H**
AB 1.500		700 (1.)	(8.) 1.000		1.000 AB
		800 (6.)			
1.500		*1.500*	*1.000*		*1.000*

Aktivkonto			**Passivkonto**		
S	Forderungen	**H**	**S**	Gewinnrücklagen	**H**
(2.) 900		900 (7.)	(9.) 500		500 AB
900		*900*	*500*		*500*

	Passivkonto	
S	Jahresüberschusskonto	**H**
(10.) 200		200 (5.)
200		*200*

Aufwandskonto			**Ertragskonto**		
S	Gehaltsaufwand	**H**	**S**	Umsatzerlöse	**H**
(1.) 700		700 (3.)	(4.) 900		900 (2.)
700		*700*	*900*		*900*

	GuV-Konto	
S		**H**
(3.) 700		900 (4.)
(5.) 200		
900		*900*

S	Schlussbilanzkonto		**H**
(6.) Bank	800	(8.) Stammkapital	1.000
(7.) Forderungen	900	(9.) Gewinnrücklagen	500
		(10.) Jahresüberschuss	200
	1.700		*1.700*

Angaben in 1.000 Euro

- Die Buchung der Gewinnverwendung -
(bei vollständiger Gewinnverwendung)

Beispiel (2. Teil):

Im Folgejahr wird entschieden, den Jahresüberschuss des Vorjahres zu 70% „auszuschütten" sowie zu 30% einzubehalten und den Gewinnrücklagen zuzuführen. Weiterhin wird die Rechnung über 900.000 Euro per Banküberweisung bezahlt. Gegen Ende des Jahres werden die fälligen „Ausschüttungen" getätigt. Ansonsten geschieht nichts. Auf die Eröffnungsbuchungen soll wieder verzichtet werden. Es reicht, wenn die Anfangsbestände auf den entsprechenden Konten erscheinen. Weiterhin soll wieder auf die Berücksichtigung der Steuern verzichtet werden.

Wie sehen im Folgejahr die laufenden Buchungen und die Abschlussbuchungen aus?

Zunächst werden die Anfangsbestände auf den Aktiv- und Passivkonten, und zwar in Höhe von 800.000 Euro im Soll auf dem Konto „Bank", in Höhe von 900.000 Euro im Soll auf dem Konto „Forderungen", in Höhe von 1.000.000 Euro im Haben auf dem Konto „Stammkapital", in Höhe von 500.000 Euro im Haben auf dem Konto „Rücklagen" und in Höhe von 200.000 Euro im Haben auf dem Konto „Jahresüberschuss" eingetragen.

Die laufenden Buchungen beginnen mit der Umbuchung des Jahresüberschusses des Vorjahres. Auf dem Konto „Jahresüberschuss" wird der Abgang erfasst und auf dem **Konto „Gewinnverwendung"** der entsprechende Zugang. Das Konto „Gewinnverwendung" wird zwar nicht zur Bilanz hin abgeschlossen, aber **es hat gleichwohl den Charakter eines Passivkontos**. Insofern handelt es sich bei diesem Buchungsvorgang lediglich um einen Passivtausch.

(1.)   **Jahresüberschusskonto**

an

Gewinnverwendungskonto 200.000 Euro

Da der Jahresüberschuss des Vorjahres in Höhe von 200.000 Euro zu 70% an die Anteilseigner ausgeschüttet werden soll, ist auf dem Konto „Gewinnverwendung" ein Abgang in Höhe von 140.000 Euro zu buchen.

In diesem Umfang entstehen Verbindlichkeiten gegenüber den Anteilseignern, die auf dem Konto „sonstige Verbindlichkeiten" als Zugang erfasst werden.

(2.)   **Gewinnverwendungskonto**

an

sonstige Verbindlichkeiten 140.000 Euro

Da 30 % des Jahresüberschuss des Vorjahres einbehalten werden, ist auf dem Konto „Gewinnverwendung" ein weiterer Abgang zu buchen, und zwar in Höhe von 60.000 Euro.

In diesem Umfang nehmen gleichzeitig die Gewinnrücklagen zu.

Buchungssatz:

(3.)   **Gewinnverwendungskonto**

an

Gewinnrücklagen 60.000 Euro

Weiterhin ist noch die Bezahlung der alten Rechnung zu buchen:

(4.)   **Bank**

an

Forderungen 900.000 Euro

Letztlich ist noch die Ausschüttung, d.h. die Auszahlung an die Anteilseigner, zu berücksichtigen:

(5.)   **sonstige Verbindlichkeiten**

an

Bank 140.000 Euro

Damit können die Abschlussbuchungen vorgenommen werden.

Da keine Aufwendungen und Erträge entstanden sind, können sofort die Aktiv- und Passivkonten zum Schlussbilanzkonto hin abgeschlossen werden.

Es gilt somit:

(6.)   **Schlussbilanzkonto**

an

Bank 1.560.000 Euro

(7.)   **Stammkapital**

an

Schlussbilanzkonto 1.000.000 Euro

(8.)   **Gewinnrücklagen**

an

Schlussbilanzkonto 560.000 Euro

Der Zusammenhang wird auf der folgenden Seite noch einmal mit Hilfe von T- Konten
dargestellt.

	Aktivkonto	
S	Bank	H
AB 800	140 (5.)
(4.) 900	1.560 (6.)
_1.700_	_1.700_

	Passivkonto	
S	Stammkapital	H
(7.) 1.000	1.000 AB
_1.000_	_1.000_

	Aktivkonto	
S	Forderungen	H
AB 900	900 (4.)
_900_	_900_

	Passivkonto	
S	Gewinnrücklagen	H
(8.) 560	500 AB
	60 (3.)
_560_	_560_

	Passivkonto	
S	Jahresüberschusskonto	H
(1.) 200	200 AB
_200_	_200_

	Passivkonto	
S	Gewinnverwendung	H
(2.) 140	200 (1.)
(3.) 60	
_200_	_200_

	Passivkonto	
S	sonstige Verbindlichkeiten	H
(5.) 140	140 (2.)
_140_	_140_

S	Schlussbilanzkonto		H
(6.) Bank	1.560	(7.) Stammkapital	1.000
		(8.) Gewinnrücklagen	560
	_1.560_		_1.560_

Angaben in 1.000 Euro

5.5.4   Die Buchung von Bilanzgewinn und Bilanzverlust

Abschließend wollen wir noch kurz auf eine Besonderheit eingehen.

Unter bestimmten Bedingungen kann man statt des Jahresüberschusses in der Bilanz den **Posten „Bilanzgewinn"** einstellen. Spiegelbildlich kann statt eines Jahresfehlbetrages in Bilanz der **Posten „Bilanzverlust"** berücksichtigt werden.

Anders als die Bezeichnung „Bilanzgewinn" vermuten lässt, ist damit nicht das in dem betreffenden Jahr erzielte positive Ergebnis gemeint, das nach wie vor unter der Bezeichnung „Jahresüberschuss" in der GuV-Rechnung erscheint und das wir in dieser Schrift kurz als Gewinn bezeichnet haben.

Der **Bilanzgewinn bzw. Bilanzverlust** ergibt sich

* aus dem Jahresüberschuss bzw. Jahresfehlbetrag,
* einem eventuell vorhandenen Gewinnvortrag bzw. Verlustvortrag,
* einer eventuellen Entnahme aus Rücklagen sowie
* einer (beispielsweise aufgrund rechtlicher Regelungen) bereits bei der Aufstellung der Schlussbilanz zu berücksichtigenden Einstellung in die Rücklagen.

Da der Bilanzgewinn bzw. Bilanzverlust aus mehreren Positionen „gespeist" wird, ist zu seiner Ermittlung ein spezielles Konto erforderlich, das **Bilanzergebniskonto**.

- Buchung der Bilanzgewinnentstehung -

Beispiel (1. Teil):

Eine Kapitalgesellschaft verfügt zu Beginn eines Jahres über Stammkapital in Höhe von 1.000.000 Euro und einen Gewinnvortrag in Höhe von 500.000 Euro. Das Vermögen besteht aus einem Bankguthaben in Höhe von 1.500.000 Euro. Im Verlauf des Jahres werden Honorarkräfte beschäftigt. Das fällige Gehalt in Höhe von 700.000 wird auch überwiesen. Mit Hilfe dieser Kräfte wird eine Beratung durchgeführt, die dem Kunden in Rechnung gestellt wird. Die Rechnung über 900.000 Euro wird im Dezember abgeschickt. Die Zahlungen werden aller Wahrscheinlichkeit nach im Folgejahr eingehen. Am Jahresende soll der Bilanzgewinn ausgewiesen werden, wobei zu berücksichtigen ist, das 100.000 Euro in die Gewinnrücklagen eingestellt werden. Auf die Eröffnungsbuchungen soll verzichtet werden. Es reicht, wenn die Anfangsbestände auf den entsprechenden Konten erscheinen. Weiterhin soll auf die Berücksichtigung der Steuern verzichtet werden.

Wie sehen die laufenden Buchungen und die Abschlussbuchungen aus?

Zunächst werden die Anfangsbestände auf den Aktiv- und Passivkonten, und zwar in Höhe von 1.500.000 Euro auf dem Konto „Bank", in Höhe von 1.000.000 Euro im Haben auf dem Konto „Stammkapital" und in Höhe von 500.000 Euro auf dem Konto „Gewinnvortrag" im Haben eingetragen.

Die laufenden Buchungen beginnen mit der Gehaltszahlung:

(1.) **Gehaltsaufwand**

an

Bank 700.000 Euro

Es folgt die Buchung der Umsatzerlöse

(2.) **Forderungen**

an

Umsatzerlöse 900.000 Euro

Damit können die Abschlussbuchungen vorgenommen werden, und zwar werden zunächst das Aufwandskonto „Gehaltsaufwand" und das Ertragskonto „Umsatzerlöse" zum GuV-Konto hin abgeschlossen. Die Buchungssätze lauten:

(3.) **GuV-Konto**

an

Gehaltsaufwand 700.000 Euro

(4.) **Umsatzerlöse**

an

GuV-Konto 900.000 Euro

Dann wird das GuV-Konto zum Bilanzergebniskonto hin abgeschlossen. Buchungssatz:

(5.) **GuV-Konto**

an

Bilanzergebniskonto 200.000 Euro

Anschließend wird das Konto „Gewinnvortrag" zum Bilanzergebniskonto hin abgeschlossen. Buchungssatz:

(6.) **Gewinnvortrag**

an

Bilanzergebniskonto 500.000 Euro

Danach erfolgt vom Konto „Bilanzergebnis" die Zuweisung des oben genannten Betrages in die Rücklagen. Buchungssatz:

(7.)   **Bilanzergebniskonto**

an

Gewinnrücklagen 100.000 Euro

Nunmehr werden wieder die Aktiv- und die Passivkonten zum Schlussbilanzkonto hin abgeschlossen. Es gelten die folgenden Buchungssätze:

(8.)   **Schlussbilanzkonto**

an

Bank 800.000 Euro

(9.)   **Schlussbilanzkonto**

an

Forderungen 900.000 Euro

(10.)   **Stammkapital**

an

Schlussbilanzkonto 1.000.000 Euro

(11.)   **Gewinnrücklagen**

an

Schlussbilanzkonto 100.000 Euro

(12.)   **Bilanzergebniskonto**

an

Schlussbilanzkonto 600.000 Euro

Der Zusammenhang lässt sich folgendermaßen darstellen:

	Aktivkonto			Passivkonto	
S	Bank	**H**	**S**	Stammkapital	**H**
AB 1.500		700 (1.)	(10.) 1.000		1.000 AB
		800 (8.)			
1.500		*1.500*	*1.000*		*1.000*

Aktivkonto				**Passivkonto**		
S	Forderungen	H		S	Gewinnvortrag	H
(2.) 900		900 (9.)		(6.) 500		500 AB
900		*900*		*500*		*500*

	Passivkonto	
S	Gewinnrücklagen	H
(11.) 100		100 (7.)
100		*100*

	Spezialkonto	
S	Bilanzergebnis	H
(7.) 100		**200 (5.)**
(12) 600		500 (6.)
700		*700*

Aufwandskonto				**Ertragskonto**		
S	Gehaltsaufwand	H		S	Umsatzerlöse	H
(1.) 700		700 (3.)		(4.) 900		900 (2.)
700		*700*		*900*		*900*

	GuV-Konto	
S		H
(3.) 700		900 (4.)
(5.) **200**		
900		*900*

S	Schlussbilanzkonto					H
(8.) Bank		800		(10.) Stammkapital		1.000
(9.) Forderungen		900		(11.) Gewinnrücklagen		100
				(12.) Bilanzgewinn		600
		1.700				*1.700*

Angaben in 1.000 Euro

- Die Buchung der Bilanzgewinnverwendung -

Beispiel (2.Teil):

Im Folgejahr wird entschieden, von dem Bilanzgewinn des Vorjahres 250. 000 Euro „auszuschütten", in Höhe von 150.000 Euro einen Gewinnvortrag zu berücksichtigen und 200.000 Euro den Gewinnrücklagen zuzuführen. Weiterhin wird die Rechnung über 900.000 Euro per Banküberweisung bezahlt. Gegen Ende des Jahres werden die fälligen „Ausschüttungen" getätigt. Ansonsten geschieht nichts. Auf die Eröffnungsbuchungen soll wieder verzichtet werden. Es reicht, wenn die Anfangsbestände auf den entsprechenden Konten erscheinen. Weiterhin soll wieder auf die Berücksichtigung der Steuern verzichtet werden.

Wie sehen im Folgejahr die laufenden Buchungen und die Abschlussbuchungen aus?

Zunächst werden die Anfangsbestände auf den Aktiv- und Passivkonten, und zwar in Höhe von 800.000 Euro im Soll auf dem Konto „Bank", in Höhe von 900.000 Euro im Soll auf dem Konto „Forderungen", in Höhe von 1.000.000 Euro im Haben auf dem Konto „Stammkapital", in Höhe von 100.000 Euro im Haben auf dem Konto „Gewinnrücklagen" und in Höhe von 600.000 Euro im Haben auf dem Bilanzergebniskonto eingetragen.

Die laufenden Buchungen beginnen mit der Umbuchung des Bilanzgewinns des Vorjahres. Auf dem Bilanzergebniskonto wird der Abgang erfasst und auf dem Konto „Gewinnverwendung" der entsprechende Zugang.

(1.) **Bilanzergebniskonto**
an
Gewinnverwendungskonto 600.000 Euro

Da der Bilanzgewinn des Vorjahres in Höhe von 250.000 Euro an die Anteilseigner ausgeschüttet werden soll, ist auf dem Konto „Gewinnverwendung" ein Abgang in dieser Höhe zu buchen. In diesem Umfang entstehen Verbindlichkeiten gegenüber den Anteilseignern, die auf dem Konto „sonstige Verbindlichkeiten" als Zugang erfasst werden.

(2.) **Gewinnverwendungskonto**
an
sonstige Verbindlichkeiten 250.000 Euro

Da ein Gewinnvortrag zu berücksichtigen ist, ist auf dem Konto „Gewinnverwendung" ein weiterer Abgang zu buchen, und zwar in Höhe von 150.000 Euro.

In diesem Umfang ist gleichzeitig auf dem Konto Gewinnvortrag ein Zugang zu buchen.

Buchungssatz:

(3.) **Gewinnverwendungskonto**
an
Gewinnvortrag 150.000 Euro

Weiterhin ist noch die Zuführung zu den Gewinnrücklagen zu buchen:

(4.)   **Gewinnverwendungskonto**

an

Gewinnrücklagen 200.000 Euro

Anschließend ist die Bezahlung der alten Rechnung zu buchen:

(5.)   **Bank**

an

Forderungen 900.000 Euro

Letztlich ist noch die Ausschüttung, d.h. die Auszahlung an die Anteilseigner, zu berücksichtigen:

(6.)   **sonstige Verbindlichkeiten**

an

Bank 250.000 Euro

Damit können die Abschlussbuchungen vorgenommen werden.

Da keine Aufwendungen und Erträge entstanden sind, können sofort die Aktiv- und Passivkonten zum Schlussbilanzkonto hin abgeschlossen werden. Es gilt somit:

(7.)   **Schlussbilanzkonto**

an

Bank 1.450.000 Euro

(8.)   **Stammkapital**

an

Schlussbilanzkonto 1.000.000 Euro

(9.)   **Gewinnrücklagen**

an

Schlussbilanzkonto 300.000 Euro

(10.)   **Gewinnvortrag**

an

Schlussbilanzkonto 150.000 Euro

Der Zusammenhang wird auf der folgenden Seite noch einmal mit Hilfe von T-Konten dargestellt.

	Aktivkonto			**Passivkonto**	
S	Bank	**H**	**S**	Stammkapital	**H**
AB 800		250 (6.)	(8.) 1.000		1.000 AB
(5.) 900		1.450 (7.)			
1.700		*1.700*	*1.000*		*1.000*

	Aktivkonto			**Passivkonto**	
S	Forderungen	**H**	**S**	Gewinnrücklagen	**H**
AB 900		900 (5.)	(9.) 300		100 AB
					200 (4.)
900		*900*	*300*		*300*

	Passivkonto	
S	Gewinnvortrag	**H**
(10.) 150		150 (3.)
150		*150*

	Passivkonto	
S	sonstige Verbindlichkeiten	**H**
(6.) 250		250 (2.)
250		*250*

	Spezialkonto	
S	Bilanzergebnis	**H**
(1.) 600		600 AB
600		*600*

	„Passivkonto"	
S	Gewinnverwendung	**H**
(2.) 250		600 (1.)
(3.) 150		
(4.) 200		
600		*600*

Angaben in 1.000 Euro

S		Schlussbilanzkonto		H
(7.) Bank	1.450	(8.)	Stammkapital	1.000
		(9.)	Gewinnrücklagen	300
		(10.)	Gewinnvortrag	150
	1.450			*1.450*

5.5.5 Die Erstellung des Jahresabschlusses mit Hilfe der Hauptabschlussübersicht

Aus der bisherigen Darstellung wird deutlich, dass es sich bei der **doppelten Buchführung** an sich um einen **geschlossenen Kreislauf** handelt, der von Jahr zu Jahr erneut in Gang gesetzt wird:

• Zunächst werden die Aktiv- und Passivkonten eröffnet.

• Dann werden die in dem betreffenden Geschäftsjahr zu berücksichtigenden Vorgänge gebucht.

• Schließlich werden
  – die Aufwands- und Ertragskonten über das GuV-Konto,
  – das GuV-Konto je nach Rechtsform des Betriebs über das Eigenkapitalkonto bzw. ein spezielles Konto und
  – die Aktiv- und Passivkonten über das Schlussbilanzkonto abgeschlossen.

Zu beachten ist noch, dass ein Teil der das Geschäftsjahr betreffenden Buchungen erst am Jahresende vor der Erstellung des Jahresabschlusses vorgenommen wird. Es handelt sich dabei um die so genannten **abschlussvorbereitenden Buchungen**. Sie werden deshalb erst am Jahresende getätigt, weil zur Ermittlung der Beträge oft spezielle Berechnungen erforderlich sind und teilweise die vollständigen Daten auch erst am Jahresende vorliegen.

Zu den abschlussvorbereitenden Buchungen zählen die **Verbuchung der Abschreibungen, der Rechnungsabgrenzungsposten und der Rückstellungen**.

An sich würde durch diese Buchungen der Kreislauf nicht unterbrochen. Da die vorbereitenden Abschlussbuchungen eine erhebliche Bedeutung für das Jahresergebnis haben, werden die ermittelten Beträge jedoch nicht sofort auf den entsprechenden Konten erfasst, sondern führt man zunächst eine **Nebenrechnung** durch, in der geklärt wird, welche Auswirkungen sich ergeben.

Im Rahmen der rechtlichen Möglichkeiten kann man dann noch eventuelle Änderungen vornehmen. **Erst die geklärten Daten fließen vor den Abschlussbuchungen in die Buchhaltung ein.**

Der neben der eigentlichen Buchhaltung durchgeführte Probeabschluss wird mit Hilfe einer Tabelle durchgeführt, die **Hauptabschlussübersicht** genannt wird und deren Grundaufbau nachfolgend erläutert wird (vgl. Abbildung 14). *Um die Betrachtung zu erleichtern, wurden den einzelnen Bilanzen bzw. Gegenüberstellungen der Hauptabschlussübersicht Buchstaben zugeordnet, auf die sich die folgenden Hinweise beziehen.*

a. In der ersten Spalte werden alle Konten aufgeführt, auf denen in dem betreffenden Jahr Buchungen vorgenommen worden sind, also neben den Bestandskonten auch die Erfolgskonten.

b. Anschließend werden unter der Bezeichnung „Anfangsbilanz" in der für das betreffende Konto gültigen Zeile die Anfangsbestände der Aktiva und Passiva aufgeführt.

c. Unter dem Stichwort „Umsatzbilanz" werden dann wieder in der für das einzelne Konto gültigen Zeile im Soll die Zugänge der Aktiva, die Abgänge der Passiva und die Aufwendungen erfasst sowie spiegelbildlich im Haben die Abgänge der Aktiva, die Zugänge der Passiva und die Erträge, allerdings ohne Korrektur- und Umbuchungen sowie ohne vorbereitende Abschlussbuchungen.

d. Unter der Bezeichnung „Summenbilanz" erfolgt eine Zusammenfassung der oben genannten Beträge, und zwar werden die Positionen der Spalte A (Sollspalte) der Anfangsbilanz und der Sollspalte der Umsatzbilanz in der Sollspalte der Summenbilanz sowie spiegelbildlich die Positionen der Spalte P (Habenspalte) der Anfangsbilanz und der Habenspalte der Umsatzbilanz in der Habenspalte der Summenbilanz zusammengefasst.

e. Anschließend wird unter der Bezeichnung „Saldenbilanz I" die Differenz zwischen den in der Summenbilanz bei einem Konto aufgeführten Soll- und Habenbeträgen aufgeführt. In der Regel wird in der Summenbilanz für ein Konto entweder nur ein Betrag im Soll oder nur ein Betrag im Haben ausgewiesen. Dieser wird dann übernommen. Denkbar ist jedoch, dass sowohl im Soll als auch im Haben ein Betrag vorhanden ist – so beispielsweise auf dem Konto Bank, wenn Einnahmen und Ausgaben zu berücksichtigen sind. Dann wird nur der Differenzbetrag übernommen.

(a)	(b) Anfangs-bilanz		(c) Umsatz-bilanz		(d) Summen-bilanz		(e) Salden-bilanz I		(f) vorberei-tende Abschluss-buchungen*		(g) Salden-bilanz II		(h) Schluss-bilanz		(i) GuV-Rechnung	
Konten	A	P	S	H	S	H	S	H	S	H	S	H	A	P	Auf.	Er.

* einschließlich eventueller Um- und Korrekturbuchungen

mit A für Aktiva; P für Passiva; S für Soll; H für Haben; Auf. für Aufwand und Er. für Ertrag

Abbildung 14: Grundaufbau der Hauptabschlussübersicht

f. Unter der Bezeichnung „vorbereitende Abschlussbuchungen sowie Um- und Korrektur-buchungen" werden dann die Abschreibungen, Abgrenzungsposten und Rückstellungen verbucht oder, falls Buchungsfehler festgestellt worden sind, die entsprechenden Korrek-turbuchungen vorgenommen, wobei stets der gleiche Betrag einmal im Soll und einmal im Haben berücksichtigt werden muss – also z.B. bei der Buchung einer Abschreibung auf Fahrzeuge auf dem Konto „Fahrzeuge" eine Habenbuchung und auf dem Aufwandskonto „Abschreibungen auf Fahrzeuge" eine Sollbuchung in gleicher Höhe vorgenommen wird.

g. Die Verrechnung der zuletzt genannten Beträge mit dem Ergebnis der Saldenbilanz I führt zur Saldenbilanz II. Die dort ermittelten Beträge werden dann, je nachdem, ob es sich um ein Aktiv- bzw. Passivkonto oder ein Aufwands- bzw. Ertragskonto handelt,

h. der Schlussbilanz oder

i. der GuV-Rechnung zugeordnet.

j. Die Beträge in der Schlussbilanz und der GuV-Rechnung werden schließlich noch um einen eventuellen Erfolgssaldo ergänzt.

Alles in allem sind also in der Hauptabschlussübersicht 8 Gegenüberstellungen, die überwiegend als Bilanzen bezeichnet werden, zu unterscheiden, und zwar

- die Anfangsbilanz,
- die Umsatzbilanz,
- die Summenbilanz,
- die Saldenbilanz I,
- eine Gegenüberstellung der vorbereitenden Abschlussbuchungen, einschließlich der Um- und Korrekturbuchungen,
- die Saldenbilanz II,
- die Schlussbilanz und
- die GuV-Rechnung.

Obwohl sich bei allen 8 Gegenüberstellungen die in der linken und rechten Spalte erfassten Beträge stets ausgleichen, ist die Verwendung des Begriffs „Bilanz" teilweise etwas irrefüh-rend, so beispielsweise dann, wenn man die Gegenüberstellung von Aufwendungen und Erträge als Umsatzbilanz bezeichnet.

Nachfolgend soll anhand eines stark vereinfachten Beispiels die grundsätzliche Vorgehens-weise verdeutlicht werden (vgl. Abbildung 15).

Beispiel:

Ein Betrieb verfügt zu Beginn eines Jahres über Stammkapital in Höhe von 1.500.000 Euro und Gewinnrücklagen in Höhe von 500.000 Euro. Das Vermögen besteht aus einer Büro- und Geschäftsausstattung im Werte von 500.000 Euro und einem Bankguthaben in Höhe von 1.500.000 Euro. Im Verlauf des Jahres werden die fälligen Gehaltszahlungen in Höhe von 700.000 Euro getätigt. Es wird eine Beratung durchgeführt, die dem Kunden in Rechnung gestellt wird. Die Rechnung über 900.000 Euro wird im Dezember abgeschickt. Die Zahlungen werden aller Wahrscheinlichkeit nach zu Beginn des nächsten Jahres eingehen. Am Jahresende werden noch Abschreibungen auf die Büro- und Geschäftsausstattung in Höhe von 100.000 Euro vorgenommen. Weiterhin werden Rückstellungen in Höhe von 50.000 Euro gebildet.

Aus Gründen der Vereinfachung sind keine Steuerzahlungen zu berücksichtigen und wird das Jahresergebnis in die Schlussbilanz übernommen.

a. In der ersten Spalte werden die Konten aufgeführt, auf denen in dem betreffenden Jahr Buchungen vorgenommen worden sind, also hier die Konten

- Büro- und Geschäftsausstattung,
- Forderungen,
- Bank,
- Stammkapital,
- Gewinnrücklagen,
- Rückstellungen,
- Gehaltsaufwand,
- Abschreibungen,
- Aufwand für die Bildung von Rückstellungen (kurz: sonstiger Aufwand) und
- Umsatzerlöse.

(a) Konten	(b) Anfangsbilanz		(c) Umsatzbilanz		(d) Summenbilanz		(e) Saldenbilanz I		(f) vorbereitende Abschlussbuchungen		(g) Saldenbilanz II		(h) Schlussbilanz		(i) GuV-Rechnung	
	A	P	S	H	S	H	S	H	S	H	S	H	S	H	Auf.	Er.
Büro- und Geschäfts.	500				500		500			100	400		400			
Forderungen			900		900		900				900		900			
Bank	1500			700	1500	700	800				800		800			
Stammkapital		1500				1500		1500				1500		1500		
Gewinnrücklagen		500				500		500				500		500		
Rückstellungen										50		50		50		
Gehaltsaufwand			700		700		700				700				700	
Abschreibungen									100		100				100	
sonstiger Aufwand									50		50				50	
Umsatzerlös				900		900		900				900				900
	2000	2000	1600	1600	3600	3600	2900	2900	150	150	2950	2950	2100	2050	850	900
														50	50	
													2100	2100	900	900

in 1.000 Euro

Abbildung 15: Beispiel für den Einsatz der Hauptabschlussübersicht

b. Anschließend werden unter „Anfangsbilanz" in der Spalte A der Anfangsbestand der Büro- und Geschäftsausstattung und der Anfangsbestand des Bankguthabens sowie in der Spalte P der Anfangsbestand des Stammkapitals und der Anfangsbestand der Gewinnrücklagen aufgeführt.

c. Unter „Umsatzbilanz" werden dann im Soll der Zugang bei den Forderungen und die Gehaltsaufwendungen erfasst sowie im Haben der Abgang auf dem Konto Bank und der Umsatzerlös.

d. Unter „Summenbilanz" erfolgt eine Zusammenfassung der oben genannten Beträge. Im Soll erscheinen somit bei der Büro- und Geschäftsausstattung 500.000 Euro, bei den Forderungen 900.000 Euro, bei der Bank 1.500.000 und beim Gehaltsaufwand 700.000 Euro. Im Haben erscheinen beim Stammkapital 1.500.000 Euro, bei den Gewinnrücklagen 500.000 Euro, bei der Bank 700.000 Euro und bei den Umsatzerlösen 900.000 Euro.

e. Anschließend wird unter der Bezeichnung „Saldenbilanz I" die Differenz zwischen den in der Summenbilanz bei einem Konto aufgeführten Soll- und Habenbeträgen aufgeführt. Im Soll erscheinen damit 500.000 Euro bei der Büro- und Geschäftsausstattung, 900.000 Euro bei den Forderungen, 800.000 Euro bei der Bank und 700.000 Euro Gehaltsaufwand. Im Haben erscheinen 1.500.000 Euro beim Stammkapital, 500.000 Euro bei den Gewinnrücklagen und 900.000 Euro beim Umsatzerlös.

f. Unter „vorbereitende Abschlussbuchungen" werden dann die Abschreibungen im Soll und der entsprechende Abgang bei der Büro- und Geschäftsausstattung in Höhe von 100.000 Euro im Haben erfasst. Auch der sonstige Aufwand für die Bildung der Rückstellungen wird im Soll berücksichtigt und der Zugang bei den Rückstellungen in gleicher Höhe im Haben.

g. Die Verrechnung der zuletzt genannten Beträge mit dem Ergebnis der Saldenbilanz I führt zur Saldenbilanz II. Im Soll sind hier folgende Beträge zu berücksichtigen: Büro- und Geschäftsausstattung 400.000 Euro, Forderungen 900.000 Euro, Bank 800.000 Euro, Gehaltsaufwand 700.000 Euro, Abschreibungen 100.000 Euro und sonstiger Aufwand 50.000 Euro. Im Haben sind folgende Beträge aufzuführen. Stammkapital 1.500.000 Euro, Gewinnrücklagen 500.000 Euro, Rückstellungen 50.000 Euro und Umsatzerlöse 900.000 Euro.

h. Die Beträge für Büro- und Geschäftsausstattung, Forderungen, Bank, Stammkapital, Gewinnrücklagen und Rückstellungen werden in die Schlussbilanz übernommen.

i. Die Aufwendungen und Erträge werden der GuV-Rechnung zugeordnet.

j. Es wird deutlich, dass auf der Passivseite ein Saldo in Höhe von 50.000 Euro einzufügen ist, um die Schlussbilanz auszugleichen. In der GuV-Rechnung ist auf der linken Seite ein gleich hoher Saldo einzufügen, damit auch hier ein Ausgleich hergestellt wird. Da der Saldo dadurch entsteht, dass der Ertrag den Aufwand übersteigt, handelt es sich um einen Gewinnsaldo (einen Jahresüberschuss).

5.5.6   Abschlussbuchungen bei der Ermittlung von Teilergebnissen vor der Ermittlung des Gesamtergebnisses

Die in Abbildung 13 wiedergegebene vereinfachte Darstellung der GuV-Rechnung in der Staffelform zeigt, dass vor der Ermittlung des Gesamtergebnisses die Ermittlung verschiedener Teilergebnisse stattfindet bzw. möglich ist.

So wird unter anderem, worauf wir bereits hingewiesen haben, zwischen **dem Ergebnis der gewöhnlichen Geschäftstätigkeit und dem außerordentlichen Ergebnis** unterschieden. Weiterhin kann man die Positionen 1- 4 als betrieblichen Ertrag und die Positionen 5 - 8 als betrieblichen Aufwand ansehen und die Differenz zwischen dem so definierten betrieblichen Ertrag und dem so definierten betrieblichen Aufwand als Betriebsergebnis bezeichnen. Der restliche Teil des Ergebnisses der gewöhnlichen Geschäftstätigkeit würde dann das Ergebnis der Geschäfte erfassen, die zwar durchaus regelmäßig vorkommen, aber nicht die eigentliche betriebliche Tätigkeit betreffen, sondern eher als Nebengeschäfte einzustufen sind. Da es sich hierbei um Finanzierungs- und Kapitalanlagegeschäfte handelt, wird dieser Teil des Gesamtergebnisses auch als Finanzergebnis bezeichnet.

Aufgrund der handelsrechtlichen GuV-Rechnung lässt sich damit eine **Erfolgsspaltung** in die drei Teilergebnisse **Betriebsergebnis, Finanzergebnis und außerordentliches Ergebnis vornehmen.**

> **Vor einer fehlerhaften Interpretation dieser Teilergebnisse ist allerdings zu warnen.**
>
> **So darf beispielsweise das Betriebsergebnis nicht mit dem Ergebnis der Kosten- und Leistungsrechnung verwechselt werden; denn das Betriebsergebnis beinhaltet teilweise neutrale Erträge und Aufwendungen.**

So führt beispielsweise die Aufdeckung einer stillen Reserve beim Verkauf eines Anlagegutes über Buchwert zu einem sonstigen betrieblichen Ertrag, durch den dann das Betriebsergebnis verbessert wird, obwohl dieser Ertrag nicht auf die betriebliche Tätigkeit selbst zurückzuführen ist.

Wenn man eine sorgfältige und **aussagekräftige Erfolgsspaltung** anstrebt, dann muss man sich von den handelsrechtlichen Vorgaben lösen, was nur bedeuten kann, dass man eine solche Ermittlung von Teilergebnissen keinesfalls im Rahmen der vorgeschriebenen Buchhaltung, sondern nur zusätzlich vornehmen kann. Einem solchen **zusätzlichen Jahresabschluss** könnte beispielsweise eine **Unterscheidung von betriebszweckbezogenem (sachzielbezogenem) und neutralem Jahresergebnis** zu Grunde liegen.

Es wären dann **zwei Vorkonten zum GuV-Konto** zu bilden, und zwar **das Konto „Betriebszweckbezogenes Ergebnis" und das Konto „Neutrales Ergebnis".**

Die Aufwands- und Ertragskonten werden dann nicht unmittelbar zum GuV-Konto hin abgeschlossen, sondern über diese beiden Vorkonten, wobei die betriebsfremden, die periodenfremden und die außerordentlichen Aufwendungen bzw. Erträge auf dem Konto „Neutrales

Ergebnis" und der betriebstypische Aufwand sowie der betriebstypische Ertrag auf dem Konto „Betriebszweckbezogenes Ergebnis" gesammelt werden.

So versucht man, zu erkennen, ob das Gesamtergebnis eher durch Zufälligkeiten oder durch typisches betriebliches Handeln entstanden ist.

Eine solche Erfolgsspaltung ist im Hinblick auf die Beurteilung der Wirtschaftlichkeit sicherlich aussagekräftiger als die handels- bzw. eigenbetriebsrechtliche, die in Abbildung 13 zum Ausdruck kommt. Allerdings werden auch so nicht alle Kosten und Leistungen erfasst, so dass auch die auf dem Konto „Betriebszweckbezogenes Ergebnis" erfassten Beträge eine Kosten- und Leistungsrechnung nicht ersetzen können.

Beispiel:

Ein kommunaler Hafenbetrieb verfügt zu Beginn eines Jahres über Sachanlagen im Werte von 1.000.000 Euro und ein Bankguthaben im Werte von 2.000.000 Euro. Das Stammkapital beträgt 1.500.000 Euro. Die langfristigen Bankverbindlichkeiten haben ebenfalls eine Höhe von 1.500.000 Euro. Im Verlauf des Geschäftsjahres sind folgende Vorfälle zu buchen:

- Bei den Sachanlagen fallen die üblichen Abschreibungen an. Es wird unterstellt, dass diese 100.000 Euro betragen.
- Die Gehaltszahlungen in Höhe von 300.000 Euro, die keine Vor- und Nachzahlungen beinhalten, werden per Banküberweisung getätigt.
- Die fälligen Zinsen in Höhe von 150.000 Euro werden überwiesen.
- Durch ein Jahrhunderthochwasser entstehen Schäden, die durch eine fremde Firma beseitigt werden. Die Rechnungen in Höhe von 300.000 Euro werden ohne Abzug von Skonto zwei Wochen später durch Banküberweisung bezahlt.
- An eine Umweltschutzorganisation werden 1.000 Euro gespendet.
- Der Hafenbetrieb stellt seinen Kunden die im Geschäftsjahr erbrachten Dienstleistungen in Rechnung (Betrag: 1.500.000 Euro).

Aus Gründen der Vereinfachung soll wieder auf die Eröffnungsbuchungen sowie auf die Berücksichtigung der Steuern verzichtet werden. Wie lauten die Buchungssätze?

(1)   **Abschreibungen**

an

Sachanlagen 100.000 Euro

(2)   **Gehaltsaufwand**

an

Bank 300.000 Euro

(3)   **Zinsaufwand**

an

Bank 150.000 Euro

(4)   **außerordentlicher Aufwand**
                                            an
          Verbindlichkeiten aus Lieferung und Leistung 300.000 Euro

(5)   **Verbindlichkeiten aus Lieferung und Leistung**
                                            an
                                Bank 300.000 Euro

(6)   **betriebsfremder Aufwand**
                                            an
                                  Bank 1.000 Euro

(7)   **Forderungen aus Lieferung und Leistung**
                                            an
                            Umsatzerlöse 1.500.000 Euro

Nunmehr werden die betriebszweckbezogenen Aufwendungen und Erträge zum Konto „Betriebszweckbezogenes Ergebnis" abgeschlossen:

(8)   **Betriebszweckbezogenes Ergebnis**
                                            an
                            Abschreibungen 100.000 Euro

(9)   **Betriebszweckbezogenes Ergebnis**
                                            an
                            Gehaltsaufwand 300.000 Euro

(10)   **Betriebszweckbezogenes Ergebnis**
                                            an
                            Zinsaufwand 150.000 Euro

(11)   **Umsatzerlöse**
                                            an
              Betriebszweckbezogenes Ergebnis 1.500.000 Euro

Es folgt der Abschluss der neutralen Aufwendungen und Erträge über das Konto „Neutrales Ergebnis":

(12)   **Neutrales Ergebnis**
                                            an
                      außerordentlichen Aufwand 300.000 Euro

(13)   **Neutrales Ergebnis**

an

betriebsfremden Aufwand 1.000 Euro

Jetzt werden die Konten „Betriebszweckbezogenes Ergebnis" und „Neutrales Ergebnis"
über das GuV-Konto abgeschlossen.

- Auf dem Konto „Betriebszweckbezogenes Ergebnis" ist der Ertrag größer als der Aufwand. Es ist also ein Saldo auf der linken Seite, d.h. im Soll, einzubuchen, um das
  Konto zum Ausgleich zu bringen. Bei diesem Saldo handelt es sich um einen Gewinn,
  genauer um den betriebszweckbezogenen Gewinn. Im GuV-Konto erfolgt dann die
  Gegenbuchung im Haben. Buchungssatz:

(14)   **Betriebszweckbezogenes Ergebnis**

an

GuV-Konto 950.000 Euro

- Auf dem Konto „Neutrales Ergebnis" ist der Aufwand größer als der Ertrag. Es ist also
  ein Saldo auf der rechten Seite, d.h. im Haben, einzubuchen, um das Konto zum Ausgleich zu bringen. Bei diesem Saldo handelt es sich um einen Verlust, genauer um den
  neutralen Verlust. Im GuV-Konto erfolgt dann die Gegenbuchung im Soll. Buchungssatz:

(15)   **GuV-Konto**

an

Neutrales Ergebnis 301.000 Euro

Es folgt der Abschluss der Aktiv- und Passivkonten zum Schlussbilanzkonto hin. Buchungssätze:

(16)   **Schlussbilanzkonto**

an

Sachanlagen 900.000 Euro

(17)   **Schlussbilanzkonto**

an

Forderungen 1.500.000 Euro

(18)   **Schlussbilanzkonto**

an

Bank 1.249.000 Euro

(19)   **Stammkapital**

an

Schlussbilanzkonto 1.500.000 Euro

(20)   **langfristige Bankverbindlichkeiten**

an

Schlussbilanzkonto 1.500.000 Euro

Schließlich wird noch das Ergebnis auf dem GuV-Konto ermittelt und in die Schlussbilanz eingestellt. Dem positiven betriebszweckbezogenen Ergebnis in Höhe von 950.000 Euro, das sich im Haben des GuV-Kontos findet, steht ein negatives neutrales Ergebnis in Höhe von 301.000 Euro gegenüber, das im Soll des GuV-Kontos erfasst wurde. Also muss ein Saldo in Höhe von 649.000 Euro im Soll des GuV-Kontos eingebucht werden, um das Konto auszugleichen. Es handelt sich dabei um einen Gewinn. Die Gegenbuchung erfolgt auf der Passivseite der Schlussbilanz. Buchungssatz:

(21)   **GuV-Konto**

an

Schlussbilanzkonto 649.000 Euro

Der Vorgang lässt sich mit Hilfe von T-Konten folgendermaßen darstellen

Aktivkonten			Passivkonten		

S	Sachanlagen	H	S	Stammkapital	H
AB 1.000		100 (1)	(19) 1.500		**1.500 AB**
		900 (16)			
1.000		*1.000*	*1.500*		*1.500*

S	Forderungen a. L. u. L	H	S	l. Bankverbindlichkeiten	H
(7) 1.500		1.500 (17)	(20) 1.500		**1.500 AB**
1.500		*1.500*	*1.500*		*1.500*

S	Bank	H	S	Verbindlichkeiten a. L. u. L.	H
AB 2.000		300 (2)	(5) 300		300 (4)
		150 (3)			
		300 (5)			
		1 (6)			
		1.249 (18)			
2.000		*2.000*	*300*		*300*

Angaben in 1.000 Euro

Aufwands- und Ertragskonten

S	Abschreibungen	H		S	Gehaltsaufwand	H		S	Zinsaufwand	H
(1) 100		100 (8)		(2) 300		300 (9)		(3) 150		150 (10)
100		*100*		*300*		*300*		*150*		*150*

S	a. o. Aufwand	H		S	btf. Aufwand	H		S	Umsatzerlöse	H
(4) 300		300 (12)		(6) 1		1 (13)		(11) 1.500		1.500 (7)
300		*300*		*1*		*1*		*1.500*		*1.500*

S	Betriebszweckbezogenes Ergebnis	H		S	Neutrales Ergebnis	H
(8) Abschr. 100		Umsatz.1.500 (11)		(12) a. o. Auf. 300		neutraler Verlust 301 (15)
(9) Gehaltsauf. 300				(13) btf. Auf. 1		
(10) Zinsauf. 150						
(14) betriebs. Gewinn 950						
		1.500		*1.500*		*301*	*301*

A	Schlussbilanzkonto	P		S	GuV-Konto	H
(16) Sach. 900		Stamm. 1.500 (19)		(15) neutraler Verlust 301		betriebs. (14) Gewinn 950
(17) Ford. 1.500		l. Bankv. 1.500 (20)				
(18) Bank 1.249		(21) Gewinn 649		(21) Gewinn 649		
	3.649	*3.649*		*950*		*950*

Mit: Abschr. = Abschreibungen; a. L. u. L. = aus Lieferungen und Leistungen; a. o. Aufwand = außerordentlicher Aufwand; betriebs. Gewinn = betriebszweckbezogener Gewinn btf. Aufwand = betriebsfremder Aufwand; Ford. = Forderungen; Gehaltsauf. = Gehaltsaufwand; l. Bankv. = langfristige Bankverbindlichkeiten; Sach. = Sachanlagen; Stamm. = Stammkapital; Umsatz. = Umsatzerlöse; Zinsauf. = Zinsaufwand.

6 Das Drei-Komponenten-System im Überblick

6.1 Der grundsätzliche Verbund zwischen Bilanz, Erfolgs- und Finanzrechnung nach Chmielewicz

Bisher haben wir die doppelte Buchführung, wie dies für die klassischen Buchführungslehrbücher typisch ist, als **Zwei-Komponenten-System** dargestellt, was bedeutet, dass die kaufmännische Buchhaltung letztlich auf zwei Komponenten hinausläuft, nämlich auf das Schlussbilanzkonto und das GuV-Konto. Bei allen anderen Konten handelt es sich im Grunde um Vorkonten zur Bilanz bzw. zum GuV-Konto.

> Dieses Zwei-Komponenten-System dient dazu, den (pagatorischen) Erfolg, d.h. Gewinn bzw. Verlust, zu ermitteln und letztlich den Betrieb im Hinblick auf den Erfolg zu steuern.

Allerdings reicht die Beachtung nur des Erfolgszieles nicht aus. Eine privatwirtschaftliche Unternehmung muss auch jederzeit zahlungsfähig (liquide) sein. **Im Hinblick auf die Beurteilung und Steuerung der Liquidität ist jedoch das auf die Erfolgsermittlung ausgerichtete Zwei-Komponenten-System nicht hinreichend aussagekräftig.**

Dies ist auch hinlänglich bekannt. Diejenigen, die für die **Liquiditätssteuerung** zuständig sind, werten daher stets laufend neben der Buchhaltung die Bestandskonten, auf denen das Geld erfasst wird (d.h. die Konten „Bank"; „Kasse" usw.), **zusätzlich** aus und versuchen auf diesem Wege, die Zahlungsmittelbestände und die Zahlungsströme, d.h. die Auszahlungen und Einzahlungen, zu erfassen. **Es handelt sich dabei um eine von der doppelten Buchführung losgelöste, d.h. statistisch geführte, Finanzrechnung.**

> Wie Klaus Chmielewicz in seiner 1973 erschienenen Schrift „Betriebliches Rechnungswesen - 1 Finanzrechnung" anschaulich dargestellt hat, ist allerdings die buchungstechnische Integration der Finanzrechnung ohne weiteres möglich. Das System der doppelten Buchführung besteht in diesem Fall aus drei Komponenten, und zwar aus einer Bestandsrechnung, der Bilanz, und zwei Stromgrößenrechnungen, der Finanzrechnung und der Erfolgsrechnung.

Beim Abschluss der Buchhaltung wird dann nicht nur das Ergebnis der Erfolgsrechnung, d.h. der Gewinn oder Verlust, sondern auch das Ergebnis der Finanzrechnung, d.h. der Zahlungsmittelendbestand (der Liquiditätssaldo), in die Bilanz eingebucht.

Um den grundsätzlichen Verbund zu verdeutlichen, werden zunächst nur drei T-Konten berücksichtigt, und zwar **das Finanzrechnungskonto, das Bilanzkonto** und das **GuV-Konto**, das wir nunmehr im Drei-Komponentensystem als **Ergebnisrechnungskonto** bezeichnen.

Dabei gilt Folgendes:

* Im Soll des Finanzrechnungskontos wird der Zahlungsmittelanfangsbestand eingetragen und werden die Zugänge (Einzahlungen) gebucht. Im Haben werden die Abgänge (Auszahlungen) erfasst und ein eventueller Zahlungsmittelendbestand.

* Im Soll des Bilanzkontos stehen zunächst nur die Anfangsbestände des Nicht – Geldvermögens, also beispielsweise die Sachanlagen, die Vorräte, die Forderungen usw., das Geldvermögen im engeren Sinn, d.h. der Bestand an Bar- und Buchgeld, allerdings nicht. Im Haben stehen die Anfangsbestände der Kapitalpositionen, also die Anfangsbestände der verschiednen Positionen des Eigen- und Fremdkapitals. Zugänge und Abgänge des Nicht-Geldvermögens werden bei dieser vereinfachten Betrachtung unter Verwendung entsprechender Vorzeichen direkt im Bilanzkonto berücksichtigt.

* Im Soll des Ergebnisrechnungskontos werden die Aufwendungen und im Haben die Erträge erfasst.

Beispiel:

Ein kommunaler Verwaltungsbetrieb tätigt seine Zahlungen ausschließlich über das Konto einer Bank, insofern kann das Konto auch als Finanzrechnungskonto bezeichnet werden. Es ist ein Bankguthaben in Höhe von 1.000.000 Euro vorhanden. Das ursprünglich, d.h. das bei der erstmaligen Eröffnungsbilanz festgelegte Eigenkapital, beträgt 800.000 Euro. In einer Gemeinde wird es nicht als Stamm- oder Grundkapital bezeichnet, in Nordrhein-Westfalen verwendet man hierfür beispielsweise die Bezeichnung „**Allgemeine Rücklage**". Zu berücksichtigen sind noch langfristigen Bankverbindlichkeiten in Höhe von 200.000 Euro. Im Verlauf des Geschäftsjahres werden Gehaltszahlungen in Höhe von 500.000 Euro getätigt. Außerdem werden die Gebührenerträge in Höhe von 800.000 Euro erzielt. Aus Gründen der Vereinfachung wird unterstellt, dass die Einzahlungen sofort erzielt werden. Forderungen sind also nicht zu buchen.

Wie aus der nachfolgenden T-Kontenübersicht hervorgeht, werden zunächst die Anfangsbestände berücksichtigt: Im Soll des Finanzrechnungskontos erscheint ein Betrag in Höhe von 1.000.000 Euro. Im Haben des Bilanzkontos werden der Anfangsbestand der Allgemeinen Rücklagen in Höhe von 800.000 Euro und der Anfangsbestand der langfristigen Bankverbindlichkeiten in Höhe von 200.000 Euro eingetragen.

Nunmehr wird die Gehaltszahlung in Höhe von 500.000 Euro als Abgang (also als Auszahlung) im Finanzrechnungskonto im Haben gebucht. Es handelt sich dabei gleichzeitig um Gehaltsaufwand, der im Soll des Ergebnisrechnungskontos in gleicher Höhe zu berücksichtigen ist (1.).

Anschließend wird der Zugang der Zahlungsmittel, d.h. es werden die Einzahlungen, in Höhe von 800.000 Euro im Soll des Finanzrechnungskontos gebucht. Es handelt sich dabei gleichzeitig um Gebührenerträge, die im Haben des Ergebnisrechnungskontos zu buchen sind (2.).

Finanzrechnungskonto		Bilanzkonto		Ergebnisrechnungskonto	
S	H	S	H	S	H
ZA 1.000	500 (1.)		A. Rü. 800	(1.) 500	
(2.) 800			l. BV 200		800 (2.)
	1.300 ZE	ZE 1.300	Gewinn 300	Gewinn 300	
1.800	*1.800*		*1.300*	*1.300*	*800*	*800*

in 1.000 Euro

Mit: ZA = Zahlungsmittelanfangsbestand; ZE = Zahlungsmittelendbestand; A. Rü. = Allgemeine Rücklage; l. BV = langfristige Bankverbindlichkeiten

Es kann nunmehr das Finanzrechnungskonto abgeschlossen werden (**vgl. die obige Darstellung**). Zahlungsmittelanfangsbestand und Einzahlungen haben zusammen eine Höhe von 1.800 Euro. Demgegenüber liegen die Auszahlungen nur bei 500.000 Euro. Der Saldo muss im Haben des Finanzrechnungskontos eingebucht werden, um das Konto auszugleichen. Es handelt sich um den Liquiditätssaldo, d.h. um den Zahlungsmittelbestand am Jahresende. Die Gegenbuchung muss im Soll des Bilanzkontos vorgenommen werden. Damit wird gleichzeitig der **Zahlungsmittelendbestand (ZE)** in der Bilanz ausgewiesen.

Auf dem Ergebnisrechnungskonto übersteigen die Erträge die Aufwendungen. Also muss ein Sollsaldo eingebucht werden. Die Gegenbuchung erfolgt im Bilanzkonto im Haben. Da die Erträge die Aufwendungen übersteigen, handelt es sich bei dem Saldo um einen **Gewinn**.

Ohne große Schwierigkeiten lässt sich das System weiter ausbauen. Es können Vorkonten zu allen drei Komponenten berücksichtigt werden. Das haben wir bezüglich der Bilanz und des GuV-Kontos bereits erläutert. Insofern müssen wir nunmehr lediglich die Vorkonten zur Finanzrechnung zusätzlich betrachten.

6.2   Das Drei-Komponenten-System mit Zahlungsmittelkonten

Denkbar wäre, dass wir die Vorkonten wie auch in der traditionellen Buchhaltung nach der **Art des Geldes** bilden und wir also für Bargeld das Konto „Kasse" und für Buchgeld das Konto „Bank" wählen. Wir könnten die Einteilung der Vorkonten noch verfeinern, in dem wir den einzelnen Organisationsbereichen bzw. Geldinstituten, über die wir die Auszahlungen und Einzahlungen tätigen, einzelne Konten zuordnen. Wir berücksichtigen dann beispielsweise die Konten „Bank A", „Sparkasse", „Kasse" usw. als Vorkonten zur Finanzrechnung. Man bezeichnet Vorkonten zur Finanzrechnung, die nach der Art des Geldes unterschieden werde, auch als **Zahlungsmittelkonten.**

Beispiel:

Ein kommunaler Verwaltungsbetrieb tätigt seine Zahlungen über ein Konto „Bank" und teilweise bar über das Konto „Kasse". Diese beiden Konten werden als Vorkonten zum Finanzrechnungskonto geführt.

Zu Beginn des Rechnungsjahres gilt Folgendes: Es ist ein Bankguthaben in Höhe von 1.000.000 Euro vorhanden. Der Kassenanfangsbestand hat eine Höhe von 1.000 Euro. Die Allgemeine Rücklage beträgt 800.000 Euro, die in Verbindung mit einem Bauvorhaben entstandenen langfristigen Bankverbindlichkeiten haben eine Höhe von 150.000 Euro und es bestehen noch Verbindlichkeiten aus Treibstofflieferungen in Höhe von 51.000 Euro.

(1) Im Verlauf des Geschäftsjahres werden Zahlungen an Honorarkräfte in Höhe von 500.000 Euro durch Banküberweisungen getätigt. Der Betrag beinhaltet keine Voraus- und Nachzahlungen für andere Haushaltsjahre.

(2) Die oben genannten Verbindlichkeiten aus Treibstofflieferungen in Höhe von 51.000 Euro werden durch Banküberweisungen getilgt.

(3) Ebenfalls durch Banküberweisungen werden die fälligen Zinsen, die in Verbindung mit der oben genannten Bankverbindlichkeit zu berücksichtigen sind, bezahlt, Es handelt sich dabei in voller Höhe um Zinsaufwand (Betrag 7.000 Euro).

(4) Außerdem werden für im laufenden Geschäftsjahr erbrachte Abwasserentsorgungs- dienstleistungen die Gebührenbescheide (die Rechnungen) in Höhe von 800.000 Euro abgeschickt.

(5) Diese werden einige Wochen später, aber noch im gleichen Jahr bezahlt, und zwar je zur Hälfte bar und per Banküberweisung.

(6) Es wird ein Fahrzeug zum Preis von 11.000 Euro gekauft und bar bezahlt.

(7) Am Ende des Jahres wird der Kassenbestand, d.h. der Bargeldbestand, in Höhe von 390.000 Euro bei der Bank eingezahlt.

(8) Ebenfalls am Jahresende werden die Abschreibungen für das Fahrzeug in Höhe von 3.000 Euro berücksichtigt.

Aus Gründen der Vereinfachung gilt folgende Annahme: Die betreffenden Tätigkeiten fallen im „hoheitlichen" Bereich der Gemeinde an, sind also der Mehrwertsteuer nicht unterworfen. Vorsteuer- und Umsatzsteuerkonto sind also nicht zu berücksichtigen.

Zunächst sind die Konten einzurichten: Im Soll des Kontos „Bank" erscheint der Anfangsbestand in Höhe von 1.000.000 Euro. Im Soll des Kontos „Kasse" wird der Anfangsbestand in Höhe von 1.000 Euro erfasst. Im Haben des Kontos „Allgemeine Rücklage" wird der Anfangsbestand in Höhe von 800.000 Euro, im Haben des Kontos „langfristige Bankverbindlichkeiten" wird der Anfangsbestand in Höhe von 150.000 Euro und im Haben des Kontos „Verbindlichkeiten aus Treibstofflieferungen" wird der Anfangsbestand in Höhe von 51.000 Euro berücksichtigt.

Nunmehr wird die Zahlungen an die Honorarkräfte in Höhe 500.000 Euro gebucht. Der Buchungssatz lautet:

(1) **Honoraraufwand**

an

Bank 500.000 Euro

Anschließend wird die Tilgung der Verbindlichkeiten aus Treibstofflieferungen gebucht. Buchungssatz:

(2) **Verbindlichkeiten aus Treibstofflieferungen**

an

Bank 51.000 Euro

Es folgt die Verbuchung der Zinsauszahlung bzw. des Zinsaufwandes:

(3) **Zinsaufwand**

an

Bank 7.000 Euro

Beim Ausgang der Gebührenbescheide (Rechnungsausgang) ergibt sich die folgende Buchung:

(4) **Gebührenforderungen**

an

Gebührenerträge 800.000 Euro

Danach ist noch die Bezahlung der Rechnung zu buchen, wobei zu beachten ist, dass die Beträge teilweise bar bezahlt und teilweise überwiesen werden:

(5)   **Bank 400.000 Euro**
                                       und
                              Kasse 400.000 Euro
                                        an
                         Gebührenforderungen 800.000 Euro

Es folgt die Buchung des Fahrzeugkaufs:

(6)   **Fahrzeuge 11.000 Euro**
                                        an
                              Kasse 11.000 Euro

Es wird der Kassenbestand eingezahlt. Buchung:

(7)   **Bank 390.000 Euro**
                                        an
                              Kasse 390.000 Euro

Am Jahresende sind noch die Abschreibungen zu buchen:

(8)   **Abschreibungsaufwand 3.000 Euro**
                                        an
                              Fahrzeuge 3.000 Euro

Es folgen die **Abschlussbuchungen.**

• Zunächst werden die Aufwands- und Ertragskonten zum **Ergebnisrechnungskonto** hin abgeschlossen:

(9)   **Ergebnisrechnungskonto**
                                        an
                         Honoraraufwand 500.000 Euro

(10)   **Ergebnisrechnungskonto**
                                        an
                           Zinsaufwand 7.000 Euro

(11)   **Ergebnisrechnungskonto**
                                        an
                       Abschreibungsaufwand 3.000 Euro

(12)   **Gebührenerträge**

an

Ergebnisrechnungskonto 800.000 Euro

- Danach werden das Bank- und das Kassenkonto zum Finanzrechnungskonto hin abgeschlosn. In diesem Fall ist das Kassenkonto durch die den Vorgang (7) „leer". Der Endbestand ist 0 Euro. Somit ist lediglich das Bankkonto abzuschließen.

(13)   **Finanzrechnungskonto**

an

Bank 1.232.000 Euro

- Anschließend werden die Positionen des Nicht-Geldvermögens und die Kapitalkonten zum Schlussbilanzkonto hin abgeschlossen.

(14)   **Schlussbilanzkonto 8.000 Euro**

an

Fahrzeuge 8.000 Euro

(15)   **Allgemeine Rücklage**

an

Schlussbilanzkonto 800.000 Euro

(16)   **langfristige Bankverbindlichkeiten**

an

Schlussbilanzkonto 150.000 Euro

- Weiterhin ist noch der **Saldo des Finanzrechnungskonto** in das Schlussbilanzkonto einzustellen:

(17)   **Schlussbilanzkonto**

an

Finanzrechnungskonto 1.232.000 Euro

- Schließlich ist noch **der Saldo des Ergebnisrechnungskontos**, hier ein Gewinn, in die Bilanz zu übernehmen. Buchungssatz:

(18)   **Ergebnisrechnungskonto**

an

Schlussbilanzkonto 290.000 Euro

Der Vorgang lässt sich mit Hilfe von T-Konten folgendermaßen darstellen:

Zahlungsmittelkonten

S	Bank	H
AB 1.000	500	(1)
(5) 400	51	(2)
	7	(3)
(7) 390	1.232	(13)
1790	1790	

S	Kasse	H
AB 1	11	(6)
(5) 400	390	(7)
	401	
401		

Aktivkonten

S	Gebührenfo.	H
(4) 800	800	(5)
800	800	

S	Fahrzeuge	H
(6) 11	3	(8)
	8	(14)
11	11	

Passivkonten

A	Allg. Rü.	H
(15) 800	AB 800	
800	800	

S	lang. Bank	H
(16) 150	AB 150	
150	150	

S	Verb. a. T.	H
(2) 51	AB 51	
51	51	

Aufwandskonten

S	Honorarauf.	H
(1) 500	500	(9)
500	500	

S	Zinsaufwand	H
(3) 7	7	(10)
7	7	

S	Abschreib.	H
(8) 3	3	(11)
3	3	

Ertragskonten

S	Gebührener.	H
(12) 800	800	(4)
800	800	

Finanzrechnungskonto

S		H
(13) 1.232	1.232 LM	(17)
1.232	1.232	

Schlussbilanzkonto

S		H
(14) Fahrzeuge	8	800 Allg. Rü. (15)
		150 lang. Bankv. (16)
(17) LM	1.232	290 (18) JÜ
	1.240	1.240

Ergebnisrechnungskonto

S		H
(9)	500	800 (12)
(10)	7	
(11)	3	
JÜ (18)	290	
	800	800

in 1.000 Euro

Mit: Gebührenfo. für Gebührenforderung; Allg. Rü. für Allgemeine Rücklage; Honorarauf. für Honoraraufwand; Gebührener. für Gebührenertrag; lang. Bankv. für langfristige Bankverbindlichkeit; Abschreib. für Abschreibungsaufwand; LM für Liquide Mittel und JÜ für Jahresüberschuss.

6.3 Das Drei-Komponenten-System mit Finanzrechnungskonten

Die Vorkonten zur Finanzrechnung kann man auch anders gliedern als nach Art des Geldes, z.B. nach der Art der Zahlungen und/oder nach dem Grund der Zahlung. Auch hierauf weist Chmielewicz bereits hin. Demnach sind die Zahlungen zunächst danach zu unterscheiden, ob es sich um Auszahlungen oder Einzahlungen handelt. Danach kann man dann eine weitere Untergliederung der Auszahlungen bzw. Einzahlungen vornehmen vorzunehmen.

Bezogen auf das obige Beispiel würde dies bedeuten, dass wir bezüglich des Finanzrechnungskontos auf die Vorkonten „Bank" und „Kasse" verzichten und stattdessen, die verschiedene **Einzahlungskonten** und **Auszahlungskonten als Vorkonten** berücksichtigen. Als Auszahlungskonten könnte man die Vorkonten „Gehaltsauszahlungen", „Tilgungsauszahlungen" sowie „Zinsauszahlungen" und als Einzahlungskonten könnte man die Vorkonten „Steuereinzahlung", „Gebühreneinzahlung" und „Einzahlung durch Kreditaufnahme" berücksichtigen. Es handelt sich dabei um Konten, die sich in den Kontenrahmen der Unternehmen nicht finden. Solche Vorkonten der Finanzrechnung, die man nach der Zahlungsart bzw. nach dem Zahlungsgrund bildet, werden auch als **Finanzrechnungskonten** bezeichnet. Die beiden wichtigsten Modellvorschläge für eine Umgestaltung des kommunalen Rechnungswesens, die wir nachfolgend noch erläutern werden, beinhalten diese von Chmielewicz angeregte Kontenbildung.

Wir betrachten nachfolgend noch einmal das gleiche Beispiel, das wir bereits in Verbindung mit der Erläuterung der Zahlungsmittelkonten herangezogen haben, um damit nun auch die Buchungen auf Finanzrechnungskonten zu erläutern.

Beispiel:

Ein kommunaler Verwaltungsbetrieb tätigt seine Zahlungen über ein Konto „Bank" und über das Konto „Kasse". Diese beiden Konten werden aber **nicht mehr als Vorkonten** geführt; statt dieser Vorkonten werden **zahlungsartenorientierte Vorkonten** eingerichtet.

Zu Beginn des Rechnungsjahres gilt Folgendes: Es ist ein Bankguthaben in Höhe von 1.000.000 Euro vorhanden. Der Kassenanfangsbestand hat eine Höhe von 1.000 Euro. Die Allgemeine Rücklage beträgt 800.000 Euro, die in Verbindung mit einem Bauvorhaben entstandenen langfristigen Bankverbindlichkeiten haben eine Höhe von 150.000 Euro und es bestehen noch Verbindlichkeiten aus Treibstofflieferungen in Höhe von 51.000 Euro.

(1) Im Verlauf des Haushaltsjahres werden Zahlungen an Honorarkräfte in Höhe von 500.000 Euro durch Banküberweisungen getätigt. Der Betrag beinhaltet keine Voraus- und Nachzahlungen für andere Haushaltsjahre.

(2) Die oben genannten Verbindlichkeiten aus Treibstofflieferungen in Höhe von 51.000 Euro werden durch Banküberweisungen getilgt.

(3) Ebenfalls durch Banküberweisungen werden die fälligen Zinsen, die in Verbindung mit der oben genannten Bankverbindlichkeit zu berücksichtigen sind, bezahlt. Es handelt sich dabei in voller Höhe um Zinsaufwand (Betrag 7.000 Euro).

(4) Außerdem werden für im laufenden Geschäftsjahr erbrachte Abwasserentsorgungs-dienstleistungen die Gebührenbescheide (die Rechnungen) in Höhe von 800.000 Euro abgeschickt.

(5) Diese werden einige Wochen später aber noch im gleichen Jahr bezahlt, und zwar je zur Hälfte bar und per Banküberweisung.

(6) Es wird ein Fahrzeug zum Preis von 11.000 Euro gekauft und bar bezahlt.

(7) Am Ende des Jahres wird der Kassenbestand, d.h. der Bargeldbestand, in Höhe von 390.000 Euro bei der Bank eingezahlt.

(8) Ebenfalls am Jahresende werden die Abschreibungen für das Fahrzeug in Höhe von 3.000 Euro berücksichtigt.

Aus Gründen der Vereinfachung gilt folgende Annahme: Die betreffenden Tätigkeiten fallen im „hoheitlichen" Bereich der Gemeinde an, sind also der Mehrwertsteuer nicht unterworfen. Vorsteuer- und Umsatzsteuerkonto sind also nicht zu berücksichtigen.

Wir erläutern wieder zunächst die Buchungen und die Buchungssätze. Im Anschluss daran findet sich wieder die entsprechende Übersicht mit T-Konten.

Zunächst sind die Konten einzurichten: Im Soll des Finanzrechnungskontos wird der Anfangsbestand an Zahlungsmitteln in Höhe von 1.001.000 Euro eingetragen. Auch andere Vorgehensweisen sind möglich, darauf wird an späterer Stelle noch eingegangen. Im Haben des Kontos „Allgemeine Rücklage" wird der Anfangsbestand in Höhe von 800.000 Euro, im Haben des Kontos „langfristige Bankverbindlichkeiten" wird der Anfangsbestand in Höhe von 150.000 Euro und im Haben des Kontos „Verbindlichkeiten aus Treibstofflieferungen" wird der Anfangsbestand in Höhe von 51.000 Euro berücksichtigt.

Nunmehr wird die Zahlungen an die Honorarkräfte in Höhe 500.000 Euro gebucht. Der Buchungssatz lautet:

(1)   **Honoraraufwand**

an

Honorarauszahlung 500.000 Euro

Anschließend wird die Tilgung der Verbindlichkeiten aus Treibstofflieferungen gebucht. Buchungssatz:

(2) **Verbindlichkeiten aus Treibstofflieferungen**

an

Auszahlung für Treibstoff 51.000 Euro

Es folgt die Verbuchung der Zinsauszahlung bzw. des Zinsaufwandes:

(3) **Zinsaufwand**

an

Zinsauszahlung 7.000 Euro

Beim Ausgang der Gebührenbescheide (Rechnungsausgang) ergibt sich die folgende Buchung:

(4) **Gebührenforderungen**

an

Gebührenerträge 800.000 Euro

Danach ist noch die Bezahlung der Rechnung zu buchen, wobei nunmehr nicht mehr danach getrennt werden kann, dass die Beträge teilweise bar bezahlt und teilweise überwiesen werden:

(5) **Gebühreneinzahlungen 800.000 Euro**

an

Gebührenforderungen 800.000 Euro

Es folgt die Buchung des Fahrzeugkaufs:

(6) **Fahrzeuge 11.000 Euro**

an

Investitionsauszahlungen 11.000 Euro

Es wird der Kassenbestand bei der Bank eingezahlt. In diesem System kann dieser Vorgang nicht gebucht werden.

(7) **Entfällt!**

Am Jahresende sind noch die Abschreibungen zu buchen:

(8)   **Abschreibungsaufwand 3.000 Euro**

an

Fahrzeuge 3.000 Euro

Es folgen die **Abschlussbuchungen.**

• Zunächst werden die Aufwands- und Ertragskonten zum **Ergebnisrechnungskonto** hin abgeschlossen:

(9)   **Ergebnisrechnungskonto**

an

Honoraraufwand 500.000 Euro

(10)   **Ergebnisrechnungskonto**

an

Zinsaufwand 7.000 Euro

(11)   **Ergebnisrechnungskonto**

an

Abschreibungsaufwand 3.000 Euro

(12)   **Gebührenerträge**

an

Ergebnisrechnungskonto 800.000 Euro

• Danach werden die Einzahlungs- und Auszahlungskonten zum Finanzrechnungskonto hin abgeschlossen.

(13)   **Finanzrechnungskonto**

an

Gebühreneinzahlungen 800.000 Euro

(14)   **Honorarauszahlungen**

an

Finanzrechnungskonto 500.000 Euro

(15)   **Auszahlungen für Treibstoff**

an

Finanzrechnungskonto 51.000 Euro

(16)   **Zinsauszahlungen**

an

Finanzrechnungskonto 7.000 Euro

(17)   **Investitionsauszahlungen**

an

Finanzrechnungskonto 11.000 Euro

- Anschließend werden die Positionen des Nicht-Geldvermögens und die Kapitalkonten zum Schlussbilanzkonto hin abgeschlossen.

(18)   **Schlussbilanzkonto 8.000 Euro**

an

Fahrzeuge 8.000 Euro

(19)   **Allgemeine Rücklage**

an

Schlussbilanzkonto 800.000 Euro

(20)   **langfristige Bankverbindlichkeiten**

an

Schlussbilanzkonto 150.000 Euro

- Weiterhin ist noch der **Saldo des Finanzrechnungskonto** in das Schlussbilanzkonto einzustellen:

(21)   **Schlussbilanzkonto**

an

Finanzrechnungskonto 1.232.000 Euro

- Schließlich ist noch **der Saldo des Ergebnisrechnungskontos**, hier ein Gewinn, in die Bilanz zu übernehmen. Buchungssatz:

(22)   **Ergebnisrechnungskonto**

an

Schlussbilanzkonto 290.000 Euro

Der Vorgang wird auf der folgenden Seite mit Hilfe von T-Konten dargestellt.

Einzahlungskonten

S	Gebeinz.	H
(5) 800	800 (13)	
800	*800*	

S		H

Auszahlungskonten

S	Honaus.	H
(14) 500	500 (1)	
500	*500*	

S	Aus. f. T.	H
(15) 51	51 (2)	
51	*51*	

S	Zinsaus.	H
(16) 7	7 (3)	
7	*7*	

S	Investaus.	H
(17) 11	11 (6)	
11	*11*	

Aktivkonten

S	Gebührenf.	H
(4) 800	800 (5)	
800	*800*	

S	Fahrzeuge	H
(6) 11	3 (8)	
	8 (18)	
11	*11*	

Passivkonten

S	Allg. Rü.	H
(19) 800	AB 800	
800	*800*	

S	lang. Bankv.	H
(20) 150	AB 150	
150	*150*	

S	Verb. a. T.	H
(2) 51	AB 51	
51	*51*	

Aufwandskonten

S	Honorarauf.	H
(1) 500	500 (9)	
500	*500*	

S	Zinsaufwand	H
(3) 7	7 (10)	
7	*7*	

S	Abschreib.	H
(8) 3	3 (11)	
3	*3*	

Ertragskonten

S	Gebertr.	H
(12) 800	800 (4)	
800	*800*	

Finanzrechnungskonto

S		H
AB	1.001	500 Honaus. (14)
(13) Gebeinz.	800	51 Aus. f. T. (15)
		7 Zinsaus. (16)
		11 Investaus. (17)
		1.232 LM (21)
	1.801	*1.801*

Schlussbilanzkonto

S		H
(18) Fahrzeuge	8	800 Allg. Rü. (19)
(21) LM	1.232	150 lang. Bankv. (20)
		290 JÜ (22)
	1.240	*1.240*

Ergebnisrechnungskonto

S		H
(9) Honorarauf. 500		800 Gebertr. (12)
(10) Zinsaufwand 7		
(11) Abschreib. 3		
(22) JÜ 290		
800		*800*

in 1.000 Euro

Mit: Gebeinz. für Gebühreneinzahlungen; Honaus. für Honorarauszahlungen; Aus. f. T. für Auszahlungen für Treibstoff; Zinsaus. für Zinsauszahlungen; Investaus. für Investitionsauszahlungen; Gebührenf. für Gebührenforderungen; Allg. Rü. für Allgemeine Rücklage; lang. Bankv. für langfristig Bankverbindlichkeit; Honorarauf. für Honoraraufwand; Abschreib. für Abschreibungen; Gebertr. für Gebührenertrag

6.4 Statistisches Mitführen der Zahlungsmittel- oder Finanzrechnungskonten

Die vorherigen Betrachtungen haben gezeigt, dass man **entweder** Zahlungsmittelkonten **oder** Finanzrechnungskonten als Vorkonten zur Finanzrechnung berücksichtigen und damit in den doppischen Buchungskreis aufnehmen kann. Entscheidet man sich für Zahlungsmittelkonten, dann fehlen die Informationen über die Zahlungsarten. Entscheidet man sich für Finanzrechnungskonten, dann fehlen Informationen über die Art der Zahlungsmittel, also über die Art des Geldvermögens am Bilanzstichtag.

Beide Arten von Informationen werden in einem kommunalen Verwaltungsbetrieb benötigt.

Einerseits muss die Einhaltung des Haushaltsplans überwacht werden. Da dieser traditionell nach Zahlungsarten gegliedert ist, muss man auch bei der laufenden Buchführung nach Zahlungsarten unterscheiden. Das gilt auch für das moderne kommunale Rechnungswesen bzw. Finanzmanagement, zu dem auf der Planungsebene auch einen Finanzplan gehört, der eine Gliederung nach Zahlungsarten beinhaltet.

Andererseits muss das Vermögen klar ausgewiesen werden. Das gilt auch für das Geldvermögen im engeren Sinn. Sowohl für den Jahresabschluss als auch im Hinblick auf die laufende Liquiditätssteuerung muss also stets deutlich werden, über welche Art von Zahlungsmitteln man verfügt und bei welchen Instituten die Konten geführt werden.

Aus dieser Notwendigkeit ergibt sich folgende Konsequenz:

- Führt man die Vorkonten zur Finanzrechnung als Finanzrechnungskonten, dann muss man zusätzlich außerhalb des Buchungskreises festhalten, ob es sich bei den Geldbewegungen um Bar- oder Buchgeld handelt und welches Geldinstitut in den Vorgang einbezogen wird. Man muss also außerhalb des Buchungskreises in einem Nebenbuch auf den Konten „Kasse" und „Bank" sowie den betreffenden Vorkonten „Bank A", „Bank B" usw. buchen. Man spricht in diesem Zusammenhang von dem **„statistischen Mitführen der Zahlungsmittelkonten"**.
  Dadurch wird der eigentliche Buchungssatz um einen entsprechenden Hinweis ergänzt.

Beispiel:

Im Verlauf eines Haushaltsjahres werden Zahlungen an Honorarkräfte in Höhe von
2.000 Euro durch Banküberweisung getätigt. Der Betrag beinhaltet keine Vor- und Nachzahlungen.

Buchungssatz:

Honoraraufwand 2.000 Euro

an

Honorarauszahlung 2.000 Euro

unter statistischem Mitführen des Kontos „Bank"

- Führt man die Vorkonten zur Finanzrechnung als Zahlungsmittelkonten, dann muss man
zusätzlich außerhalb des Buchungskreises festhalten, ob es sich bei den Geldbewegungen
um Einzahlungen oder Auszahlungen handelt und wofür die betreffende Zahlung getätigt
wurde. Man muss also außerhalb des Buchungskreises in einem Nebenbuch auf den
Finanzrechnungskonten buchen. Man spricht in diesem Zusammenhang von dem **„statistischen Mitführen der Finanzrechnungskonten"**.
Dadurch wird der eigentliche Buchungssatz um einen entsprechenden Hinweis ergänzt.

Beispiel:

Im Verlauf eines Haushaltsjahres werden Zahlungen an Honorarkräfte in Höhe von
2.000 Euro durch Banküberweisung getätigt. Der Betrag beinhaltet keine Vor- und Nachzahlungen.

Buchungssatz:

Honoraraufwand 2.000 Euro

an

Bank 2.000 Euro

unter statistischem Mitführen des Kontos „Honorarauszahlung"

Welche Variante man einsetzt, hängt erst einmal von den rechtlichen Regelungen ab. Der
Gesetz- bzw. Verordnungsgeber kann also vorgeben, dass beispielsweise die Finanzrechnungs-
rechnungskonten in den doppischen Buchungskreis aufzunehmen und die Zahlungsmittelkonten
statistisch mitzuführen sind. Eine solche Vorgabe würde dann das **Drei-Komponenten-System
in „Reinkultur"** vorschreiben. Wird die andere Variante gewählt, ist es an sich nicht mehr
gerechtfertigt von einem Drei-Komponenten-System zu sprechen. Es handelt sich dann im
Grunde um ein **Zwei-Komponenten-System mit einem zusätzlichen Nebenbuch,** das eine
Gliederung nach Zahlungsarten beinhaltet. Wenn die rechtlichen Regelungen den Gemeinden
die Wahl lassen, ob sie **das „echte" Drei-Komponenten-System oder das „erweiterte" Zwei-
Komponenten-System** einsetzen, liegt es nahe, diese Entscheidung in Verbindung mit der Aus-
wahl der Software für das neue Haushalts- und Rechnungswesen zu treffen.

Nachfolgend wird das „echte" Drei-Komponenten-System behandelt und, so weit dies für die
Erläuterungen notwendig erscheint, werden die Zahlungsmittelkonten statistisch mitgeführt.

Damit gilt der nachfolgende **Überblick über die Konten und Buchungen im Drei-Komponenten-System** (vgl. Abbildung 16).

Komponente 1

Einzahlungskonten		Auszahlungskonten	
S	H	S	H
Einzahlungen			Auszahlungen
	Saldo Einzahlungen 1	Saldo Auszahlungen 1	

Einzahlungskonten		Auszahlungskonten	
S	H	S	H
Einzahlungen			Auszahlungen
	Saldo Einzahlungen 2	Saldo Auszahlungen 2	

Finanzrechnungskonto

S	H
Saldo Einzahlungen 1	Saldo Auszahlungen 1
Saldo Einzahlungen 2	Saldo Auszahlungen 2
Liquiditätssaldo	Liquiditätssaldo

Komponente 2

Aktivkonten		Passivkonten	
S	H	S	H
Anfangsbestand	Abgänge	Abgänge	Anfangsbestand
Zugänge	Saldo Aa	Saldo Pa	Zugänge

Aktivkonten		Passivkonten	
S	H	S	H
Anfangsbestand	Abgänge	Abgänge	Anfangsbestand
Zugänge	Saldo Ab	Saldo Pb	Zugänge

Schlussbilanzkonto

S	H
Saldo Aa	Saldo Pa
Saldo Ab	Saldo Pb
Gewinnsaldo	Gewinnsaldo

Komponente 3

Aufwandskonten		Ertragskonten	
S	H	S	H
Aufwendungen	Saldo Aufwendungen I	Saldo Erträge I	Erträge

Aufwandskonten		Ertragskonten	
S	H	S	H
Aufwendungen	Saldo Aufwendungen II	Saldo Erträge II	Erträge

Ergebnisrechnungskonto

S	H
Saldo Aufwendungen I	Saldo Erträge I
Saldo Aufwendungen II	Saldo Erträge II
Gewinnsaldo	Gewinnsaldo

Abbildung 16: Überblick über die Konten und Buchungen im Drei-Komponenten-System

6.5   Einsatz des NKF-Kontenrahmens und des NKF-Kontenplans

Für ein Drei-Komponenten-System ist eine spezielle Abgrenzung und Zusammenstellung von Konten, d.h. ein besonderer **Kontenplan,** erforderlich. Dies ist, wie wir bereits erwähnt haben, darauf zurückzuführen, dass im Gegensatz zur traditionellen Doppik das Finanzrechnungskonto sowie die Einzahlungs- und Auszahlungskonten zu berücksichtigen sind.

Wird das Drei-Komponenten-System im kommunalen Bereich angewandt, muss der Kontenplan zusätzlich den Besonderheiten in den Städten, Kreisen und Gemeinden Rechnung tragen. So weist die kommunale Bilanz erhebliche Unterschiede gegenüber der Bilanz einer Unternehmung auf, was dazu führt, dass auch die Bestandskonten aus dem kaufmännischen Rechnungswesen nicht einfach übernommen werden können, sondern auf die Kommunalverwaltung zugeschnitten werden müssen. Zusätzlich ergeben sich auch Unterschiede bei den Aufwendungen und Erträgen. Zu denken ist hier beispielsweise an Steuererträge. Einige Bundesländer haben inzwischen solche Kontenpläne für die Verwaltungsdoppik im kommunalen Bereich erarbeitet.

Nachfolgend soll beispielhaft die Vorgehensweise in Nordrhein-Westfalen behandelt werden. Hier wird zwischen dem **Kontenrahmen** und dem **Kontenplan** unterschieden. **Verbindlich ist nur der Kontenrahmen, der allerdings mit den ersten beiden Ebenen des Kontenplans übereinstimmt.** Der Kontenplan selbst dient nur als Orientierungshilfe. Man spricht in diesem Zusammenhang auch von dem „nicht normierten NKF-Recht".

Typisch für die Vorschläge in Nordrhein Westfalen ist die Unterscheidung von **Kontenklassen, Kontengruppen, Kontenarten** und **Konten,** wobei das Konto zunächst einmal die kleinste Einheit ist und infolgedessen die Buchung aufnimmt. Bei Bedarf können allerdings auch **Unterkonten** gebildet werden.

Dabei gilt folgender Zusammenhang:

*   mehrere Konten ergeben eine Kontenart,

*   mehrere Kontenarten ergeben eine Kontengruppe und

*   mehrere Kontengruppen werden in einer Kontenklasse zusammengefasst.

Abbildung 17 vermittelt einen Überblick über den Aufbau eines solchen **NKF-Kontenplans**.

Kontenklasse					
Kontengruppe				Kontengruppe	Kontengruppe
Kontenart			Kontenart		
Konto	Konto	Konto			

Abbildung 17: Grundaufbau des NKF-Kontenplans

Wie bereits erwähnt, hat man lediglich die Kontenklassen und die Kontengruppen verbindlich vorgegeben. Die Bildung der Kontenarten innerhalb der verbindlichen Kontengruppe und die Bildung der Konten innerhalb einer Kontenart sind nicht vorgeschrieben. Hierfür liegen, wie bereits gesagt, unverbindliche Vorschläge vor. Abbildung 18 beinhaltet den **NKF-Kontenrahmen**, den die nordrhein-westfälischen Städte, Kreise und Gemeinden zu beachten haben.

Die Kontenklassen 0 und 1 nehmen die Aktiva, d.h. das Vermögen auf, wobei sich die Reihenfolge von der vorgeschrieben Bilanzgliederung ableiten lässt. Die Kontenklassen 2 und 3 sind für die Passiva reserviert, wobei die Reihenfolge wieder auf die Bilanzgliederung zurückzuführen ist. Danach kommen die Erträge, zu deren Erfassung die Kontenklasse 4 dient, und die Aufwendungen, für die die Kontenklasse 5 vorgesehen ist. Die Einzahlungskonten fallen in die Kontenklasse 6. Für die Auszahlungen ist die Kontenklasse 7 heranzuziehen. Die Abschlusskonten werden in der Kontenklasse 8 berücksichtigt. Die Kontenklasse 9 ist zunächst nicht weiter zu beachten und dient der späteren Ausgestaltung der Kosten- und Leistungsrechnung.

Nachfolgend setzen wir den NKF-Kontenrahmen bei den Buchungen ein, wobei wir das folgende bereits bekannte Beispiel verwenden:

Beispiel

Zu Beginn des Rechnungsjahres gilt Folgendes: Es ist ein Bankguthaben in Höhe von 1.000.000 Euro vorhanden. Der Kassenanfangsbestand hat eine Höhe von 1.000 Euro. Die Allgemeine Rücklage beträgt 800.000 Euro, die in Verbindung mit einem Bauvorhaben entstandenen langfristigen Bankverbindlichkeiten haben eine Höhe von 150.000 Euro und es bestehen noch Verbindlichkeiten aus Treibstofflieferungen in Höhe von 51.000 Euro.

Haushaltsrechtlicher NKF - Kontenrahmen

Aktiva		Passiva		Ergebnisrechnung		Finanzrechnung		Abschluss	KLR
Kontenklasse 0	Kontenklasse 1	Kontenklasse 2	Kontenklasse 3	Kontenklasse 4	Kontenklasse 5	Kontenklasse 6	Kontenklasse 7	Kontenklasse 8	Kontenklasse 9
Immaterielle Vermögensgegenstände und Sachanlagen	Finanzanlagen, Umlaufvermögen und aktive Rechnungsabgrenzung	Eigenkapital, Sonderposten und Rückstellungen	Verbindlichkeiten und passive Rechnungsabgrenzung	Erträge	Aufwendungen	Einzahlungen	Auszahlungen	Abschlusskonten	Konten- und Leistungsrechnung
00 –	10 Anteile an verbundenen Unternehmen	20 Eigenkapital	30 Anleihen	40 Steuern und ähnliche Abgaben	50 Personalaufwendungen	60 Steuern und ähnliche Abgaben	70 Personalauszahlungen	80 Eröffnungs-/ Abschlusskonten	90 Konten- und Leistungsrechnung (KLR)
01 Immaterielle Vermögensgegenstände	11 Beteiligungen	21 Wertberichtigungen (kein Bilanzansatz)	31 ...	41 Zuwendungen und allgemeine Umlagen	51 Versorgungsaufwendungen	61 Zuwendungen und allgemeine Umlagen	71 Versorgungsauszahlungen	81 Korrekturkonten	
02 Unbebaute Grundstücke und grundstücksgleiche Rechte	12 Sondervermögen	22 –	32 Verbindlichkeiten aus Krediten für Investitionen	42 Sonstige Transfererträge	52 Aufwendungen für Sach- und Dienstleistungen	62 Sonstige Transfereinzahlungen	72 Auszahlungen für Sach- und Dienstleistungen	82 Kurzfristige Erfolgsrechnung	Die Ausgestaltung der KLR ist von jeder Kommune selbst festzulegen.
03 Bebaute Grundstücke und grundstücksgleiche Rechte	13 Ausleihungen	23 Sonderposten	33 Verbindlichkeiten aus Krediten zur Liquiditätssicherung	43 Öffentlich-rechtliche Leistungsentgelte	53 Transferaufwendungen	63 Öffentlich-rechtliche Leistungsentgelte	73 Transferauszahlungen		
04 Infrastrukturvermögen	14 Wertpapiere	24 ...	34 Verbindlichkeiten aus Vorgängen, die Kreditaufnahmen wirtschaftlich gleichkommen	44 Privatrechtliche Leistungsentgelte, Kostenerstattungen und Kostenumlagen	54 Sonstige ordentliche Aufwendungen	64 Privatrechtliche Leistungsentgelte, Kostenerstattungen und Kostenumlagen	74 Sonstige Auszahlungen aus der Verwaltungstätigkeit		
05 Bauten auf fremdem Grund und Boden	15 Vorräte	25 Pensionsrückstellungen	35 Verbindlichkeiten aus Lieferungen und Leistungen	45 Sonstige ordentliche Erträge	55 Zinsen und sonstige Finanzaufwendungen	65 Sonstige Einzahlungen aus laufender Verwaltungstätigkeit	75 Zinsen und sonstige Finanzauszahlungen		
06 Kunstgegenstände, Kulturdenkmäler	16 Öffentlich-rechtliche Forderungen und Forderungen aus Transferleistungen	26 Rückstellungen für Deponien und Altlasten	36 Verbindlichkeiten aus Transferleistungen	46 Finanzerträge	56 ...	66 Zinsen und sonstige Finanzeinzahlungen	76 –		
07 Maschinen und technische Anlagen, Fahrzeuge	17 Privatrechtliche Forderungen, sonstige Vermögensgegenstände	27 Instandhaltungsrückstellungen	37 Sonstige Verbindlichkeiten	47 Aktivierte Eigenleistungen, Bestandsveränderungen	57 Bilanzielle Abschreibungen	67 –	77 –		
08 Betriebs- und Geschäftsausstattung	18 Liquide Mittel	28 Sonstige Rückstellungen	38 –	48 Erträge aus internen Leistungsbeziehungen	58 Aufwendungen aus internen Leistungsbeziehungen	68 Einzahlungen aus Investitionstätigkeit	78 Auszahlungen aus Investitionstätigkeit		
09 Geleistete Anzahlungen, Anlagen im Bau	19 Aktive Rechnungsabgrenzung	29 –	39 Passive Rechnungsabgrenzung	49 Außerordentliche Erträge	59 Außerordentliche Aufwendungen	69 Einzahlungen aus Finanzierungstätigkeit	79 Auszahlungen aus Finanzierungstätigkeit		

Abbildung 18: NKF – Kontenrahmen für die nordrhein-westfälischen Städte, Kreise und Gemeinden

(1) Im Verlauf des Haushaltsjahres werden Zahlungen an Honorarkräfte in Höhe von 500.000 Euro durch Banküberweisungen getätigt. Der Betrag beinhaltet keine Voraus- und Nachzahlungen für andere Haushaltsjahre.

(2) Die oben genannten Verbindlichkeiten aus Treibstofflieferungen in Höhe von 51.000 Euro werden durch Banküberweisungen getilgt.

(3) Ebenfalls durch Banküberweisungen werden die fälligen Zinsen, die in Verbindung mit der oben genannten Bankverbindlichkeit zu berücksichtigen sind, bezahlt. Es handelt sich dabei in voller Höhe um Zinsaufwand (Betrag 7.000).

(4) Außerdem werden für im laufenden Geschäftsjahr erbrachte Abwasserentsorgungs- dienstleistungen die Gebührenbescheide (die Rechnungen) in Höhe von 800.000 Euro abgeschickt.

(5) Diese werden einige Wochen später aber noch im gleichen Jahr bezahlt, und zwar je zur Hälfte bar und per Banküberweisung.

(6) Es wird ein Fahrzeug zum Preis von 11.000 Euro gekauft und bar bezahlt.

(7) Am Ende des Jahres wird der Kassenbestand, d.h. der Bargeldbestand, in Höhe von 390.000 Euro bei der Bank eingezahlt.

(8) Ebenfalls am Jahresende werden die Abschreibungen für das Fahrzeug in Höhe von 3.000 Euro berücksichtigt.

Aus Gründen der Vereinfachung gilt wieder folgende Annahme: Die betreffenden Tätigkei- ten fallen im „hoheitlichen" Bereich der Gemeinde an, sind also der Mehrwertsteuer nicht unterworfen. Vorsteuer- und Umsatzsteuerkonto sind also nicht zu berücksichtigen.

Wir erläutern wieder die Buchungen und die Buchungssätze. Dabei vermerken wir hinter der Bezeichnung des Kontos in Klammern die zweistelligen Nummern aus dem **NKF-Kon- tenrahmen**.

Zunächst sind die Konten einzurichten: Im Soll des Finanzrechnungskontos (80) wird der Anfangsbestand an Zahlungsmitteln in Höhe von 1.001.000 Euro eingetragen. Im Haben des Kontos „Allgemeine Rücklage"(20) wird der Anfangsbestand in Höhe von 800.000 Euro, im Haben des Kontos „langfristige Bankverbindlichkeiten"(32) wird der Anfangs- bestand in Höhe von 150.000 Euro und im Haben des Kontos „Verbindlichkeiten aus Treib- stofflieferungen"(35) wird der Anfangsbestand in Höhe von 51.000 Euro berücksichtigt.

Nunmehr wird die Zahlungen an die Honorarkräfte in Höhe 500.000 Euro gebucht. Der Buchungssatz lautet:

(1)   **Honoraraufwand (50)**

an

Honorarauszahlung (70) 500.000 Euro

Anschließend wird die Tilgung der Verbindlichkeiten aus Treibstofflieferungen gebucht. Buchungssatz:

(2)   **Verbindlichkeiten aus Treibstofflieferungen (35)**

an

Auszahlung für Treibstoff (72) 51.000 Euro

Es folgt die Verbuchung der Zinsauszahlung bzw. des Zinsaufwandes:

(3)   **Zinsaufwand (55)**

an

Zinsauszahlung (75) 7.000 Euro

Beim Ausgang der Gebührenbescheide (Rechnungsausgang) ergibt sich die folgende Buchung:

(4)   **Gebührenforderungen (16)**

an

Gebührenerträge (43) 800.000 Euro

Danach ist noch die Bezahlung der Rechnung zu buchen, wobei nunmehr nicht mehr danach getrennt werden kann, dass die Beträge teilweise bar bezahlt und teilweise überwiesen werden:

(5)   **Gebühreneinzahlungen (63) 800.000 Euro**

an

Gebührenforderungen (16) 800.000 Euro

Es folgt die Buchung des Fahrzeugkaufs:

(6)   **Fahrzeuge (07) 11.000 Euro**

an

Investitionsauszahlungen (78) 11.000 Euro

Es wird der Kassenbestand bei der Bank eingezahlt. In diesem System kann dieser Vorgang nicht gebucht werden.

(7)   **Entfällt!**

Am Jahresende sind noch die Abschreibungen zu buchen:

(8)   **Abschreibungsaufwand (57) 3.000 Euro**

an

Fahrzeuge (07) 3.000 Euro

Es folgen die **Abschlussbuchungen.**

- Zunächst werden die Aufwands- und Ertragskonten zum **Ergebnisrechnungskonto** hin abgeschlossen:

(9)   **Ergebnisrechnungskonto (80)**

an

Honoraraufwand (50) 500.000 Euro

(10)   **Ergebnisrechnungskonto (80)**

an

Zinsaufwand (55) 7.000 Euro

(11)   **Ergebnisrechnungskonto (80)**

an

Abschreibungsaufwand (57) 3.000 Euro

(12)   **Gebührenerträge (43)**

an

Ergebnisrechnungskonto (80) 800.000 Euro

- Danach werden die Einzahlungs- und Auszahlungskonten zum Finanzrechnungskonto hin abgeschlossen.

(13)   **Finanzrechnungskonto(80)**

an

Gebühreneinzahlung (63) 800.000 Euro

(14)   **Honorarauszahlungen (70)**

an

Finanzrechnungskonto (80) 500.000 Euro

(15)   **Auszahlungen für Treibstoff (72)**

an

Finanzrechnungskonto (80) 51.000 Euro

(16)   **Zinsauszahlungen (75)**

an

Finanzrechnungskonto (80) 7.000 Euro

(17)   **Investitionsauszahlungen (78)**

an

Finanzrechnungskonto (80) 11.000 Euro

- Anschließend werden die Positionen des Nicht-Geldvermögens und die Kapitalkonten zum Schlussbilanzkonto hin abgeschlossen.

(18)   **Schlussbilanzkonto (80)**

an

Fahrzeuge (07) 8.000 Euro

(19)   **Allgemeine Rücklage (20)**

an

Schlussbilanzkonto (80) 800.000 Euro

(20)   **langfristige Bankverbindlichkeiten (32)**

an

Schlussbilanzkonto (80) 150.000 Euro

- Weiterhin ist noch der **Saldo des Finanzrechnungskonto** in das Schlussbilanzkonto einzustellen:

(21)   **Schlussbilanzkonto (80)**

an

Finanzrechnungskonto (80) 1.232.000 Euro

- Schließlich ist noch **der Saldo des Ergebnisrechnungskontos**, hier ein Jahresüberschuss, in die Bilanz zu übernehmen. Buchungssatz:

(22)   **Ergebnisrechnungskonto (80)**

an

Schlussbilanzkonto (80) 290.000 Euro

Es wird deutlich, dass mit Hilfe des Kontenrahmens noch keine genaue Zuordnung möglich ist, so werden beispielsweise das Finanzrechnungskonto, das Schlussbilanzkonto und das Ergebnisrechnungskonto jeweils von der gleichen Zahl, d.h. von der Nummer 80, erfasst. Eine genaue Untergliederung ist erforderlich. Dies geschieht durch den Kontenplan. **Im Anhang** haben wir einen Vorschlag für einen Kontenplan wiedergegeben, der von dem verbindlichen Kontenrahmen ausgeht.

Nachfolgend wird mit **vierstelligen Nummern aus diesem NKF-Kontenplan gearbeitet** und werden **für die Konten auch die Bezeichnungen aus diesem NKF-Kontenplan** übernommen. So verwenden wir nunmehr beispielsweise

- für das **Schlussbilanzkonto die Nummer 8020,**

- für das **Ergebnisrechnungskonto die Nummer 8030** und

- für das **Finanzrechnungskonto die Nummer 8040.**

Wir beziehen uns auf das bereits verwendete Beispiel. Die vierstelligen Nummern aus dem NKF-Kontenplan setzen wir in Klammern hinter die Bezeichnungen für die Konten:

Zunächst sind die Konten einzurichten: Im Soll des Finanzrechnungskontos (8040) wird der Anfangsbestand an Zahlungsmitteln in Höhe von 1.001.000 Euro eingetragen. Im Haben des Kontos „Allgemeine Rücklage"(2010) wird der Anfangsbestand in Höhe von 800.000 Euro, im Haben des Kontos „Investitionskredite von Banken und Kreditinstituten"(3251) wird der Anfangsbestand in Höhe von 150.000 Euro und im Haben des Kontos „Verbindlichkeiten aus Lieferungen und Leistungen gegenüber dem privaten Bereich"(3550) wird der Anfangsbestand in Höhe von 51.000 Euro berücksichtigt.

Nunmehr wird die Zahlungen an die Honorarkräfte in Höhe 500.000 Euro gebucht. Der Buchungssatz lautet:

(1)   **Aufwendungen für sonstige Beschäftigte (5019)**

an

Auszahlungen für sonstige Beschäftigte (7019) 500.000 Euro

Anschließend wird die Tilgung der Verbindlichkeiten aus Treibstofflieferungen gebucht. Buchungssatz:

(2)   **Verbindlichkeiten aus Lieferungen und Leistungen gegenüber dem privaten Bereich (3550)**

an

Auszahlungen für Treibstoff (7225) 51.000 Euro

Es folgt die Verbuchung der Zinsauszahlung bzw. des Zinsaufwandes:

(3)   **Zinsaufwendungen an private Unternehmen (5517)**

an

Zinsauszahlungen an private Unternehmen (7517) 7.000 Euro

Beim Ausgang der Gebührenbescheide (Rechnungsausgang) ergibt sich die folgende Buchung:

(4)   **Gebührenforderungen gegenüber dem privaten Bereich (1611)**

an

Benutzungsgebührenerträge für Abwasserentsorgung (4321) 800.000 Euro

Danach ist noch die Bezahlung der Rechnung zu buchen, wobei innerhalb des Buchungskreises nicht danach getrennt werden kann, dass die Beträge teilweise bar bezahlt und teilweise überwiesen werden:

(5)   **Benutzungsgebühreneinzahlungen für Abwasserentsorgung (6321)**

an

Gebührenforderungen gegenüber dem privaten Bereich (1611) 800.000 Euro

Es folgt die Buchung des Fahrzeugkaufs:

(6)   **Fahrzeuge (0750)**

an

Auszahlungen aus dem Erwerb von beweglichen Sachen des Anlagevermögens oberhalb der Wertgrenze in Höhe von 410 Euro (7826) 11.000 Euro

Es wird der Kassenbestand bei der Bank eingezahlt. Im doppischen Buchungskreis kann dieser Vorgang nicht gebucht werden.

(7)   **Entfällt!**

Am Jahresende sind noch die Abschreibungen zu buchen:

(8)   **Abschreibungen auf Fahrzeuge (5753)**

an

Fahrzeuge (0750) 3.000 Euro

Es folgen die **Abschlussbuchungen.**

• Zunächst werden die Aufwands- und Ertragskonten zum **Ergebnisrechnungskonto** hin abgeschlossen:

(9)   **Ergebnisrechnungskonto (8030)**

an

Aufwendungen für sonstige Beschäftigte (5019) 500.000 Euro

(10)   **Ergebnisrechnungskonto (8030)**

an

Zinsaufwendungen an private Unternehmen (5517) 7.000 Euro

(11)   **Ergebnisrechnungskonto (8030)**

an

Abschreibungen auf Fahrzeuge (5753) 3.000 Euro

(12)   **Benutzungsgebührenerträge für Abwasserentsorgung (4321)**

an

Ergebnisrechnungskonto (8030) 800.000 Euro

- Danach werden die Einzahlungs- und Auszahlungskonten zum Finanzrechnungskonto hin abgeschlossen.

(13)   **Finanzrechnungskonto (8040)**

an

Benutzungsgebühreneinzahlungen für Abwasserentsorgung (6321) 800.000 Euro

(14)   **Auszahlungen für sonstige Beschäftigte (7019)**

an

Finanzrechnungskonto (8040) 500.000 Euro

(15)   **Auszahlungen für Treibstoff (7225)**

an

Finanzrechnungskonto (8040) 51.000 Euro

(16)   **Zinsauszahlungen an private Unternehmen (7517)**

an

Finanzrechnungskonto (8040) 7.000 Euro

(17)   **Auszahlungen aus dem Erwerb von beweglichen Sachen des Anlagevermögens oberhalb der Wertgrenze in Höhe von 410 Euro (7826)**

an

Finanzrechnungskonto (8040) 11.000 Euro

• Anschließend werden die Positionen des Nicht-Geldvermögens und die Kapitalkonten zum Schlussbilanzkonto hin abgeschlossen.

(18)   **Schlussbilanzkonto (8020)**

                                        an

                        Fahrzeuge (0750) 8.000 Euro

(19)   **Allgemeine Rücklage (2010)**

                                        an

                        Schlussbilanzkonto (8020) 800.000 Euro

(20)   **Investitionskredite von Banken und Kreditinstituten (3251)**

                                        an

                        Schlussbilanzkonto (8020) 150.000 Euro

• Weiterhin ist noch der **Saldo des Finanzrechnungskontos** in das Schlussbilanzkonto einzustellen:

(21)   **Schlussbilanzkonto (8020)**

                                        an

                        Finanzrechnungskonto (8040) 1.232.000 Euro

• Schließlich ist noch **der Saldo des Ergebnisrechnungskontos**, hier ein Jahresüberschuss, in die Bilanz zu übernehmen. Buchungssatz:

(22)   **Ergebnisrechnungskonto (8030)**

                                        an

                        Schlussbilanzkonto (8020) 290.000 Euro

Nachfolgend haben wir den Zusammenhang noch einmal mit T-Konten zusammengestellt.

Mit: Beinz. = Benutzungsgebühreneinzahlung; Aus. s. B. = Auszahlungen für sonstige Beschäftigte; Aus. f. T. = Auszahlungen für Treibstoff; Zinsaus. = Zinsauszahlungen; Aus. b. S. = Auszahlungen aus dem Erwerb von beweglichen Sachen; Gebüh. = Gebührenforderungen; Fahr. = Fahrzeuge; Allg. Rü. = Allgemeine Rücklage; Investition. = Investitionskredite; Verbind. = Verbindlichkeit; Auf. s. B. = Aufwendungen für sonstige Beschäftigte; Zinsauf. = Zinsaufwendungen; Ab. a. F. = Abschreibungen auf Fahrzeuge; Berträ. = Benutzungsgebührenerträge

Einzahlungskonten

S Beinz. 6321		H
(5) 800	800	(13)
800	800	

Auszahlungskonten

S Aus. s. B. 7019		H
(14) 500	500	(1)
500	500	

S Aus. f. T. 7225		H
(15) 51	51	(2)
51	51	

S Zinsaus. 7517		H
(16) 7	7	(3)
7	7	

S Aus. b. S. 7826		H
(17) 11	11	(6)
11	11	

Aktivkonten

S Gebüh. 1611		H
(4) 800	800	(5)
800	800	

S Fahr. 0750		H
(6) 11	3	(8)
	8	(18)
11	11	

Passivkonten

A Allg. Rü. 2010		H
(19) 800	AB 800	
800	800	

S Investition. 3251		H
(20) 150	AB 150	
150	150	

S Verbind. 3550		H
(2) 51	AB 51	
51	51	

Aufwandskonten

S Auf. s. B. 5019		H
(1) 500	500	(9)
500	500	

S Zinsauf. 5517		H
(3) 7	7	(10)
7	7	

S Ab. a. F. 5753		H
(8) 3	3	(11)
3	3	

Ertragskonten

S Berträ. 4321		H
(12) 800	800	(4)
800	800	

S	Finanzrechnungskonto 8040		H
AB	1.001	500 Aus. s. B.	(14)
(13) Beinz.	800	51 Aus. f. T.	(15)
		7 Zinsaus.	(16)
		11 Aus. b. S.	(17)
		1.232 LM	(21)
	1.801	1.801	

S	Schlussbilanzkonto 8020		H
(18) Fahrzeuge	8	800 Allg. Rü.	(19)
		150 Investition.	(20)
(21) LM	1.232	290 JÜ	(22)
	1.240	1.240	

S	Ergebnisrechnungskonto 8030		H
(9) Auf. s. B.	500	800 Berträ.	(12)
(10) Zinsaufwand	7		
(11) Ab. a. F.	3		
(22) JÜ	290		
	800	800	

in 1.000 Euro

7 Wichtige Buchungen im Drei-Komponenten-System mit dem NKF-Kontenplan

7.1 Eröffnungsbuchungen im Drei-Komponenten-System

Im **Abschnitt 5.1** haben wir die Eröffnungsbuchungen im Zwei-Komponenten System bereits erläutert. Im Drei-Komponenten-System ergeben sich gegenüber dieser Vorgehensweise keine wesentlichen Unterschiede. Zu beachten ist lediglich, dass die Konten Bank und Kasse im doppischen Buchkreis nicht eröffnet werden, sondern, dass der gesamte Anfangsbestand an Zahlungsmitteln, d.h. der Anfangsbestand an liquiden Mitteln auf das Finanzrechnungskonto eingebucht wird. Diese Vorgehensweise wird nachfolgend gewählt.

Auch andere Buchungsvarianten können akzeptiert werden. So kann man beispielsweise im Buchungskreis das Konto „Liquide Mittel" einrichten und eröffnen. Dieses Konto wird während des gesamten Haushaltsjahres nicht mehr berührt. Lediglich am Jahresende wird der Saldo des Finanzrechnungskontos auf dem Konto „Liquide Mittel" gegengebucht und danach das Konto „Liquide Mittel" zum Schlussbilanzkonto hin abgeschlossen.

Nachfolgend wird anhand eines einfachen Beispiels gezeigt, wie die Eröffnungsbuchungen im Drei-Komponenten-System aussehen.

Beispiel

Ein kommunaler Verwaltungsbetrieb verfügt über ein Wohngebäude im Werte von 90.000 Euro auf eigenem Grund und Boden im Werte von 10.000 Euro, Rohstoffe im Werte von 50.000 Euro, Gebührenforderungen aus Lieferungen und Leistungen an private Unternehmen im Werte von 80.000 Euro, ein Bankguthaben im Werte von 30.000 Euro und einen Kassenbestand im Werte von 20.000 Euro. Die Allgemeine Rücklage beträgt 200.000 Euro, ein zur Finanzierung des oben genannten Wohngebäudes aufgenommener langfristiger Bankkredit betrage 50.000 Euro und die Verbindlichkeiten aus Lieferungen und Leistungen gegenüber einem inländischen Reinigungsbetrieb betragen 30.000 Euro. Eröffnen Sie bitte die entsprechenden NKF-Konten mit Hilfe eines Eröffnungsbilanzkontos und formulieren Sie die Buchungssätze für die Eröffnungsbuchungen.

(1)   **Grund und Boden bei Wohnbauten (0331)**
                                            an
                        Eröffnungsbilanzkonto (8010) 10.000 Euro

(2)   **Gebäude, Aufbauten und Betriebsvorrichtungen bei Wohnbauten (0332)**
                                            an
                        Eröffnungsbilanzkonto (8010) 90.000 Euro

(3)   **Rohstoffe/Fertigungsmaterial (1510)**
                                            an
                        Eröffnungsbilanzkonto(8010) 50.000 Euro

(4)   **Gebührenforderungen gegenüber dem privaten Bereich (1611)**
                                            an
                        Eröffnungsbilanzkonto (8010) 80.000 Euro

(5)   **Finanzrechnungskonto (8040)**
                                            an
                        Eröffnungsbilanzkonto (8010) 50.000 Euro

(6)   **Eröffnungsbilanzkonto (8010)**
                                            an
                        Allgemeine Rücklage (2010) 200.000 Euro.

(7)   **Eröffnungsbilanzkonto (8010)**
                                            an
        Investitionskredite von Banken und Kreditinstituten (3251) 50.000 Euro

(8)   **Eröffnungsbilanzkonto (8010)**
                                            an
        **Verbindlichkeiten aus Lieferungen und Leistungen gegen den privaten
                            Bereich (3550) 30.000 Euro**

Auf der folgenden Seite haben wir die Eröffnungsbuchungen noch einmal mit Hilfe von
T-Konten dargestellt:

Mit: Kreditinst. = Kreditinstitute; Verbindl. a. L. u. L. g. d. p. Bereich = Verbindlichkeiten
aus Lieferungen und Leistungen gegenüber dem privaten Bereich; W. = Wohnbauten; B. =
Betriebsvorrichtungen bei Wohnbauten; Fertig. = Fertigungsmaterial; Gebührenfo. g. d. p.
Bereich = Gebührenforderungen gegenüber dem privaten Bereich

Eröffnungsbilanzkonto 8010

S		H	
Grund und Boden bei W.	200	(6) Allgemeine Rücklage	10 (1)
Gebäude, Aufbauten und B.		(7) Investitionskredite von	90 (2)
Rohstoffe/Fertig.	50	Banken und Kreditinst.	50 (3)
Gebührenfo. g. d. p. Bereich		(8) Verbindl. a. L. u. L.	80 (4)
Liquide Mittel	30	g. d. p. Bereich	50 (5)
	280		280

Aktivkonten

Grund und Boden bei W. 0331
S	H
(1) AB 10	

Gebäude, Aufbauten und B. 0332
S	H
(2) AB 90	

Rohstoffe/Fertig. 1510
S	H
(3) AB 50	

Gebührenfo. g. d. p. Bereich 1611
S	H
(4) AB 80	

Passivkonten

Allgemeine Rücklage 2010
S	H
	AB 200 (6)

Investitionskredite von Banken 3251
S	H
	AB 50 (7)

Verbindl. a. L. u. L. g. d. p. Bereich 3550
S	H
	AB 30 (8)

Aufwandskonten

S	H	S	H	S	H

Ertragskonten

S	H	S	H	S	H

Einzahlungskonten

S	H	S	H	S	H

Auszahlungskonten

S	H	S	H	S	H

Finanzrechnungskonto

S	H
AB 50	

in 1.000 Euro

7.2   Nichterfolgswirksame Buchungen im Drei-Komponenten-System

7.2.1   Der Kauf von Sachanlagen oder von Werkstoffen

In den Abschnitten 5.2.2 und 5.2.3 haben wir uns im Zwei-Komponenten-System mit dem Kauf von Sachanlagen und dem Kauf von Werkstoffen befasst. Bei den Buchungen haben wir einerseits danach unterschieden, ob der Kaufpreis sofort bezahlt wird oder ob zunächst ein Lieferantenkredit in Anspruch genommen wird, und andererseits danach, ob der Betrieb berechtigt ist, die Umsatzsteuer, die auch als Mehrwertsteuer bezeichnet wird, gegenüber dem Finanzamt geltend zu machen oder nicht.

Das NKF bzw. das Drei-Komponenten-System im Bereich der Kommunalverwaltung gilt für die so genannte „Kernverwaltung" und damit für die Teile des kommunalen Verwaltungsbetriebs, die primär hoheitlich tätig sind. Die Erfüllung hoheitlicher Aufgaben ist nicht der Mehrwertsteuer unterworfen und insofern kann ein kommunaler Verwaltungsbetrieb die Mehrwertsteuer, die er zahlt, d.h. die Vorsteuer, in der Regel nicht beim Finanzamt geltend machen. **Die Mehrwertsteuer, die die Gemeinde zahlt, erhöht somit üblicherweise die Anschaffungskosten.**

Nur dann, wenn die Gemeinde *ausnahmsweise* als Betrieb gewerblicher Art tätig wird, gilt dies nicht. Die gezahlte Mehrwertsteuer, d.h. die Vorsteuer, kann der kommunale Verwaltungsbetrieb in diesen Fällen beim Finanzamt einfordern. Umgekehrt muss er, wenn er als Betrieb gewerblicher Art tätig wird, seine Verkaufspreise um die Mehrwertsteuer erhöhen und die empfangene Mehrwertsteuer dann an das Finanzamt abführen. Bei einem Betrieb gewerblicher Art handelt es sich nicht unbedingt um eine spezielle Organisationsform, sondern lediglich um ein Tätigkeitsfeld, das man aus steuerrechtlicher Sicht aus dem Tätigkeitsfeld des Betriebs „herausfiltert". **Der kommunale Verwaltungsbetrieb unterscheidet sich bei dieser Betätigung nicht von einem privaten gewerblichen Unternehmen.** Die konkrete Abgrenzung des Betriebs kann in einzelnen Fällen Probleme aufwerfen. Grundsätzlich kann man im kommunalen Bereich von einem solchen Betrieb gewerblicher Art dann sprechen, wenn es sich um eine Einrichtung handelt, die einer nachhaltigen wirtschaftlichen Tätigkeit zur Erzielung von Einnahmen außerhalb der Land- und Forstwirtschaft dient und die sich innerhalb der Gesamtbetätigung der Gemeinde wirtschaftlich heraushebt.

Nachfolgend gehen wir zunächst von dem Regelfall aus, dass die betreffenden Geschäfte den „hoheitlichen" Bereich der Gemeinde betreffen.

Beispiel 1:

Ein kommunaler Verwaltungsbetrieb kauft einen Büroschrank und nimmt einen Lieferantenkredit in Anspruch. Der Rechnungsbetrag in Höhe von 1.190 Euro beinhaltet die Mehrwertsteuer. Der Betrag wird drei Wochen später ohne Skontoabzug bezahlt.

Der Buchungssatz lautet

Büro- und Geschäftsausstattung (0810)

an

Verbindlichkeiten aus Lieferungen und Leistungen gegen den privaten Bereich (3550) 1.190 Euro

und kann folgendermaßen dargestellt werden (Angaben in Euro):

Aktivkonto				Passivkonto		
S	0810	H		S	3550	H
1190						1190

Bei der späteren Bezahlung gilt folgender Buchungssatz:

Verbindlichkeiten aus Lieferungen und Leistungen gegen den privaten Bereich (3550)

an

Auszahlung aus dem Erwerb von beweglichen Sachen des Anlagevermögens oberhalb der Wertgrenze in Höhe von 410 Euro (7826) 1190 Euro

Er kann folgendermaßen dargestellt werden (Angaben in Euro):

Auszahlungskonto				Passivkonto		
S	7826	H		S	3550	H
		1190		1190		

Beispiel 2:

Ein kommunaler Verwaltungsbetrieb kauft ein Bild zum Preis von 1.190 Euro. Der Betrag beinhaltet die Mehrwertsteuer und wird sofort bar bezahlt.

Der Buchungssatz lautet

Kunstgegenstände (0610)

an

Auszahlung aus dem Erwerb von beweglichen Sachen des Anlagevermögens oberhalb der Wertgrenze in Höhe von 410 Euro (7826) 1190 Euro

Er kann folgendermaßen dargestellt werden (Angaben in Euro):

Auszahlungskonto				Aktivkonto		
S	7826	H		S	0610	H
		1190		1190		

Beispiel 3:

Ein kommunaler Verwaltungsbetrieb kauft Büromaterial im Werte von 800 Euro zuzüglich 19 % Mehrwertsteuer. Das Büromaterial wird stets zunächst auf Lager genommen

Bei Lieferung bzw. Rechnungseingang lautet der Buchungssatz

Sonstige Vorräte (1590)

an

**Verbindlichkeiten aus Lieferungen und Leistungen gegen den
privaten Bereich (3550) 952 Euro**

und kann folgendermaßen dargestellt werden (Angaben in Euro):

	Aktivkonto			Passivkonto	
S	1590	H	S	3550	H
952					952

Bei der späteren Bezahlung gilt folgender Buchungssatz:

**Verbindlichkeiten aus Lieferungen und Leistungen gegen den
privaten Bereich (3550)**

an

Geschäftsauszahlungen Büromaterial (7431) 952 Euro

Er kann folgendermaßen dargestellt werden (Angaben in Euro):

	Auszahlungskonto			Passivkonto	
S	7431	H	S	3550	H
		952	952		

Betrachten wir nunmehr den **Ausnahmefall**, dass wir es innerhalb der Gemeindeverwaltung mit einem **Betrieb gewerblicher Art** zu tun haben, dann ergeben sich beispielsweise folgende Buchungen:

Beispiel 1:

Ein kommunaler Verwaltungsbetrieb kauft einen Büroschrank und nimmt einen Lieferantenkredit in Anspruch. Der Rechnungsbetrag in Höhe von 1190 Euro beinhaltet die Mehrwertsteuer (19%). Der Betrag wird drei Wochen später ohne Skontoabzug bezahlt.

Der Buchungssatz lautet

Büro- und Geschäftsausstattung (0810) 1.000 Euro

und

Vorsteuer (1790) 190 Euro

an

**Verbindlichkeiten aus Lieferungen und Leistungen gegen den
privaten Bereich (3550) 1190 Euro**

und kann folgendermaßen dargestellt werden (Angaben in Euro):

	Aktivkonten			Passivkonto	
S	0810	H	S	3550	H
1.000					1190

S	1790	H
190		

Bei der späteren Bezahlung gilt wieder der folgende Buchungssatz:

**Verbindlichkeiten aus Lieferungen und Leistungen gegen den
privaten Bereich (3550)**

an

**Auszahlung aus dem Erwerb von beweglichen Sachen des Anlagevermögens
oberhalb der Wertgrenze in Höhe von 410 Euro (7826) 1190 Euro**

Er kann folgendermaßen dargestellt werden (Angaben in Euro):

	Auszahlungskonto			Passivkonto	
S	7826	H	S	3550	H
		1190	1190		

Beispiel 2:

Ein kommunaler Verwaltungsbetrieb kauft ein Bild zum Preis von 1.190 Euro. Der Betrag beinhaltet die Mehrwertsteuer in Höhe von 19% und wird sofort bar bezahlt.

Der Buchungssatz lautet

Kunstgegenstände (0610) 1.000 Euro

und

Vorsteuer (1790) 190 Euro

an

**Auszahlung aus dem Erwerb von beweglichen Sachen des Anlagevermögens ober-
halb der Wertgrenze in Höhe von 410 Euro (7826) 1190 Euro**

Er kann folgendermaßen dargestellt werden (Angaben in Euro):

	Auszahlungskonto				Aktivkonten	
S	7826	H		S	0610	H
		1190		1.000		

				S	1790	H
				190		

Beispiel 3:

Ein kommunaler Verwaltungsbetrieb kauft Büromaterial im Werte von 800 Euro zuzüglich 19 % Mehrwertsteuer. Das Büromaterial wird stets zunächst auf Lager genommen

Bei Lieferung bzw. Rechnungseingang lautet der Buchungssatz

Sonstige Vorräte (1590) 800 Euro

und

Vorsteuer (1790) 152 Euro

an

Verbindlichkeiten aus Lieferungen und Leistungen gegen den privaten Bereich (3550) 952 Euro

und kann folgendermaßen dargestellt werden (Angaben in Euro):

	Aktivkonten				Passivkonto	
S	1590	H		S	3550	H
800						952

	Aktivkonten					
S	1790	H				
152						

Bei der späteren Bezahlung gilt wieder folgender Buchungssatz:

Verbindlichkeiten aus Lieferungen und Leistungen gegen den privaten Bereich (3550)

an

Geschäftsauszahlungen Büromaterial (7431) 952 Euro

Er kann folgendermaßen dargestellt werden (Angaben in Euro):

Auszahlungskonto			Passivkonto		
S	7431	H	S	3550	H
		952	952		

7.2.2 Aufnahme und Tilgung eines Kredits

Im Kapitel 5.2.4. haben wir bereits grundsätzliche Aussagen zu diesem Thema gemacht. Im Drei-Komponenten-System ergeben sich demgegenüber nur geringe Abweichungen.

Wir erläutern dies nachfolgend am Beispiel eines **reinen** Kreditgeschäfts. Unterstellen also zunächst aus Gründen der Vereinfachung, dass keine Zinsen zu zahlen sind. Eine Kreditaufnahme, die, wie dies die Regel ist, mit Zinszahlungen in Verbindung steht, wird an späterer Stelle behandelt.

Beispiel:

Ein kommunaler Verwaltungsbetrieb nimmt für ein Bauvorhaben bei einer privatwirtschaftlichen Bank einen langfristigen Kredit in Höhe von 100.000 Euro auf und lässt sich den Betrag auf das Girokonto überweisen. Der Kredit ist, auf 10 Jahre verteilt, in gleich hohen Raten zu tilgen.

- Der Buchungssatz bei der Kreditaufnahme lautet

Kreditaufnahme für Investitionen/Einzahlungen aus Krediten
von privaten Unternehmen (6917)
an
Investitionskredite von Banken und Kreditinstituten (3251) 100.000 Euro

und kann folgendermaßen dargestellt werden (Angaben in Euro):

Einzahlungskonto			Passivkonto		
S	6917	H	S	3251	H
100.000					100.000

- Für die einzelne jährliche Tilgung gilt der Buchungssatz

Investitionskredite von Banken und Kreditinstituten (3251)
an
Tilgung von Krediten von privaten Unternehmen (7917) 10.000 Euro

und die folgende Darstellung (Angaben in Euro):

Auszahlungskonto			Passivkonto		
S	7917	H	S	3251	H
		10.000	10.000		

7.2.3   Empfangene Investitionszuschüsse

Erhält ein kommunaler Teilbetrieb bei Investitionen Zuschüsse oder Zuweisungen von anderen öffentlichen Verwaltungsbetrieben, also beispielsweise vom Land, so ist der Zugang der finanziellen Mittel auf einem Einzahlungskonto zu erfassen. Das Gleiche gilt für freiwillige Zuschüsse von privaten Unternehmen und Beiträge. Bei den **Beiträgen** handelt es sich um Zuschüsse, zu denen die die privaten Haushalte und Unternehmen unter bestimmten Umständen verpflichtet sind. Zu nennen sind hier beispielsweise Anschlussbeiträge. Da es sich bei einem empfangenen Zuschuss um eine Erfolgseinnahme handelt, d.h. um eine Einzahlung, die letztlich zu einer Erhöhung des Reinvermögens führt, müsste die Gegenbuchung an sich auf einem Ertragskonto erfolgen.

Von dieser Vorgehensweise weicht man jedoch im kommunalen Bereich ab. Man will vermeiden, dass durch die Investitionshilfe ein Ertrag und damit letztlich ein Gewinnbeitrag entsteht, durch den das Jahresergebnis eines kommunalen Verwaltungsbetriebs verbessert wird. Eine Kommune müsste sich dann eventuell nicht mehr anstrengen, den neuen Haushaltsausgleich aus eigener Kraft zu erreichen.

Um also zu verhindern, dass die Städte, Kreise und Gemeinden durch solche Investitionshilfen ihr Jahresergebnis verbessern können, wird für die Gegenbuchung ein **spezielles Passivkonto** herangezogen **und in der Bilanz eine spezielle Passivposition**, der **Sonderposten**, ausgewiesen. Der Sonderposten ist an sich ein Fremdkörper in der Bilanz. Er kann weder eindeutig dem Eigenkapital noch dem Fremdkapital zugeordnet werden. Insofern ist die Bezeichnung „Sonderposten" absolut zutreffend. Deshalb wird diese Passivposition in der Bilanz auch zwischen den beiden Kapitalblöcken, d.h. zwischen dem Eigen- und dem Fremdkapital, ausgewiesen.

Wie wir später noch zeigen werden, kann man die erhaltene Zuwendung in der Regel nicht auf Dauer im Sonderposten „parken". Der Sonderposten ist üblicherweise ertragswirksam aufzulösen, und zwar parallel zur Abschreibung des mit dem Zuschuss finanzierten Wirtschaftsgutes. Insofern wird nicht verhindert, dass eine Investitionshilfe zu einem Ertrag führt, sondern der dadurch hervorgerufene Ertrag wird mit Hilfe des Sonderpostens lediglich über die Laufzeit des Wirtschaftgutes verteilt. Da dem Ertrag, der jährlich durch die anteilige Auflösung des Sonderpostens hervorgerufen wird, jeweils die Abschreibung des Wirtschaftgutes gegenübersteht, kann der durch den Zuschuss entstehende Ertrag nicht auf das jeweilige Jahresergebnis „durchschlagen". Die Gemeinde muss folglich letztlich den „neuen" Haushaltsausgleich aus eigener Kraft herstellen.

Beispiel 1 (hoheitlicher Bereich):

Ein kommunaler Verwaltungsbetrieb erhält für ein bereits angeschafftes neues Feuerwehrfahrzeug eine zuvor noch nicht bewilligte Investitionshilfe vom Land. Der Anschaffungswert für das Fahrzeug betrug 400.000 Euro und das Land fördert diese Investition nachträglich mit 200.000 Euro. Es wird unterstellt, dass es hierfür die entsprechenden rechtlichen Voraussetzungen gibt.

Beim Erhalt des zuvor noch nicht bewilligten Zuweisungsbetrages gilt der Buchungssatz

Investitionszuweisungen vom Land (6811)

an

Sonderposten aus Zuweisungen vom Land (2311) 200.000 Euro

und die folgende Darstellung (Angaben in Euro)

	Einzahlungskonto			Passivkonto	
S	6811	H	S	2311	H
200.000					200.000

Beispiel 2 (hoheitlicher Bereich):

Ein kommunaler Verwaltungsbetrieb versendet, nachdem er ein Baugebiet erschlossen hat, an einen Grundstückseigentümer für einen Kanalanschluss den entsprechend Beitragsbescheid in Höhe von 2.000 Euro. 14 Tage später geht der betreffende Betrag ein.

Beim Versenden des Beitragsbescheides gilt folgender Buchungssatz:

Beitragsforderungen gegenüber dem privaten Bereich (1621)

an

Sonderposten aus Beiträgen für Kanalanschlüsse (2320) 2.000 Euro

und die folgende Darstellung (Angaben in Euro)

	Aktivkonto			Passivkonto	
S	1621	H	S	2320	H
2.000					2.000

Beim Erhalt des Betrages gilt der Buchungssatz

Beiträge für Kanalanschlüsse (6831)

an

Beitragsforderungen gegenüber dem privaten Bereich (1621) 2.000 Euro

und die folgende Darstellung (Angaben in Euro)

	Einzahlungskonto			Aktivkonto	
S	6831	H	S	1621	H
2.000					2.000

Beispiel 3 (hoheitlicher Bereich):

Ein kommunaler Verwaltungsbetrieb erhält per Banküberweisung für einen zu erstellenden Kanalanschluss von einem privaten Haushalt eine Anzahlung (Beitragsvorauszahlung) in Höhe von 1160 Euro. Nach Erstellung des Anschlusses wird dem privaten Haushalt die restliche Beitragszahlung in Höhe von 840 in Rechnung gestellt.

Zunächst gilt der folgende Buchungssatz

Beiträge für Kanalanschlüsse (6831)

an

Erhaltene Anzahlungen (3740) 1160 Euro

und die folgende Darstellung (Angaben in Euro):

Einzahlungskonto			Passivkonto		
S	6831	H	S	3740	H
1160					1160

Beim Ausgang der Schlussrechnung gilt folgende Buchung

Beitragsforderungen gegenüber dem privaten Bereich (1621) 840 Euro

und

Erhaltene Anzahlungen (3740) 1160 Euro

an

Sonderposten aus Beiträgen für Kanalanschlüsse (2320) 2.000 Euro

und die folgende Darstellung (Angaben in Euro)

Aktivkonto			Passivkonten		
S	1621	H	S	2320	H
840					2.000

			S	3740	H
			1160		

Beim Erhalt des restlichen Betrages gilt der Buchungssatz

Beiträge für Kanalanschlüsse (6831)

an

Beitragsforderungen gegenüber dem privaten Bereich (1621) 840 Euro

und die folgende Darstellung (Angaben in Euro)

	Einzahlungskonto			Aktivkonto	
S	**6831**	**H**	**S**	**1621**	**H**
840					840

Beispiel 4 (hoheitlicher Bereich):

Ein kommunaler Verwaltungsbetrieb erhält per Banküberweisung für die Anschaffung eines Spezialfahrzeuges vom Land 50.000 Euro. Erst 4 Wochen später wird das betreffende Fahrzeug auf Ziel gekauft. Der Anschaffungswert beträgt 100.000 Euro.

Da das Wirtschaftsgut, für das die Gemeinde die Zuwendung erhalten hat, noch nicht vorhanden ist, kann zunächst kein Sonderposten gebildet werden. Solange die Gemeinde das betreffende Wirtschaftsgut, für das die Zuwendung des Landes gilt, noch nicht angeschafft wurde, besteht eine Verbindlichkeit gegenüber dem Land. Wird der Betrag nicht für den vorgesehenen Verwendungszweck eingesetzt, muss er an das Land zurücküberwiesen werden.

Damit gilt beim Erhalt des Geldes folgender Buchungssatz:

Investitionszuweisungen vom Land (6811)

an

Verbindlichkeiten aus Transferleistungen gegenüber dem Land (3640) 50.000 Euro

und die folgende Darstellung (Angaben in Euro)

	Einzahlungskonto			Passivkonto	
S	**6811**	**H**	**S**	**3640**	**H**
50.000					50.000

Beim Kauf des Fahrzeuges erfolgt dann die Umbuchung auf den Sonderposten und es gelten die folgenden Buchungssätze

(1)   **Fahrzeuge (0750) 100.000 Euro**

an

Verbindlichkeiten aus Lieferung und Leistung gegen den privaten Bereich (3550) 100.000 Euro

(2)   **Verbindlichkeiten aus Transferleistungen gegenüber dem Land (3640) 50.000 Euro**

an

Sonderposten aus Zuweisungen vom Land (2311) 50.000 Euro

und die folgende Darstellung (Angaben in Euro)

	Aktivkonto				**Passivkonten**	
S	0750	H		S	3550	H
(1.)100.000					100.000	(1.)

			S	3640	H
			(2)50.000		

			S	2311	H
				50.000	(2.)

Wie bereits erwähnt, schließen sich an die soeben erläuterten nicht-erfolgswirksamen Buchungen erfolgswirksame Buchungen an, auf die noch eingegangen wird.

7.3 Erfolgswirksame Buchungen im Drei-Komponenten-System

7.3.1 Die Verbuchung des Personalaufwandes

Im Abschnitt 5.3.2. haben wir die grundsätzliche Vorgehensweise bei der Verbuchung des Personalaufwandes bereits erläutert. Wir können uns daher jetzt darauf beschränken, die Beispiele unter Einsatz des NKF- Kontenplans zu buchen.

Beispiel:

Das Bruttogehalt für einen Mitarbeiter betrage 3.000 Euro, es wird weiterhin unterstellt, dass davon auf den Arbeitnehmeranteil zur Sozialversicherung 400 Euro sowie auf die Lohn- und Kirchensteuer 600 Euro entfallen. Zusätzlich muss der Arbeitgeber noch seinen Anteil zur Sozialversicherung in Höhe von 400 Euro entrichten. Das Nettogehalt wird pünktlich überwiesen, die anderen Zahlungen werden später vorgenommen.

Der Buchungssatz bei Auszahlung der Gehälter lautet somit

Personalaufwendungen/Vergütungen der Angestellten (5012) 3.000 Euro

und

Personalaufwendungen/Beiträge zur gesetzlichen Sozialversicherung für Angestellte (5032) 400 Euro

an

Personalauszahlungen/Vergütungen der Angestellten (7012) 2.000 Euro

und

Abzuführende Lohn- und Kirchensteuer der Beschäftigten (3712) 600 Euro

und

Verbindlichkeiten gegenüber Sozialversicherungsträgern (3720) 800 Euro

und kann folgendermaßen dargestellt werden (Angaben in Euro):

S	7012	H
		2.000

Passivkonten

S	3720	H
		800

S	3712	H
		600

Aufwandskonten

S	5012	H
3.000		

S	5032	H
4.00		

Bei der späteren Überweisung der Beträge an das Finanzamt ergeben sich folgende Buchungen:

(1)   **Abzuführende Lohn- und Kirchensteuer der Beschäftigten (3712) 600 Euro**

an

Personalauszahlungen/Vergütung der Angestellten (7012) 600 Euro

(2)   **Verbindlichkeiten gegenüber Sozialversicherungsträgern (3720) 800 Euro**

an

Personalauszahlungen/Vergütung der Angestellten (7012) 400 Euro

und

Personalauszahlungen/Beiträge zur gesetzlichen Sozialversicherung für Angestellte (7032) 400 Euro

Die Buchungen über das Auszahlungskonto 7012 erscheinen auf den ersten Blick nicht unproblematisch, sind jedoch durchaus konsequent; denn letztlich dürfen die Auszahlungen für Vergütungen insgesamt nicht kleiner ausfallen als die Aufwendungen für Vergütungen. Dies ergibt sich aus der von uns gewählten Definition des Aufwands als periodisierte Erfolgsausgabe.

Die Überlegung gilt entsprechend für die Auszahlung und die damit verbunden Aufwendung für die Sozialversicherung (vgl. die Konten 7032 und 5032)

Die Buchungen können folgendermaßen dargestellt werden (Angaben in Euro):

Auszahlungskonten

S	7012	H
	600	(1)
	400	(2)

S	7032	H
	400	(2)

Passivkonten

S	3720	H
(2)	800	

S	3712	H
(1)	600	

Beispiel:

Es wird unterstellt, dass die Bruttobezüge für einen Mitarbeiter 3.000 Euro betragen und davon auf die Lohn- und Kirchensteuer 600 Euro entfallen. Weiterhin werden Rückstellungen für Pensionen in Höhe von 500 Euro gebildet. Die Bezüge werden ohne zeitliche Verzögerung überwiesen. Die Lohn- und Kirchensteuer werden erst später an das Finanzamt abgeführt.

Sinnvoll ist es, drei Buchungssätze zu bilden:

(1)   **Aufwendungen/Bezüge der Beamten (5011) 3.000 Euro**

an

Auszahlungen/Bezüge der Beamten (7011) 2.400 Euro

und

Abzuführende Lohn- und Kirchensteuer der Beschäftigten (3712) 600 Euro

(2)   **Zuführung zu Pensionsrückstellungen für Beschäftigte (5051)**

an

Pensionsrückstellungen für Beschäftigte (2510) 500 Euro

(3)   **Abzuführende Lohn- und Kirchensteuer der Beschäftigten (3712) 600 Euro**

an

Auszahlungen/Bezüge der Beamten (7011) 600 Euro

Der Vorgang lässt sich folgendermaßen darstellen (Angaben in Euro):

S	7011	H	
	2.400	(1)	
	600	(3)	

Passivkonten

S	3712		H
(3)	600	600	(1)

S	2510	H
	500	(2)

Aufwandskonten

S		H
(1)	3.000	

S		H
(2)	500	

7.3.2   Die Verbuchung des Abschreibungsaufwandes

Buchung der planmäßigen und der außerplanmäßigen Abschreibungen auf Sachanlagen

Im Abschnitt 5.3.3 haben wir bereits einen Überblick über die Arten des Abschreibungsaufwandes vermittelt. Auf diese Darstellung können wir uns jetzt beziehen.

Wir betrachten zunächst die **planmäßigen Abschreibungen auf Sachanlagen** und wählen die **direkte Form der Abschreibung**. Nach § 35 (1) der Gemeindehaushaltsverordnung des Landes Nordrhein-Westfalen ist **monatsgenau** und **grundsätzlich linear unter Berücksichtigung der geplanten zeitlichen Nutzungsdauer abzuschreiben**. Ausnahmsweise kann man auch von der geplanten Leistungsmenge ausgehen, also beispielsweise bei einem Fahrzeug von der maximal möglichen Fahrleistung in km. Zulässig ist ebenfalls die degressive Abschreibung, wenn dies dem tatsächlichen Ressourcenverbrauch besser entspricht.

Beispiel:

Eine noch im Dezember des Vorjahres angeschaffte Maschine war bereits wenige Tage vor Beginn des aktuellen Haushaltsjahres einsatzbereit. Der Anschaffungswert hat eine Höhe von 10.000 Euro und die geplante Nutzungsdauer beträgt 4 Jahre. Am Ende des aktuellen Haushaltsjahres wird die Abschreibung berechnet. Da 12 volle Monate berücksichtigt werden können, beträgt die jährliche Abschreibung 2.500 Euro.

Es gilt der folgende Buchungssatz:

Abschreibungen auf Maschinen (5751) 2.500 Euro

an

Maschinen (0710) 2.500 Euro

und die folgende Darstellung (Angaben in Euro):

	Aktivkonto			Aufwandskonto	
S	0710	**H**	**S**	5751	**H**
		2.500	2.500		

Wie bereits in Verbindung mit der Behandlung des Zwei-Komponenten-Systems dargelegt, unterscheidet sich die Buchung der **außerplanmäßigen Abschreibung** bezüglich der grundsätzlichen Vorgehensweise nicht von der Buchung der planmäßigen Abschreibung. Da die Aufwandsentstehung einen besonderen Grund hat, darf der Aufwand allerdings nicht auf dem gleichen Konto erfasst werden wie der planmäßige Abschreibungsaufwand.

Beispiel:

Ein Feuerwehrfahrzeug wird im ersten Halbjahr eingesetzt. Die geplante Abschreibung für das erste halbe Jahr beträgt 50.000 Euro. Im Juli erleidet es bei einem Einsatz während eines Sturmes einen Totalschaden. Es kann nicht einmal ein Resterlös erzielt werden. Zu Beginn des Jahres hatte es einen Buchwert von 500.000 Euro.

Bei **direkter Abschreibung** gilt der Buchungssatz

Abschreibungen auf Fahrzeuge (5753) 50.000 Euro

und

außerordentliche Aufwendungen Fahrzeuge (5910) 450.000 Euro

an

Fahrzeuge (0750) 500.000 Euro

und die folgende Darstellung (Angaben in Euro):

	Aktivkonto			**Aufwandskonten**	
S	0750	H	S	5753	H
	500.000		50.000		
			S	5910	H
			450.000		

Buchung der Abschreibungen auf geringwertige Wirtschaftsgüter

Ein besonderer Fall ist dann gegeben, wenn es sich um ein so genanntes „**geringwertiges Wirtschaftsgut**" handelt. In Nordrhein-Westfalen ist in diesem Zusammenhang beispielsweise § 33 (4) der Gemeindehaushaltsverordnung von Bedeutung. Demnach sind „Vermögensgegenstände des Anlagevermögens, deren Anschaffung- oder Herstellungskosten wertmäßig den Betrag von 410 Euro ohne Umsatzsteuer nicht überschreiten, die selbstständig genutzt werden können und einer Abnutzung unterliegen … als geringwertige Wirtschaftsgüter zu erfassen." Sie „können im laufenden Haushaltsjahr vollständig abgeschrieben werden."

Beispiel:

Ein kommunaler Verwaltungsbetrieb kauft eine Schlagbohrmaschine zum Preis von 100 Euro zuzüglich 19% Mehrwertsteuer. Es handelt sich dabei um den hoheitlichen Bereich. Der Kaufpreis wird 10 Tage nach der Lieferung der Schlagbohrmaschine überwiesen. Die Möglichkeit der Abschreibung als „geringwertiges Wirtschaftsgut" wird genutzt.

Es gelten folgende Buchungssätze:

(1)   **Maschinen/geringwertige Wirtschaftsgüter (0711)**

an

Verbindlichkeiten aus Lieferungen und Leistungen gegen den privaten Bereich (3550) 119 Euro

(2)   **Verbindlichkeiten aus Lieferungen und Leistungen gegen den privaten Bereich (3550)**

an

Auszahlungen aus dem Erwerb von beweglichen Sachen des Anlagevermögens unterhalb der Wertgrenze in Höhe von 410 Euro (7827) 119 Euro

(3)   **Abschreibungen auf geringwertige Wirtschaftsgüter (5764)**

an

Maschinen/geringwertige Wirtschaftsgüter (0711) 119 Euro

Die Buchungen können wir in T-Konten folgendermaßen darstellen (Beträge in Euro):

Auszahlungskonto

S	7827	H
	119	(2)

Aktivkonto

S	0711	H
(1)	119	119	(3)

Passivkonto

S	3550	H
(2)	119	119	(1)

Aufwandskonto

S	5764	H
(3)	119	

Buchung der Abschreibung bei zuschussfinanzierten Wirtschaftsgüter

Die Buchung der **planmäßigen Abschreibung bei Wirtschaftsgütern, für die der betreffende kommunale Verwaltungsbetrieb von einem anderen Verwaltungsbetrieb oder einem privaten Unternehmen eine Investitionshilfe, also beispielsweise eine Zuweisung, erhalten hat,** unterscheidet sich zunächst nicht von der Buchung der planmäßigen Abschreibung. Zusätzlich ist allerdings zu beachten, dass neben dem betreffenden Vermögenskonto auch ein Passivkonto **„Sonderposten"** berührt wird, wobei je nach Art des Zuschusses verschiedene Sonderpostenkonten gebildet werden. Parallel zur Abschreibung des Vermögenswerts nimmt auch der Wert des betreffenden Sonderpostens ab. Die Gegenbuchung für die Verminderung des Sonderpostens erfolgt auf einem **speziellen Ertragskonto „Erträge aus der Auflösung von Sonderposten aus Zuwendungen",** wobei auch hier je nach Art des Sonderpostens unterschiedliche Ertragskonten zu berücksichtigen sind.

Wir haben bereits darauf hingewiesen, dass durch die Bildung der Passivposition „Sonderposten" verhindert wird, dass sich die Zuwendung auf das Jahresergebnis und damit auf den „neuen" Haushaltsausgleich auswirkt. Der später durch die Auflösung des Sonderpostens Jahr für Jahr zu berücksichtigende Ertrag führt ebenfalls nicht zur Gewinnentstehung, da er nicht größer ausfällt als der Abschreibungsaufwand. Insofern werden auch die Jahresergebnisse der Folgejahre nicht „verfälscht".

Beispiel:

Es wird aus Gründen der Vereinfachung unterstellt, dass ein Feuerwehrfahrzeug einer Kommunalverwaltung mit einem Anschaffungswert von 200.000 Euro planmäßig 20 Jahre lang mit einem Betrag von 10.000 Euro abgeschrieben werden soll. Für das Fahrzeug hat man unmittelbar nach der Anschaffung vom Land eine Investitionshilfe in gleicher Höhe erhalten. Das Fahrzeug wurde gegen Ende des Vorjahres angeschafft und steht zu Beginn des aktuellen Haushaltsjahres zur Verfügung, so dass die planmäßige Abschreibung am Ende des betreffenden Haushaltsjahres für 12 Monate vorgenommen werden müssen.

Bei **direkter Abschreibung** sind in dem betreffenden Haushaltsjahr, das gleichzeitig das erste Nutzungsjahr ist, folgende Buchungssätze zu berücksichtigen:

(1.)   **Fahrzeuge (0750)**

                              an

Auszahlungen aus dem Erwerb von beweglichen Sachen

des Anlagevermögens oberhalb der Wertgrenze

in Höhe von 410 Euro (7826)

200.000 Euro

(2.)   **Investitionszuweisungen vom Land (6811)**

                              an

Sonderposten aus

Zuweisungen vom Land (2311)

200.000 Euro

(3.)   **Abschreibungen auf Fahrzeuge(5753)**

                              an

Fahrzeuge (0750)

10.000 Euro

(4.)   **Sonderposten aus Zuweisungen vom Land (2311)**

                              an

Erträge aus der Auflösung von Sonderposten aus

Zuweisungen vom Land (4161)

10.000 Euro

Der Zusammenhang lässt sich folgendermaßen darstellen (Angaben in Euro):

Einzahlungskonto

S	6811	H
(2.) 200.000		

Auszahlungskonto

S	7826	H
	200.000(1.)	

Aktivkonto

S	0750	H
(1.) 200.000	10.000 (3.)	

Passivkonto

S	2311	H
(4.) 10.000	200.000(2.)	

Aufwandskonto

S	5753	H
(3.) 10.000		

Ertragskonto

S	4161	H
	10.000 (4.)	

Falls ein **Sonderposten für Beiträge** gebildet werden muss, sehen die Buchungen ähnlich aus.

Beispiel:

Eine Gemeinde hat im Dezember des Vorjahres für einen Haushalt einen Kanalanschluss erstellt und verschickt im Januar des aktuellen Haushaltsjahres den Beitragsbescheid in Höhe von 10.000 Euro, die auch 4 Wochen später durch Banküberweisung beglichen werden. Aus Gründen der Vereinfachung wird unterstellt, dass der Herstellungswert genau 10.000 Euro betrug und zu 100% abgerechnet wurde. Die geschätzte Nutzungsdauer des Anschlusses beträgt 50 Jahre. Da der Anschluss bereits Ende Dezember des Vorjahres fertig gestellt wurde, ist im ersten Nutzungsjahr sowohl eine vollständige Jahresabschreibung in Höhe von 200 Euro als auch eine Auflösung des Sonderpostens in Höhe von 200 Euro zu berücksichtigen.

Damit sind in dem betreffenden Haushaltsjahr, das gleichzeitig das erste Nutzungsjahr ist, folgende Buchungssätze zu berücksichtigen:

(1.)   **Beitragsforderungen gegenüber dem privaten Bereich (1621)**
an
Sonderposten aus Beiträgen (2320)
10.000 Euro

(2.)   **Beiträge für Kanalanschluss (6831)**
an
Beitragsforderungen gegenüber dem privaten Bereich (1621)
10.000 Euro

(3.)   **Abschreibungen auf**
Entwässerungs- und Abwasserbeseitigungsanlagen (5743)
an
Entwässerungs- und Abwasserbeseitigungsanlagen (0440)
200 Euro

(4.)   **Sonderposten aus Beiträgen (2320)**
an
Erträge aus der Auflösung von Sonderposten für Beiträge (4371)
200 Euro

Der Zusammenhang lässt sich folgendermaßen darstellen (Angaben in Euro):

Einzahlungskonto

S	6831	H
(2.) 10.000		

Aktivkonten

S	1621	H
(1.) 10.000	10.000	(2.)

S	0440	H
	200	(3.)

Passivkonto

S	2320		H
(4.)	200	10.000	(1.)

Aufwandskonto

S	5743	H
(3.)	200	

Ertragskonto

S	4371	H
		200	(4.)

Buchung der Abschreibungen von bzw. auf Forderungen

Wir haben bereits darauf hingewiesen, dass in Verbindung mit Forderungen zwei Arten von Abschreibungen zu unterscheiden sind (vgl. Seite 81):

• die Einzelabschreibung von Forderungen und

• die Pauschalabschreibung von Forderungen.

Beide Abschreibungsvarianten sind auch im NKF von Bedeutung. Zu beachten ist allerdings, dass anders als im kaufmännischen Bereich im Bereich der Verwaltungsdoppik neben den Grundsätzen ordnungsmäßiger Buchführung noch zusätzlich haushaltsrechtliche Vorschriften gelten. Besonders wichtig sind in diesem Zusammenhang die Regelungen, die die Stundung, die Niederschlagung und den Erlass von Forderungen betreffen (vgl. beispielsweise § 26 GemHVO NRW).

Es kann daher notwendig sein, in einer Nebenbuchhaltung auch noch solche Forderungen zu führen, die im NKF-Buchungskreis aufgrund der kaufmännischen Buchhaltungsgrundsätze ganz oder teilweise ausgebucht (abgeschrieben) werden müssen, obwohl die Ansprüche noch nicht niedergeschlagen oder erlassen worden sind.

Die grundsätzliche Vorgehensweise bei der **Einzelabschreibungen von Forderungen** haben wir bereits dargestellt (vgl. Seite 81 – 87). Demnach werden **uneinbringliche Forderungen** sofort abgeschrieben. Dies ist beispielsweise erforderlich, wenn der Schuldner nachweislich zahlungsunfähig ist. Bestehen begründete Zweifel, dass die Forderungen nicht bzw. nicht vollständig erfüllt werden, wie dies beispielsweise der Fall ist, wenn trotz Mahnungen nicht gezahlt wird, dann ist die Forderung zunächst als „zweifelhafte Forderung" einzustufen. Da zumindest die bisher für Nordrhein-Westfalen empfohlenen NKF – Kontenpläne kein Konto „Zweifelhafte Forderungen" vorsehen, muss man auf ein Unterkonto ausweichen. Die auf diesem Konto erfassten **„Zweifelhaften Forderungen"** werden dann in der Regel erst am Jahresende daraufhin durchgesehen, ob man sie ganz oder teilweise abschreiben muss.

Beispiel:

Ein kommunaler Verwaltungsbetrieb, der nicht umsatzsteuerpflichtig ist, hat Gebührenforderungen aufgrund von Entsorgungsdienstleistungen in Höhe von 5.000 Euro. Im Verlauf des Jahres zeichnet sich ab, dass erhebliche Zweifel bestehen, ob alle Forderungen erfüllt werden, und zwar ist eine Firma A in Zahlungsschwierigkeiten (die Forderung hat eine Höhe von 300 Euro) und eine Firma B ebenfalls (die Forderung beträgt 700 Euro). Die Überprüfung der zweifelhaften Forderung ergibt, dass man bei sorgfältiger Prognose die Forderung gegenüber der Firma B in voller Höhe abschreiben muss und dass man andererseits damit rechnen kann, dass A seine Schulden doch vollständig begleichen wird.

Zunächst werden die beiden zweifelhaften Forderungen vom Konto „Gebührenforderungen gegenüber dem privaten Bereich" (1611) auf das Unterkonto „Gebührenforderungen gegenüber dem privaten Bereich - zweifelhafte Forderungen" (16111) umgebucht. Dann erfolgt die Abschreibung der Forderung gegenüber B in Höhe von 700 Euro und die Umbuchung der Forderung gegenüber A auf das Konto „Gebührenforderungen gegenüber dem privaten Bereich". Es sind somit folgende Buchungssätze zu berücksichtigen:

(1.)   **Gebührenforderungen gegenüber dem privaten Bereich**
          - zweifelhafte Forderungen (16111)

          an

          Gebührenforderungen gegenüber dem privaten Bereich (1611)

          1.000 Euro

(2.)   **Abschreibungen auf das Umlaufvermögen (5781)**

          an

          Gebührenforderungen gegenüber dem privaten Bereich
          - zweifelhafte Forderungen (16111)

          700 Euro

(3.)   **Gebührenforderungen gegenüber dem privaten Bereich (1611)**

          an

          Gebührenforderungen gegenüber dem privaten Bereich
          - zweifelhafte Forderungen (16111)

          300 Euro

Der Vorgang lässt sich folgendermaßen darstellen (Angaben in Euro):

	Aktivkonten				**Aufwandskonto**	
S	1611	H		S	5781	H
(3.)	300	1.000	(1.)	(2.)	700	

S	Unterkonto 16111	H
(1.)	1.000	700	(2.)
		300	(3.)

Für den Fall, dass für eine zweifelhafte Forderung weder klar ist, dass sie völlig ausfällt, noch, dass sie, anders als zunächst vermutet, doch vollständig erzielbar ist, wählt man statt der direkten Abschreibung die **indirekte Abschreibung**. In diesem Fall wird auf dem Konto „Zweifelhafte Forderungen" kein Abgang gebucht, sondern stattdessen ein Zugang auf dem Passivkonto „**Einzelwertberichtigung zu Forderungen**". **Da die Forderung als Ganzes nicht ausfällt, wählt man als Aufwandskonto auch nicht ein Abschreibungskonto, sondern ein spezielle Aufwandskonto**, das die Abwertung einer noch bestehenden Forderung besser zum Ausdruck bringt.

Da eine Bilanzposition Wertberichtigung in der NKF-Schlussbilanz nicht erscheinen darf, muss man im Rahmen der abschlussvorbereitenden Buchungen, die Wertberichtigungen mit den Forderungen verrechnen, so dass letztlich das gleiche Ergebnis zu verzeichnen ist, wie bei einer direkten Abschreibung. Wir erläutern dies unter Verwendung des soeben herangezogenen Beispiels.

Beispiel:

Ein kommunaler Verwaltungsbetrieb, der nicht umsatzsteuerpflichtig ist, hat Gebührenforderungen aufgrund von Entsorgungsdienstleistungen in Höhe von 5.000 Euro. Im Verlauf des Jahres zeichnet sich ab, dass erhebliche Zweifel bestehen, ob alle Forderungen erfüllt werden, und zwar ist eine Firma A in Zahlungsschwierigkeiten (die Forderung hat eine Höhe von 300 Euro) und eine Firma B ebenfalls (die Forderung beträgt 700 Euro). Die Überprüfung der zweifelhaften Forderung ergibt, dass man bei sorgfältiger Prognose, die Forderung gegenüber der Firma B in voller Höhe abschreiben muss. Die Forderungen gegenüber A sind weiterhin als zweifelhaft einzustufen, man rechnet damit, dass man höchstwahrscheinlich von den 300 Euro nur 100 Euro erhalten wird.

Zunächst werden wieder die beiden zweifelhaften Forderungen vom Konto „Gebührenforderungen gegenüber dem privaten Bereich" (1611) auf das Unterkonto „Gebührenforderungen gegenüber dem privaten Bereich - zweifelhafte Forderungen" (16111) umgebucht. Dann erfolgt, wie bisher, die Abschreibung der Forderung gegenüber B in Höhe von 700 Euro. Am Jahresende wird dann **die „Abwertung" der zweifelhaften Forderung** gegenüber A vorgenommen. Auf dem Konto „Zweifelhafte Forderungen" erfolgt allerdings hierdurch keine Veränderung. Es wird auf dem Passivkonto „**Einzelwertberichtigung zu Forderungen**" (**211**) ein Zugang in Höhe von 200 Euro gebucht; die Gegenbuchung erfolgt auf einem speziellen Aufwandskonto „**Wertkorrekturen zu Forderungen**" (**5449**).

Es sind somit folgende Buchungssätze zu berücksichtigen:

(1.) **Gebührenforderungen gegenüber dem privaten Bereich**
- zweifelhafte Forderungen (16111)
an
Gebührenforderungen gegenüber dem privaten Bereich (1611)
1.000 Euro

(2.) **Abschreibungen auf das Umlaufvermögen (5781)**
an
Gebührenforderungen gegenüber dem privaten Bereich
- zweifelhafte Forderungen (16111)
700 Euro

(3.) **„Wertkorrekturen zu Forderungen" (5449)**
an
„Einzelwertberichtigung zu Forderungen" (211)
200 Euro

Der Vorgang lässt sich folgendermaßen darstellen (Angaben in Euro):

Aktivkonten

S	1611	H
	1.000	(1.)

S	Unterkonto 16111	H
(1.) 1.000	700	(2.)

Passivkonto

S	211	H
	200	(3.)

Aufwandskonten

S	5781	H
(2.)	700	

S	5449	H
(3.)	200	

Im Rahmen der abschlussvorbereitenden Buchungen wird dann der Saldo des Kontos „Einzelwertberichtigungen" (211) auf dem Konto „Zweifelhafte Forderungen" (16111) gegengebucht. Buchungssatz: 211 200 Euro an 16111 200 Euro. Damit beträgt der Saldo auf dem Konto „Zweifelhafte Forderungen" (16111) nur noch 100 Euro. Dieser Endbestand an zweifelhaften Forderungen wird dann wieder auf dem Konto „Forderungen" (1611) gegengebucht.

Bei der **Pauschalwertberichtigung auf Forderungen** wird **im NKF** folgendermaßen vorgegangen:

- Zunächst ist der Forderungsbestand festzulegen, welcher der Pauschalwertberichtigung unterworfen werden soll. Forderung, für die man eine Einzelabschreibung oder eine Einzelwertberichtigung vorgenommen hat, müssen also herausgerechnet werden.

- Durch sorgfältige Auswertung der Buchhaltung der vergangenen Perioden wird geklärt, wie hoch bei diesen an sich „gesunden" Forderungen der Ausfallanteil, d.h. das allgemeine Kreditrisiko, ist.

- Für die pauschale Korrektur der Forderungen wird die indirekte Abschreibung gewählt. In diesem Fall erfolgt zunächst keine Buchung auf dem Vermögenskonto „Forderungen", sondern es wird auf einem **Passivkonto „Pauschalwertberichtigungen auf Forderungen"** (2120) der Zugang an Wertberichtigungen im Haben gebucht. Die Gegenbuchung erfolgt wieder auf dem bereits erwähnten gesonderten Aufwandskonto „**Wertkorrekturen zu Forderungen**" (5449), wobei man hier ein anderes Unterkonto wählen sollte als bei den Wertkorrekturen, die die Einzelwertberichtigungen betreffen.

- **Auch hier ist wieder zu beachten, dass man Wertberichtigungen nicht in der NKF-Schlussbilanz ausweisen darf.** Insofern muss das Konto „Pauschalwertberichtigungen auf Forderungen" im Rahmen der abschlussvorbereitenden Buchungen aufgelöst und der Endbestand mit den Forderungen verrechnet werden, so dass letztlich der um die Pauschalabschreibungen bereinigte Forderungsbestand ausgewiesen wird.

Beispiel:

Ein kommunaler Verwaltungsbetrieb hat Forderungen aufgrund der Hundesteuer in Höhe von 100.000 Euro gegenüber den Hundehalterinnen und Hundehaltern in der Gemeinde. Einzelabschreibungen und Einzelwertberichtigungen auf diese Forderungen sind bereits in Abzug gebracht worden. Üblicherweise sind allerdings 5% dieser an sich nicht zweifelhaften Forderungen nicht zu realisieren. Es ist berechtigt, auch in Zukunft von diesem Forderungsausfall auszugehen.

Folgende Buchung ist zunächst zu berücksichtigen:

Wertkorrektur zu Forderungen (5449)

an

Pauschalwertberichtigungen zu Forderungen (2120)

5.000 Euro

Passivkonto

S	2120	H
	5.000	

Aufwandskonto

S	5449	H
	5.000	

Bei den abschlussvorbereitenden Arbeiten ist folgende Buchung zu berücksichtigen:

Pauschalwertberichtigungen zu Forderungen (2120)

an

Steuerforderungen gegenüber dem privaten Bereich (1631)

5.000 Euro

Aktivkonto

S	1631	H
	5.000	

Passivkonto

S	2120	H
	5.000	

7.3.3 Die Verbuchung des beim Verbrauch der Werkstoffe entstehenden Aufwandes

Nachfolgend wird davon ausgegangen, dass eine Werkstofflieferung zunächst auf Lager genommen wird. Mit der Entnahme der Werkstoffe vom Lager findet dann der Verbrauch statt bzw. wird ein Verbrauch unterstellt und ist somit der Aufwand zu buchen. Dabei kann man entweder die **einzelnen Entnahmen** buchen, oder aber die einzelnen Entnahmen in einem bestimmten Zeitraum, beispielsweise im Geschäftsjahr, zusammenfassen und den Gesamtbetrag als Aufwand buchen. Im letzten Fall handelt es sich um eine **Sammelbuchung.**

Beispiel (Lagerhaltung):

Ein kommunaler Verwaltungsbetrieb verfügt zu Beginn des Geschäftsjahres (Haushaltsjahres) über einen Büromaterialbestand im Werte von 10.000 Euro. Zwei Entnahmen sind zu verzeichnen: Zunächst wird Material im Werte von 1.000 Euro und später wird Material im Werte von 4.000 Euro entnommen und verbraucht.

Folgende Buchungen sind zu berücksichtigen:

- Buchung der einzelnen Entnahmen -

(1.)   **Geschäftsaufwendungen/Büromaterial (5431)**

an

Sonstige Vorräte (1590)

1.000 Euro

(2.)   **Geschäftsaufwendungen/Büromaterial (5431)**

an

Sonstige Vorräte (1590)

4.000 Euro

- Sammelbuchung -

Geschäftsaufwendungen/Büromaterial (5431)

an

Sonstige Vorräte (1590)

5.000 Euro

Die letzte Variante lässt sich folgendermaßen darstellen (Angaben in Euro):

	Aktivkonto				**Aufwandskonto**	
S	1590	**H**		**S**	5431	**H**
AB 10.000		5.000		5.000		

Für den Fall, dass keine Lagerhaltung vorliegt, wird **kein** Aktivkonto „Vorräte" berührt.

Beispiel (keine Lagerhaltung):

Ein kommunaler Verwaltungsbetrieb lässt seine Fahrzeuge regelmäßig bei einer privaten Tankstelle auftanken und erhält jeweils am Monatsende die entsprechende Abrechnung. Die Rechnung für den abgelaufenen Monat in Höhe von 3.211 Euro geht ein. 20 Tage später wird der Betrag ohne Abzug überwiesen. Es handelt sich um den hoheitlichen Bereich der Gemeinde.

Es gelten folgende Buchungssätze:

(1.) **Aufwendungen für Treibstoffe (5225)**

an

**Verbindlichkeiten aus Lieferungen und Leistungen
gegen den privaten Bereich (3550)
3.211 Euro**

(2.) **Verbindlichkeiten aus Lieferungen und Leistungen
gegen den privaten Bereich (3550)**

an

**Auszahlungen für Treibstoffe (7225)
3.211 Euro**

Die Buchungen lassen folgendermaßen darstellen:

Auszahlungskonto

S	7225		H
	3.211	(2.)	

Passivkonto

	S	3550		H
(2.)	3.211	3.211	(1.)	

Aufwandskonto

	S	5225		H
(1.)	3.211			

7.3.4 Die Verbuchung der Zins- und Mietaufwendungen

Nachfolgend wird zunächst unterstellt, dass für einen aufgenommenen Kredit im betreffenden Haushaltsjahr Zinsauszahlungen und Zinsaufwand in gleicher Höhe anfallen, also keine Zinsvorauszahlung oder Zinsnachzahlungen für andere Jahre zu berücksichtigen sind. Auf eventuelle Unterschiede zwischen Zinsauszahlungen und Zinsaufwendungen wird in Verbindung mit den Rechnungsabgrenzungsposten an späterer Stelle noch eingegangen.

Beispiel:

Ein kommunaler Verwaltungsbetrieb hat für eine Baumaßnahme bei einem privatwirtschaftlichen Geldinstitut einen Kredit aufgenommen. Für das laufende Haushaltsjahr zahlt er im laufenden Haushaltsjahr die fälligen Zinsen in Höhe von 10.000 Euro per Banküberweisung.

Der Buchungssatz lautet

Zinsaufwendungen an private Unternehmen (5517)

an

Zinsauszahlungen an private Unternehmen (7517)

10.000 Euro

und lässt sich folgendermaßen darstellen (Angaben in Euro):

	Auszahlungskonto			Aufwandskonto	
S	7517	H	S	5517	H
		10.000	10.000		

Wie bei den Zinsaufwendungen bzw. Zinsauszahlungen wird zunächst auch für die **Mietaufwendungen** bzw. Mietauszahlungen unterstellt, dass sie in dem betreffenden Haushaltsjahr in gleicher Höhe anfallen. Vor- und Nachzahlungen für andere Haushaltsjahre werden in Verbindung mit den Rechnungsabgrenzungsposten behandelt.

Beispiel:

Ein kommunaler Verwaltungsbetrieb zahlt für die Nutzung einer Garage im Mai des laufenden Haushaltsjahr den für diesen Monat fälligen Betrag in Höhe von 120 Euro per Banküberweisung.

Der Buchungssatz lautet

Aufwendungen / Mieten, Pachten, Erbauzinsen (5421)

an

Auszahlungen / Mieten, Pachten, Erbauzinsen (7421)

120 Euro

und lässt sich folgendermaßen darstellen (Angaben in Euro):

	Auszahlungskonto			Aufwandskonto	
S	7421	H	S	5421	H
		120	120		

7.3.5   Die Verbuchung der mit der Bildung von Rückstellungen verbundenen Aufwendungen

Wir haben bereits den Begriff der Rückstellungen an früherer Stelle erläutert (vgl. S. 91 ff.). Wie im Bereich der Privatwirtschaft ist auch im NKF die Bildung von Rückstellung streng geregelt, wobei teilweise Abweichungen gegenüber der handelsrechtlichen Regelung zu beach ten sind. In Nordrhein-Westfalen ist bezüglich der Rückstellungen besonders § 36 der Gemeindehaushaltsverordnung von Bedeutung.

Demnach sind Rückstellungen für

- Pensionsverpflichtungen,
- die Rekultivierung und Nachsorge von Deponien,
- unter bestimmten Bedingungen für unterlassene Instandhaltung von Sachanlagen,
- für bestimmte Verpflichtungen, die dem Grunde oder der Höhe nach noch nicht genau bekannt sind, sowie
- für drohende Verluste aus schwebenden Geschäften und aus laufenden Verfahren zu bilden.

Beispiel 1:

Für einen aktiven Beamten werden im Mai für den Monat Mai die notwendigen Pensionsrückstellungen in Höhe von 700 Euro gebildet.

Der betreffende Buchungssatz lautet

Zuführung zu Pensionsrückstellungen für Beschäftigte (5051)

an

Pensionsrückstellungen für Beschäftigte (2510)

700 Euro

Dies lässt sich folgendermaßen darstellen:

	Passivkonto	
S	2510	H
		700

	Aufwandskonto	
S	5051	H
700		

Beispiel 2:

Für die Reparatur eines Garagendaches wird am Jahresende eine Rückstellung in Höhe von 2.000 Euro gebildet. Zu Beginn des Folgejahres wird die Reparatur in Auftrag gegeben und von einem privatwirtschaftlichen Unternehmen durchgeführt. Kurz danach erhält der kommunale Verwaltungsbetrieb die Rechnung. Der Rechnungsbetrag beträgt exakt 2.000 Euro. Einige Tage später wird der Betrag ohne Abzug überwiesen. Es handelt sich um den hoheitlichen Bereich der Gemeinde.

Der betreffende Buchungssatz am Ende des Haushaltsjahres lautet:

Aufwendungen für Unterhaltung der Grundstücke, Gebäude usw. (5231)

an

Instandhaltungsrückstellung (2710)

2.000 Euro

Dies lässt sich folgendermaßen darstellen:

Passivkonto

S	2710	H
		2.000

Aufwandskonto

S	5231	H
2.000		

Im Folgejahr ist dann beim Rechnungseingang folgende Buchung vorzunehmen:

(1)   **Instandhaltungsrückstellung (2710)**

an

Verbindlichkeiten aus Lieferungen und Leistungen

gegen den privaten Bereich (3550)

2.000 Euro

Bei der Bezahlung der Rechnung gilt folgender Buchungssatz:

(2)   **Verbindlichkeiten aus Lieferungen und Leistungen**

gegen den privaten Bereich (3550)

an

Auszahlungen für Unterhaltung der Grundstücke, Gebäude usw. (7231)

2.000 Euro

Der Zusammenhang lässt sich folgendermaßen darstellen:

Auszahlungskonto

S	7231	H
	2.000	(2)

Passivkonten

S	2710	H
(1)	2.000	

S	3550	H
(2)	2.000	2.000	(1)

Beispiel 3:

Für die Reparatur eines Garagendaches wird am Jahresende eine Rückstellung in Höhe von 2.000 Euro gebildet. Zu Beginn des Folgejahres wird die Reparatur in Auftrag gegeben und durchgeführt. Kurz danach erhält der kommunale Verwaltungsbetrieb die Rechnung. Der Rechnungsbetrag beträgt 2.400 Euro. Es handelt sich um den hoheitlichen Bereich der Gemeinde.

Die Buchung am Ende des Haushaltsjahres, in dem die Instandhaltungsrückstellung gebildet wird, ist die gleiche wie beim Beispiel 2.

Im Folgejahr ist dann beim Rechnungseingang allerdings eine andere Buchung vorzunehmen, da der Rechnungsbetrag die gebildete Rückstellung übersteigt. In Höhe von 400 Euro handelt es sich um einen periodenfremden Aufwand, der seinen Grund in der fehlerhaften Einschätzung der Reparatur hat. Es liegt daher nahe, den Betrag in Höhe von 400 Euro als „außerordentliche Aufwendungen" zu verbuchen. Außerordentlicher Aufwendungen werden jedoch im NKF eng abgegrenzt. Sie müssen auf seltene und ungewöhnliche Vorgänge von wesentlicher Bedeutung zurückzuführen sein. Dies ist hier nicht der Fall. Also erfolgt eine Verbuchung als „andere sonstige ordentliche Aufwendungen" (5499).

Im Folgejahr wird also bei Rechnungseingang folgendermaßen gebucht:

(1) **Instandhaltungsrückstellung (2710) 2.000 Euro**

und

Andere sonstige ordentliche Aufwendungen (5499) 400 Euro

an

Verbindlichkeiten aus Lieferungen und Leistungen

gegen den privaten Bereich (3550)

2.400 Euro

Bei der Bezahlung der Rechnung gilt folgender Buchungssatz:

(2)   **Verbindlichkeiten aus Lieferungen und Leistungen**
                   gegen den privaten Bereich (3550)
                                    an
          Auszahlungen für Unterhaltung der Grundstücke, Gebäude usw. (7231)
                              2.400 Euro

Der Zusammenhang lässt sich folgendermaßen darstellen:

Auszahlungskonto

S	7231	H
	2.400	(2)

Passivkonten

S	2710	H
(1)	2.000	

S	3550	H
(2)	2.400 / 2.400	(1)

Aufwandskonto

S	5499	H
(1)	400	

Beispiel 4:

Für die Reparatur eines Garagendaches wird am Jahresende eine Rückstellung in Höhe von 2.000 Euro gebildet. Zu Beginn des Folgejahres wird die Reparatur in Auftrag gegeben und durchgeführt. Kurz danach erhält der kommunale Verwaltungsbetrieb die Rechnung. Der Rechnungsbetrag beträgt 1.500 Euro. Es handelt sich um den hoheitlichen Bereich der Gemeinde.

Die Buchung am Ende des Haushaltsjahres, in dem die Instandhaltungsrückstellung gebildet wird, ist die gleiche wie beim Beispiel 2.

Im Folgejahr ist dann beim Rechnungseingang wieder eine andere Buchung vorzunehmen, da der Rechnungsbetrag die gebildete Rückstellung unterschreitet. In Höhe von 500 Euro handelt es sich um einen periodenfremden Ertrag, der seinen Grund in der fehlerhaften Einschätzung der Reparatur hat. Es liegt daher nahe, den Betrag in Höhe von 500 Euro als „außerordentliche Erträge" zu verbuchen. Außerordentlicher Erträge werden jedoch im NKF eng abgegrenzt. Sie müssen auf seltene und ungewöhnliche Vorgänge von wesentlicher Bedeutung zurückzuführen sein. Dies ist hier nicht der Fall. An sich wäre damit spiegelbildlich zum vorherigen Beispiel eine Verbuchung als „andere sonstige ordentliche Erträge" vorzunehmen. Im NKF Kontenrahmen findet sich jedoch ein spezielles Konto „Erträge aus der Auflösung oder Herabsetzung von Rückstellungen" (4583). Insofern ist dieses zu wählen.

Im Folgejahr wird also bei Rechnungseingang folgendermaßen gebucht:

(1)   **Instandhaltungsrückstellung (2710) 2.000 Euro**
an
Verbindlichkeiten aus Lieferungen und Leistungen
gegen den privaten Bereich (3550)
1.500 Euro
und
Erträge aus der Auflösung oder Herabsetzung
von Rückstellungen (4583)
500 Euro

Bei der Bezahlung der Rechnung gilt folgender Buchungssatz:

(2)   **Verbindlichkeiten aus Lieferungen und Leistungen**
gegen den privaten Bereich (3550)
an
Auszahlungen für Unterhaltung der Grundstücke, Gebäude usw. (7231)
1.500 Euro

Der Zusammenhang lässt sich folgendermaßen darstellen:

Auszahlungskonto

S	7231	H
	1.500	(2)

Passivkonten

S	2710	H
(1)	2.000	

S	3550	H
(2)	1.500	1.500	(1)

Ertragskonto

S	4583	H
	500	(1)

7.3.6   Die Verbuchung der Steuererträge

Zu den Steuern, die die Kommunen selbst erheben, zählen beispielsweise die Realsteuern (die Grundsteuer A und B sowie die Gewerbesteuer), die Vergnügungssteuer und die Hundesteuer. Üblicherweise ist, wie beim einem Rechnungsausgang, mit dem Versand des entsprechenden Steuerbescheides ein Ertrag zu buchen, wobei die Gegenbuchung auf einem Forderungskonto erfolgt. Dies gilt allerdings nur, wenn sich der Steuerbescheid exakt auf das aktuelle Haushaltsjahr bezieht und keine Steuerforderungen für Vor- oder Folgejahre beinhaltet. Werden Steuernach- bzw. Steuervorauszahlungen verlangt, sind besondere Buchungen zu beachten.

Beispiel 1:

Ein kommunaler Verwaltungsbetrieb versendet einen Hundesteuerbescheid über 150 Euro für das aktuelle Haushaltjahr im Januar des gleichen Haushaltsjahres. Zwei Wochen später erhält er den Betrag per Banküberweisung.

Die Buchungssätze lauten:

(1)   **Steuerforderungen gegenüber dem privaten Bereich (1631)**

an

Hundesteuererträge (4033) 150 Euro

(2)   **Hundesteuereinzahlungen (6033)**

an

Steuerforderungen gegenüber dem privaten Bereich (1631)

150 Euro

Der Zusammenhang lässt sich folgendermaßen darstellen:

	Einzahlungskonto		
S	**6033**		**H**
(2)	150		

	Aktivkonten		
S	**1631**		**H**
(1)	150	150	(2)

	Ertragskonto		
S	**4033**		**H**
		150	(1)

Beispiel 2:

Ein kommunaler Verwaltungsbetrieb versendet einen endgültigen Gewerbesteuerbescheid für das Vorjahr. Die betreffende Unternehmung muss 500 Euro nachzahlen.

Der Bescheid beinhaltet somit eine neue Forderung über 500 Euro, die der kommunale Verwaltungsbetrieb an sich bereits im Vorjahr hatte, aber aufgrund des Verfahrens für die Berechnung der Gewerbesteuer erst im aktuellen Haushaltsjahr erkannt hat und die auch erst jetzt gebucht werden kann. Folglich ist zwar auch der Ertrag im Vorjahr entstanden, aber ebenfalls im Vorjahr nicht erkannt und somit auch nicht gebucht worden. Die Erfassung und Buchung des Ertrages wird mit dem Ausgang des Bescheides nachgeholt. Es handelt sich um einen periodenfremden Ertrag, der gleichwohl als Steuerertrag gebucht wird. Eine Verbuchung als außerordentlicher Ertrag kommt wegen der bereits erläuterten engen Begriffsfassung nicht in Betracht.

Der Buchungssatz lautet:

Steuerforderungen gegenüber dem privaten Bereich (1631)

an

Gewerbesteuer (4013) 500 Euro

Der Zusammenhang lässt sich folgendermaßen darstellen:

	Aktivkonto	
S	1631	H
500		

	Ertragskonto	
S	4013	H
	500	

Beispiel 3:

Ein kommunaler Verwaltungsbetrieb versendet einen Hundesteuerbescheid über 150 Euro im Dezember des aktuellen Haushaltsjahres für das Folgejahr. Im Januar des Folgejahres erhält er den Betrag per Banküberweisung.

Die Buchung wirft Probleme auf. Schon die Frage, ob überhaupt eine Steuerforderung zu buchen ist, ist nicht einfach zu beantworten. Falls man sich für die Buchung der Steuerforderung entscheidet, stellt sich die Frage nach der Gegenbuchung. Ein Ertragskonto kommt nicht in Betracht. Das Konto „Passiver Rechnungsabgrenzungsposten" erscheint uns aus zwei Gründen nicht zutreffend. Erstens liegt noch keine Zahlung vor und zweitens hat der Leistungszeitraum noch nicht begonnen. Wir verweisen in diesem Zusammenhang auf unsere grundsätzlichen Ausführung zu den Rechnungsabgrenzungsposten (vgl. S. 119 ff). In der Literatur wird allerdings teilweise auch die Auffassung vertreten, dass man einen Rechnungsabgrenzungsposten bilden kann, obwohl noch keine Bar- oder Buchgeldbewegung vorliegt. Dem schließen wir uns nicht an. Wir halten es in diesem Fall für zweckmäßig, die Forderung und gleichzeitig eine Verbindlichkeit zu buchen.

Somit lautet der Buchungssatz im Dezember des aktuellen Haushaltsjahres:

(1)   **Steuerforderungen gegenüber dem privaten Bereich (1631)**

an

Andere sonstige Verbindlichkeiten (3790) 150 Euro

Die Buchung lässt sich folgendermaßen darstellen:

	Aktivkonto			**Passivkonto**	
S	1631	**H**	**S**	3790	**H**
150				150	

Beim Eingang der Zahlung im Folgejahr erfolgt dann die Buchung

(1)   **Hundesteuereinzahlungen (6033)**

an

Hundesteuererträge (4033)

150 Euro

Gleichzeitig werden Forderungen und Verbindlichkeiten wieder ausgebucht, Buchungssatz:

(2)   **Andere sonstige Verbindlichkeiten (3790)**

an

Steuerforderungen gegenüber dem privaten Bereich (1631)

150 Euro

Der Zusammenhang lässt sich folgendermaßen darstellen:

Einzahlungskonto

S	6033	**H**
(1)	150	

	Aktivkonto			**Passivkonto**	
S	1631	**H**	**S**	3790	**H**
	150	(2)	(2)	150	

Ertragskonto

S	4033	**H**
		150 (1)

7.3.7 Die Verbuchung der Zuwendungserträge

Bei den Zuwendungen handelt es sich um Beträge, die der kommunale Verwaltungsbetrieb ohne Gegenleistung erhält. Werden sie von einer Gebietskörperschaft gewährt, spricht man von einer Zuweisung. Die restlichen Zuwendungen nennt man Zuschüsse. Werden Zuwendung für investive Zwecke gewährt, werden Sonderposten gebildet. Nachfolgend werden nur solche Zuwendungen betrachtet, bei denen es nicht um Investitionen geht bzw. bei denen zunächst noch nicht klar ist, inwieweit damit Investitionen finanziert werden.

Zu beachten ist, dass die Buchung bereits beim Eingang des verbindlichen Zuwendungsbescheides zu erfolgen hat, wenn dieser der Zahlung vorausgeht.

Beispiel 1:

Ein kommunaler Verwaltungsbetrieb erhält im Januar des aktuellen Haushaltsjahres vom Land den Bescheid über eine Zuwendung für laufende Zwecke in Höhe von 50.000 Euro. Eine Zweckbindung liegt nicht vor. Der Zuwendungszeitraum ist das aktuelle Haushaltsjahr. Zwei Wochen nach dem Bescheid erhält der kommunale Verwaltungsbetrieb den Betrag per Überweisung.

Zunächst ist die Forderung gegenüber dem Land zu buchen. Da keine Zweckbindung vorliegt, erfolgt die Gegenbuchung auf dem entsprechenden Ertragskonto.

Der Buchungssatz lautet:

(1) **Sonstige öffentlich-rechtliche Forderungen gegenüber**
dem öffentlichen Bereich (1631)
an
Zuweisungen für laufende Zwecke vom Land/Ertrag (4141)
50.000 Euro

Beim Zahlungseingang gilt:

(2) **Zuweisungen für laufende Zwecke vom Land/Einzahlung (6141)**
an
Sonstige öffentlich-rechtliche Forderungen gegenüber
dem öffentlichen Bereich (1631)
50.000 Euro

Der Zusammenhang lässt sich folgendermaßen darstellen:

Einzahlungskonto

S	6141	H
(2) 50.000		

Aktivkonto

S	1631	H
(1) 50.000	50.000	(2)

Ertragskonto

S	4141	H
	50.000	(1)

Beispiel 2:

Ein kommunaler Verwaltungsbetrieb erhält im Januar des aktuellen Haushaltsjahres vom Land den Bescheid über eine zweckgebundene Zuwendung für eine Werbemaßnahme in Höhe von 500 Euro. Der Zuwendungszeitraum ist das aktuelle Haushaltsjahr. Zwei Wochen nach dem Bescheid erhält der kommunale Verwaltungsbetrieb den Betrag per Überweisung. Anschließend wird das Geld dem Zweck entsprechend verwendet, was auch belegt werden kann.

Zunächst ist die Forderung gegenüber dem Land zu buchen. Da noch keine dem Zweck entsprechende Verwendung vorliegt, erfolgt die Gegenbuchung auf einem Verbindlichkeitskonto. Dies ist deshalb geboten, weil der Betrag dem Land zu erstatten ist, wenn er nicht dem vorgesehenen Zweck entsprechend verwendet wird. Erst wenn der Verwendungszweck nachgewiesen werden kann, wird die Verbindlichkeit ausgebucht.

Buchungssätze:

(1)   **Sonstige öffentlich-rechtliche Forderungen gegenüber**
                        dem öffentlichen Bereich (1631)
                                    an
                Andere sonstige Verbindlichkeiten (3790)
                                500 Euro

Beim Zahlungseingang gilt:

(2) **Zuweisungen für laufende Zwecke vom Land/Einzahlung (6141)**

an

Sonstige öffentlich-rechtliche Forderungen gegenüber
dem öffentlichen Bereich (1631)
500 Euro

(3) **Andere sonstige Verbindlichkeiten (3790)**

an

Zuweisungen für laufende Zwecke vom Land/Ertrag (4141)
500 Euro

Der Zusammenhang lässt sich folgendermaßen darstellen:

Einzahlungskonto

S	6141	H
(2)	500	

Aktivkonto

S	1631	H
(1)	500	500	(2)

Verbindlichkeitskonto

S	3790	H
(3)	500	500	(1)

Ertragskonto

S	4141	H
		500	(3)

7.3.8 Die Verbuchung der Produkterlöse

Für den kommunalen Verwaltungsbetrieb sind in erster Linie öffentlich-rechtliche Entgelte, wie beispielsweise Verwaltungsgebühren und Benutzungsgebühren, von Bedeutung. Diese sind daran zu erkennen, dass sie durch eine Satzung geregelt sind. Daneben sind privatrechtliche Entgelte zu berücksichtigen. Es handelt sich dabei um Entgelte, die nicht durch eine Satzung geregelt sind. Bei Eintrittspreisen für Theater- oder Museumsbesuche ist dies häufig der Fall. Für die Buchung ist bedeutsam, ob der Verkaufsvorgang der Mehrwertsteuer unterliegt oder nicht.

Nachfolgend werden einige Varianten der Bezahlung kommunaler Dienstleistungen behandelt:

Beispiel 1:

Es werden für den Besuch einer Volkshochschulveranstaltung, die nicht der Umsatzsteuer unterliegt, die Eintrittspreise in Höhe von insgesamt 100 Euro bar entgegengenommen. Das Entgelt ist nicht durch eine Satzung geregelt.

In der Verwaltungsanweisung zur Gemeindeordnung und Gemeindehaushaltsverordnung des Landes Nordrhein-Westfalen findet sich der Hinweis, dass Eintrittsgelder zu kulturellen und sportlichen Veranstaltungen in die Kontengruppe 43 (Öffentlich-rechtliche Leistungsentgelte) fallen. Wir interpretieren den Hinweis derart, dass Eintrittsgelder, soweit sie durch eine Satzung geregelt sind, in der Kontengruppe 43 zu berücksichtigen sind. Ist dies nicht der Fall, sind die Eintrittspreise privatrechtlich geregelt und somit in der Kontengruppe 44 (Privatrechtliche Leistungsentgelte, Kostenerstattungen und Kostenumlagen) zu erfassen. Dies ist nach unserer Auffassung hier der Fall.

Der Buchungssatz lautet somit:

Sonstige privatrechtliche Leistungsentgelte/Einzahlung (6419)

an

Sonstige privatrechtliche Leistungsentgelte/Erträge (4419) 100 Euro

Die Buchung lässt sich folgendermaßen darstellen (Angaben in Euro):

Einzahlungskonto			Ertragskonto		
S	6419	H	S	4419	H
100					100

Beispiel 2:

Es gelten die gleichen Angaben wie beim Beispiel 1, aber das Entgelt ist nunmehr durch eine Satzung geregelt.

In diesem Fall lautet der Buchungssatz:

Benutzungsgebühren und ähnliche Entgelte/Einzahlung (6321)

an

Benutzungsgebühren und ähnliche Entgelte /Erträge (4321) 100 Euro

Die Buchung lässt sich folgendermaßen darstellen (Angaben in Euro):

Einzahlungskonto			Ertragskonto		
S	6321	H	S	4321	H
100					100

Beispiel 3:

Es wird von einem Betrieb gewerblicher Art der Gemeinde eine Reinigungsdienstleistung, die der Umsatzsteuer unterliegt, erbracht und dem betreffenden privaten Kunden in Rechnung gestellt, der Rechnungsbetrag in Höhe von 119 Euro beinhaltet 19 Euro Mehrwertsteuer. Zwei Wochen nach dem Rechnungsausgang geht der Betrag ohne Abzug per Überweisung ein.

Mit dem Ausgang der Rechnung ist auf dem Aktivkonto „Privatrechtliche Forderungen gegenüber dem privaten Bereich" (1710) im Soll der Zugang in Höhe von 119 Euro zu buchen. Aus diesem Betrag ist die Mehrwertsteuer herauszurechnen. Sie beträgt 19 Euro. Dieser Betrag ist an das Finanzamt abzuführen. Die entsprechende Verbindlichkeit gegenüber dem Finanzamt wird auf dem Passivkonto „Umsatzsteuer" (3711) im Haben gebucht. Der restliche Betrag in Höhe von 100 Euro wird im Haben auf dem Ertragskonto „Sonstige privatrechtliche Leistungsentgelte" (4419) erfasst. Beim Zahlungseingang erfolgen die Buchung auf dem Einzahlungskonto „Sonstige privatrechtliche Leistungsentgelte" (6419) und auf dem Aktivkonto „Privatrechtliche Forderungen gegenüber dem privaten Bereich" (1710).

Folgende Buchungssätze sind zu berücksichtigen:

(1)

Privatrechtliche Forderungen gegenüber

dem privaten Bereich (1710) 119 Euro

an

Umsatzsteuer (3711) 19 Euro

und

Sonstige privatrechtliche Leistungsentgelte/Erträge (4419) 100 Euro

(2)

Sonstige privatrechtliche Leistungsentgelte/Einzahlungen (6419)

an

Privatrechtliche Forderungen gegenüber

dem privaten Bereich (1710)

119 Euro

Die Buchungen lassen sich folgendermaßen darstellen (Angaben in Euro):

Einzahlungskonto

S	6419	H
(2)	119	

Aktivkonto

S	1710	H
(1)	119	119	(2)

Verbindlichkeitskonto

S	3711	H
	19	(1)

Ertragskonto

S	4419	H
	100	(1)

7.3.9   Die Verbuchung der beim Verkauf von Sachanlagen entstehenden Erlöse

Die Verbuchung ohne Berücksichtigung der Mehrwertsteuer

Wir betrachten zunächst den Verkauf ohne Berücksichtigung der Mehrwertsteuer, wie dies im Bereich des kommunalen Verwaltungsbetriebs die Regel ist.

In diesem Fall haben wir bei den Buchungen lediglich darauf zu achten, ob der Verkaufspreis

*   genau in Höhe des Buchwertes,
*   unter dem Buchwert oder
*   über dem Buchwert liegt,

wobei mit dem Buchwert der Wert gemeint ist, mit dem das betreffende Wirtschaftsgut im Augenblick des Verkaufs in der Bilanz bzw. in der Buchhaltung noch ausgewiesen wird.

*   Der **Verkauf zum Buchwert** ist erfolgsneutral, durch ihn entstehen weder Aufwendungen noch Erträge.

Beispiel 1:

Ein kommunaler Verwaltungsbetrieb verkauft ein Fahrzeug, das in der Buchhaltung mit 2.000 Euro ausgewiesen wird, bar zum Preis von 2.000 Euro.

Auf dem Aktivkonto „Fahrzeuge"(0750) ist im Haben ein Abgang in Höhe von 2.000 Euro zu buchen. Dafür ist auf dem Einzahlungskonto „Einzahlungen aus der Veräußerung von beweglichen Sachen des Anlagevermögens"(6823) in gleicher Höhe ein Zugang im Soll zu verzeichnen.

Der Buchungssatz lautet:

Einzahlungen aus der Veräußerung von

beweglichen Sachen des Anlagevermögens (6823)

an

Fahrzeuge (0750) 2.000 Euro

Die Buchung lässt sich folgendermaßen darstellen (Angaben in Euro):

	Einzahlungskonto				Aktivkonto	
S	6823	**H**	**S**		0750	**H**
2.000						2.000

- Wird hingegen ein **Erlös** erzielt, der **über dem Buchwert** liegt, entsteht ein Ertrag. Dabei sind die Regelungen in den einzelnen Bundesländern unterschiedlich. In Nordrhein-Westfalen wird die Differenz in der Regel als sonstiger betrieblicher Ertrag ausgewiesen, in anderen Bundesländern als außerordentlicher Ertrag, so z.B. in Hessen.

Beispiel 2:

Ein kommunaler Verwaltungsbetrieb verkauft ein Fahrzeug, das in der Buchhaltung mit 2.000 Euro ausgewiesen wird, bar zum Preis von 3.000 Euro.

Auf dem Aktivkonto „Fahrzeuge" (0750) ist wieder im Haben der Abgang in Höhe von 2.000 Euro zu buchen. Auf dem Konto „Einzahlungen aus der Veräußerung von beweglichen Sachen des Anlagevermögens" (6823) ist allerdings ein Zugang in Höhe von 3.000 Euro im Soll zu verzeichnen. Folglich muss noch eine Habenbuchung in Höhe von 1.000 Euro erfolgen, die auf einem speziellen Ertragskonto, und zwar auf dem Konto „Erträge aus der Veräußerung von beweglichen Sachen des Anlagevermögens" (4513) vorgenommen wird.

Der Buchungssatz lautet:

Einzahlungen aus der Veräußerung von

beweglichen Sachen des Anlagevermögens (6823)

3.000 Euro

an

Fahrzeuge (0750) 2.000 Euro

und

Erträge aus der Veräußerung von

beweglichen Sachen des Anlagevermögens (4513)

1.000 Euro

Die Buchung lässt sich folgendermaßen darstellen (Angaben in Euro):

Einzahlungskonto

S	6823	H
3.000		

Aktivkonto

S	0750	H
		2.000

Ertragskonto

S	4513	H
		1.000

• Wird ein **Erlös** erzielt, der **unter dem Buchwert** liegt, entsteht ein Aufwand.

Beispiel 3:

Ein kommunaler Verwaltungsbetrieb verkauft ein Fahrzeug, das in der Buchhaltung mit 2.000 Euro ausgewiesen wird, bar zum Preis von 1.000 Euro.

Auf dem Aktivkonto „Fahrzeuge" (0750) ist wieder im Haben der Abgang in Höhe von 2.000 Euro zu buchen. Auf dem Konto „Einzahlungen aus der Veräußerung von beweglichen Sachen des Anlagevermögens" (6823) ist allerdings nur ein Zugang in Höhe von 1.000 Euro im Soll zu verzeichnen. Folglich muss noch eine Sollbuchung in Höhe von 1.000 Euro erfolgen, die auf einem speziellen Aufwandskonto, und zwar auf dem Konto „Verluste aus dem Abgang von immateriellen Vermögensgegenständen und Vermögensgegenständen des Sachanlagevermögens" (5446) vorgenommen wird.

Der Buchungssatz lautet:

Einzahlungen aus der Veräußerung von

beweglichen Sachen des Anlagevermögens (6823) 1.000 Euro

und

Verluste aus dem Abgang von immateriellen Vermögensgegenständen

und Vermögensgegenständen des Sachanlagevermögens (5446)

1.000 Euro

an

Fahrzeuge (0750) 2.000 Euro

Die Buchung lässt sich folgendermaßen darstellen (Angaben in Euro):

Einzahlungskonto

S	6823	H
1.000		

Aktivkonto

S	0750	H
		2.000

Aufwandskonto

S	5446	H
1.000		

Die Verbuchung unter Berücksichtigung der Mehrwertsteuer

Wir betrachten nunmehr den Verkauf unter Berücksichtigung der Mehrwertsteuer, wie dies beispielsweise bei Betrieben gewerblicher Art im Bereich des kommunalen Verwaltungsbetriebs erforderlich sein kann. In diesem Fall ist dem Käufer der Anlage zusätzlich zum Verkaufspreis die Mehrwertsteuer in Rechnung zu stellen.

Beispiel 4:

Ein kommunaler Verwaltungsbetrieb verkauft ein Fahrzeug, das in der Buchhaltung mit 2.000 Euro ausgewiesen wird, bar zum Preis von 2.000 Euro.

Zunächst müssen wir den Betrag, den wir erhalten, in den Rechnungsbetrag und die Mehrwertsteuer aufspalten (Rechengang, um die Mehrwertsteuer zu ermitteln: 2.000 Euro:119 · 19 = 319,33 Euro). Der Rechnungsbetrag beträgt somit 1680,67 Euro. Hinzu kommen 319,33 Euro Mehrwertsteuer. Auf dem Aktivkonto „Fahrzeuge" (0750) ist im Haben ein Abgang in Höhe von 2.000 Euro zu buchen. Dafür ist auf dem Einzahlungskonto „Einzahlungen aus der Veräußerung von beweglichen Sachen des Anlagevermögens" (6823) in gleicher Höhe ein Zugang im Soll zu verzeichnen. Weiterhin entsteht eine Verbindlichkeit gegenüber dem Finanzamt, die auf dem Konto „Umsatzsteuer" (3711) zu buchen ist. In gleicher Höhe ist Aufwand entstanden, der auf dem Konto „Verluste aus dem Abgang von immateriellen Vermögensgegenständen und Vermögensgegenständen des Sachanlagevermögens" (5446) zu buchen ist; **denn das Fahrzeug wurde unter Buchwert verkauft!**

Der Buchungssatz lautet:

Einzahlungen aus der Veräußerung von

beweglichen Sachen des Anlagevermögens (6823) 2.000 Euro

und

Verluste aus dem Abgang von immateriellen Vermögensgegenständen

und Vermögensgegenständen des Sachanlagevermögens (5446)

319,33 Euro

an

Fahrzeuge (0750) 2.000 Euro

und

Umsatzsteuer (3711) 319,33 Euro

Die Buchung lässt sich folgendermaßen darstellen (Angaben in Euro):

Einzahlungskonto

S	6823	H
2.000		

Aktivkonto

S	0750	H
		2.000

Verbindlichkeitskonto

S	3711	H
		319,33

Aufwandskonto

S	5446	H
319,33		

7.4   Spezielle Buchungen im Drei-Komponenten-System

7.4.1   Die Buchung von Bonus, Skonto und Rabatt

Die Rabattbuchung

Da es sich bei einem **Rabatt** um einen Preisnachlass handelt, der sofort in Abzug gebracht wird, ergeben sich hierdurch auch im NKF keine buchungstechnischen Besonderheiten. Auf der einen Seite wird weniger gezahlt und auf der anderen Seite ist der Wert des gekauften Gutes geringer.

Beispiel:

Eine Gemeinde kauft ein Fahrzeug. Der Listenpreis beträgt 200.000 Euro. Der Verkäufer gewährt der Gemeinde 2% Rabatt. Die Mehrwertsteuer betrage 19%. Die Gemeinde überweist den um den Rabatt, d.h. 4.000 Euro, verminderten Listenpreis zuzüglich Mehrwertsteuer und erhält gleichzeitig das Fahrzeug.

Der Rechnungsbetrag hat eine Höhe von 233.240 Euro. Er ergibt sich, indem man zusätzlich zu den 196.000 Euro noch 19% auf diesen Betrag, also 37.240 Euro, berücksichtigt.

* Falls der betreffende Teil der Gemeinde **nicht** vorsteuerabzugsberechtigt ist, lautet der Buchungssatz

Fahrzeuge (0750)

an

Auszahlungen aus dem Erwerb von beweglichen Sachen des

Anlagevermögens oberhalb der Wertgrenze in Höhe von 410 Euro (7826)

233.240 Euro

Der Vorgang lässt sich folgendermaßen darstellen (Angaben in Euro):

	Auszahlungskonto			Aktivkonto	
S	7826	H	S	0750	H
		233.240		233.240	

* Falls der betreffende Teil der Gemeinde vorsteuerabzugsberechtigt ist, lautet der Buchungssatz

Fahrzeuge (0750) 196.000 Euro

und

Vorsteuer (1790) 37.240 Euro

an

Auszahlungen aus dem Erwerb von beweglichen Sachen des

Anlagevermögens oberhalb der Wertgrenze in Höhe von 410 Euro (7826)

233.240 Euro

Der Vorgang lässt sich folgendermaßen darstellen (Angaben in Euro):

	Auszahlungskonto			**Aktivkonten**	
S	7826	H	S	0750	H
	233.240			196.000	

			S	1790	H
				37.240	

Die Bonusbuchung

Wir haben bereits darauf hingewiesen, dass es sich bei einem **Bonus** um einen nachträglichen Preisnachlass handelt (vgl. S. 103). Erhält ein kommunaler Verwaltungsbetrieb beim Einkauf einen solchen Bonus, **der auch Lieferantenbonus** oder **erhaltener Bonus** genannt werden kann, dann ist nach dem NKF-Kontenplan nur eine Verbuchung auf dem jeweiligen Vermögenskonto möglich, wobei man allerdings aus Gründen der Übersicht zunächst ein Vorkonto „Nachlässe" zum jeweiligen Vermögenskonto wählen wird, das dann spätestens am Jahresende mit dem betreffenden Vermögenskonto verrechnet wird.

Beispiel:

Eine Gemeinde kauft ein Fahrzeug. Der Listenpreis beträgt 200.000 Euro. Der Verkäufer gewährt der Gemeinde 2% Rabatt. Die Mehrwertsteuer betrage 19%. Die Gemeinde überweist den um den Rabatt, d.h. 4.000 Euro, verminderten Listenpreis zuzüglich Mehrwertsteuer und erhält gleichzeitig das Fahrzeug. Am Jahresende wird der Gemeinde zusätzlich noch ein Bonus in Höhe von 1% auf den gezahlten Betrag gewährt. Der entsprechende Betrag in Höhe von 2.332,40 Euro wird auf das Bankkonto der Gemeinde überwiesen.

Durch die Bonusgewährung wird das gekaufte Wirtschaftsgut nachträglich billiger. Der ursprüngliche Anschaffungswert ist zu hoch und muss nach unten korrigiert werden. Simultan mit dem Eingang der Zahlungsmittel – oder aber, falls eine entsprechende verbindliche Mitteilung erfolgt, bereits mit der Zusage – ist somit auf dem Vorkonto „Nachlässe Fahrzeuge" der Bonus im Haben zu buchen. Da es sich bei dem Vorgang um eine Investition handelt, müssen alle Zahlungen den betreffenden Kontengruppen für investive Zahlungen zugeordnet werden, also die Auszahlungen der Kontengruppe 78 und die späteren Einzahlungen der Kontengruppe 68, wobei der NKF Kontenplan bezüglich einer weiteren Zuordnung nicht eindeutig ist. Wir wählen für die durch die Bonusgewährung hervorgerufene Einzahlung das Konto 6819 „Erhaltener Bonus". Am Jahresende erfolgt dann noch die Umbuchung vom Konto „Nachlässe" auf das Konto „Fahrzeuge".

- Falls der betreffende Teil der Gemeinde **nicht** vorsteuerabzugsberechtigt ist, lauten die Buchungssätze folgendermaßen

(1)

Fahrzeuge (0750)

an

Auszahlungen aus dem Erwerb von beweglichen Sachen des Anlagevermögens oberhalb der Wertgrenze in Höhe von 410 Euro (7826)

233.240 Euro

(2)

Erhaltener Bonus (6819)

an

Nachlässe Fahrzeuge (07501)

2.332,40 Euro

(3)

Nachlässe Fahrzeuge (07501)

an

Fahrzeuge (0750)

2.332,40 Euro

Der Vorgang lässt sich folgendermaßen darstellen (Angaben in Euro):

Einzahlungskonto

S	6819	H
(2) 2.332,40		

Auszahlungskonto

S	7826	H
	233.240,00	(1)

Aktivkonto

S	0750	H
(1) 233.240,00	2.332,40	(3)

Vorkonto

S	07501	H
(3) 2.332,40	2.332,40	(2)

- Falls der betreffende Teil der Gemeinde vorsteuerabzugsberechtigt ist, wird durch die Bonusgewährung nicht nur der Anschaffungswert kleiner, sondern auch die Forderung gegenüber dem Finanzamt, die auf dem Konto „Vorsteuer" erfasst wird. Die Buchungssätze lauten dann

(1)   **Fahrzeuge (0750) 196.000,00 Euro**
                                          und
                          Vorsteuer (1790) 37.240,00 Euro
                                          an
                Auszahlungen aus dem Erwerb von beweglichen Sachen des
        Anlagevermögens oberhalb der Wertgrenze in Höhe von 410 Euro (7826)
                                  233.240,00 Euro

(2)   **Erhaltener Bonus (6819) 2.332,40 Euro**
                                          an
                      Nachlässe Fahrzeuge (07501) 1.960,00 Euro
                                          und
                          Vorsteuer (1790) 372,40 Euro

(3)   **Nachlässe Fahrzeuge (07501)**
                                          an
                                  Fahrzeuge (0750)
                                   1960,00 Euro

Der Vorgang lässt sich folgendermaßen darstellen (Angaben in Euro):

Einzahlungskonto

S	6819	H
(2) 2.332,40		

Auszahlungskonto

S	7826	H
	233.240,00	(1)

Aktivkonto

S	0750	H
(1) 196.000,00	1.960,00	(3)

Vorkonto

S	07501	H
(3) 1.960,00	1.960,00	(2)

Aktivkonto

S	1790	H
(1) 37.240,00	372,40	(3)

Die Skontobuchung

Nachfolgend wird nur der „empfangene" **Skonto** betrachtet (vgl. in diesem Zusammenhang auch S. 108 ff). Hierbei handelt es sich um eine Verminderung des Rechnungsbetrages, die der Käufer vornehmen kann, wenn er den vom Verkäufer bereits einkalkulierten Lieferantenkredit nicht in Anspruch nimmt. Man kann hier auch von einem **Lieferantenskonto** sprechen, d.h. von einem Skonto, der vom Lieferanten eingeräumt wird. Obwohl es sich hierbei um einen Abzug handelt, der mit einem Kredit in Verbindung steht, wird der Skonto üblicherweise wie ein Preisnachlass, d.h. als nachträgliche Verminderung des Anschaffungswertes, behandelt, so dass auf dem betreffenden Bestandskonto ein Abgang zu buchen ist. Diese Vorgehensweise ist im NKF unabhängig davon, ob es sich um Anlage- oder Umlaufvermögen handelt, zwingend. Allerdings wählt man wie beim Bonus jeweils ein Vorkonto „Nachlässe", das dann am Jahresende wieder mit dem Bestandskonto verrechnet wird.

Beispiel:

Eine Gemeinde kauft Büromaterial von einem privatwirtschaftlichen Unternehmen im Werte von 100.000 Euro zuzüglich 19% Mehrwertsteuer, also zu einem Rechnungsbetrag einschließlich Mehrwertsteuer in Höhe von 119.000 Euro. Auf der Rechnung findet sich der Hinweis, dass bei einer Bezahlung innerhalb von 14 Tagen vom Rechnungsbetrag 2% Skonto abgezogen werden können. Die Gemeinde überweist 10 Tage nach Rechnungseingang den um 2% Skonto, d.h. um 2.380 Euro, verminderten Rechnungsbetrag, also einen Betrag in Höhe von 116.620 Euro.

- Falls der betreffende Teil der Gemeinde **nicht** vorsteuerabzugsberechtigt ist, lauten die Buchungssätze folgendermaßen:

(1.) bei Rechnungseingang

Sonstige Vorräte (1590)

an

Verbindlichkeiten aus Lieferungen und Leistungen

gegen den privaten Bereich (3550)

119.000 Euro

(2.) bei Bezahlung

Verbindlichkeiten aus Lieferungen und Leistungen

gegen den privaten Bereich (3550)

119.000 Euro

an

Büromaterial/Auszahlungen (7431)

116.620 Euro

und

Sonstige Vorräte Nachlässe (15901)

2.380 Euro

(3.) am Jahresende

Sonstige Vorräte Nachlässe (15901)

an

Sonstige Vorräte (1590)

2.380 Euro

Der Vorgang lässt sich folgendermaßen darstellen (Angaben in Euro):

Auszahlungskonto

S	7431		H
	116.620	(2.)	

Aktivkonto

S	1590		H
(1.)	119.000	2.380	(3.)

Vorkonto

S	15901		H
(3.)	2.380	2.380	(2.)

Passivkonto

S	3550		H
(2.)	119.000	119.000	(1.)

- Falls der betreffende Teil der Gemeinde vorsteuerabzugsberechtigt ist, lauten die Buchungssätze folgendermaßen:

(1.) bei Rechnungseingang

Sonstige Vorräte (1590) 100.000 Euro

und

Vorsteuer (1790) 19.000 Euro

an

Verbindlichkeiten aus Lieferungen und Leistungen

gegen den privaten Bereich (3550) 119.000 Euro

(2.) bei Bezahlung

Verbindlichkeiten aus Lieferungen und Leistungen

gegen den privaten Bereich (3550)

119.000 Euro

an

Bank Büromaterial/Auszahlungen (7431) 116.620 Euro

und

Sonstige Vorräte Nachlässe (15901) 2.000 Euro

und

Vorsteuer (1790) 380 Euro

(3.) am Jahresende

Sonstige Vorräte Nachlässe (15901)

an

Sonstige Vorräte (1590) 2.000 Euro

Der Vorgang lässt sich folgendermaßen darstellen (Angaben in Euro):

Auszahlungskonto

S	7431	H
	116.620	(2.)

Aktivkonto

S	1590	H
(1.)	100.000 | 2.000	(3.)

Vorkonto

S	15901	H
(3.)	2.000 | 2.000	(2.)

Aktivkonto

S	1790	H
(1.)	19.000 | 380	(2.)

Passivkonto

S	3550	H
(2.)	119.000 | 119.000	(1.)

7.4.2 Buchungen bei der Aktivierung von Eigenleistungen

Wie haben bereits darauf hingewiesen, dass kommunale Verwaltungsbetriebe relativ häufig Güter des Anlagevermögens selbst erstellen (vgl. S. 111 ff). In diesen Fällen nimmt das Anlagevermögen zu, ist also beispielsweise auf dem Konto „Gebäude" ein Zugang zu verzeichnen. Die Gegenbuchung erfolgt auf einem **Konto, das zu den Ertragskonten zählt** und auch im NKF die Bezeichnung „Aktivierte Eigenleistungen" trägt.

Beispiel:

Eine Gemeinde lässt vom eigenen Bauhof eine Schutzhütte im Stadtwald errichten. Zu diesem Zweck wird Fertigungsmaterial im Werte von 4.000 Euro von einer privaten Unternehmung gekauft und an die Baustelle angeliefert. Einige Tage nach dem Rechnungseingang wird der Betrag ohne Abzug überwiesen. Die Baumaßnahme wird ausschließlich mit Aushilfskräften, die direkt von der Gemeinde beschäftigt werden, abgewickelt, die auch nur mit der Errichtung der Schutzhütte befasst sind. Hierdurch fallen direkte Zahlungen an die betreffenden Personen in Höhe 1.000 Euro an. Vor- und Nachzahlungen für andere Haushaltsjahre sind darin nicht enthalten. Aus Gründen der Vereinfachung wird unterstellt, dass ansonsten keine weiteren Zahlungen zu berücksichtigen sind. Nach der Fertigstellung wird die Schutzhütte „aktiviert".

- Falls der betreffende Teil der Gemeinde **nicht** vorsteuerabzugsberechtigt ist, lauten die Buchungssätze folgendermaßen:

(1.)　　　　　　　**Aufwendungen für Fertigungsmaterial (5211)**
an
Verbindlichkeiten aus Lieferung und Leistungen
gegen den privaten Bereich (3550) 4.000 Euro

(2.)　　　　　　　**Verbindlichkeiten aus Lieferung und Leistungen**
gegen den privaten Bereich (3550)
an
Auszahlungen für Fertigungsmaterial (7211) 4.000 Euro

(3.)　　　　　　　**Aufwand für sonstige Beschäftigte (5019)**
an
Auszahlungen für sonstige Beschäftigte (7019) 1.000 Euro

(4.)　　　　　　　**Aufbauten und Betriebsvorrichtungen auf Forstflächen (0232)**
an
Aktivierte Eigenleistungen (4710) 5.000 Euro

Der Vorgang lässt sich folgendermaßen darstellen (Angaben in Euro):

Auszahlungskonten

S	7211	H
	4.000	(2.)

S	7019	H
	1.000	(3.)

Aktivkonto

S	0232	H
(4.) 5.000		

Passivkonto

S	3550	H
(2.) 4.000	4.000	(1.)

Aufwandskonten

S	5211	H
(1.) 4.000		

S	5019	H
(3.) 1.000		

Ertragskonto

S	4710	H
	5.000	(4.)

- Falls der betreffende Teil der Gemeinde vorsteuerabzugsberechtigt ist, müssen die Auszahlungen für Fertigungsmaterial in Höhe von 4.000 Euro in den Güterpreis und die Mehrwertsteuer aufgespalten werden, wie dies aus der Rechnung auch hervorgeht. Angenommen die Mehrwertsteuer betrage 638,66 Euro und der Nettopreis ohne Mehrwertsteuer belaufe sich auf 3361,34 Euro, so lauten die Buchungssätze folgendermaßen:

(1.) **Aufwendungen für Fertigungsmaterial (5211) 3361,34 Euro**

und

Vorsteuer (1790) 638,66 Euro

an

Verbindlichkeiten aus Lieferung und Leistungen

gegen den privaten Bereich (3550)

4.000,00 Euro

(2.) **Verbindlichkeiten aus Lieferung und Leistungen**

gegen den privaten Bereich (3550)

an

Auszahlungen für Fertigungsmaterial (7211)

4.000,00 Euro

(3.)   **Aufwand für sonstige Beschäftigte (5019)**
                                    an
              Auszahlungen für sonstige Beschäftigte (7019)
                            1.000,00 Euro

(4.)   **Aufbauten und Betriebsvorrichtungen auf Forstflächen (0232)**
                                    an
                   Aktivierte Eigenleistungen (4710)
                            4361,34 Euro

Der Vorgang lässt sich folgendermaßen darstellen (Angaben in Euro):

Auszahlungskonten

S	7211	H
	4.000,00	(2.)

S	7019	H
	1.000,00	(3.)

Aktivkonten

S	0232	H
(4.)	4.361,34	

S	1790	H
(1.)	638,66	

Passivkonto

S	3550	H
(2.)	4.000,00	4.000,00	(1.)

Aufwandskonten

S	5211	H
(1.)	3.361,34	

S	5019	H
(3.)	1.000,00	

Ertragskonto

S	4710	H
		4.361,34	(4.)

Sollte der in der Kommunalverwaltung seltene Fall vorkommen, dass man nicht eine Position des Anlagevermögens selbst erstellt, sondern eine Position des Umlaufvermögens, also beispielsweise **Fertigfabrikate**, dann ergibt sich der gleiche Buchungszusammenhang. Es wird dann lediglich statt des Ertragskontos „Aktivierte Eigenleistungen" das Ertragskonto „Bestandsveränderungen an fertigen Erzeugnissen" (4722) herangezogen.

7.4.3   Die Bildung der Rechnungsabgrenzungsposten

Die Berücksichtigung des aktiven Rechnungsabgrenzungspostens

Bezüglich der Bildung der Rechnungsabgrenzungsposten können wir auf unsere früheren Ausführungen verweisen (vgl. S. 119 ff). Demnach wird ein aktiver Rechnungsabgrenzungsposten dann gebildet, wenn der Betrieb

(a) eine **Erfolgsausgabe für**

(b) eine **Dienstleistung** tätigt, **die sich über einen bestimmten Zeitraum erstreckt** und die

(c) wenigstens **teilweise erst im Folgejahr in Anspruch genommen** wird, so dass die betreffende Auszahlung für einen Güterverzehr geleistet wird, der zumindest zu einem gewissen Teil das nächste Jahr betrifft.

Im Handels- und Haushaltsrecht werden daher die **aktiven Rechnungsabgrenzungsposten als Ausgaben vor dem Abschlussstichtag** definiert, **soweit sie Aufwand für eine bestimmte Zeit nach diesem Tag darstellen** (vgl. § 250 (1) HGB und § 42 (1) GemHVO NRW). Völlig klar ist diese Definition nicht, allerdings wird deutlich, dass die betreffende Ausgabe zumindest teilweise den Charakter einer Vorauszahlung für die folgende Periode hat. Man spricht hier auch von einer **transitorischen Ausgabe**.

Wir haben bereits darauf hingewiesen, dass unserer Ansicht nach der in den oben genannten Regelungen verwendete Begriff „Ausgabe" mit dem Begriff „Auszahlung" gleichzusetzen ist. **Es muss also nach unserer Auffassung als notwendige Voraussetzung für die Bildung eines aktiven Rechnungsabgrenzungspostens ein Geldabfluss, d.h. eine Bar- oder Buchgeldabnahme, vorliegen!**

Beispiel:

Ein kommunales Ausbildungsinstitut zahlt am 1.10. eines Haushaltsjahres die Miete per Banküberweisung für ein Jahr im Voraus. Die monatliche Miete beträgt 2.000 Euro.

• Folgende Buchungssätze sind **in dem betreffenden Haushaltsjahr** zu berücksichtigen:

(1.) bei Mietzahlung am 1.10.

Aufwendungen für Mieten, Pachten, Erbauzinsen (5421)

an

Auszahlungen für Mieten, Pachten, Erbauzinsen (7421) 24.000 Euro

(2.) vor dem Jahresabschluss

Sonstige aktive RAP (1990)

an

Aufwendungen für Mieten, Pachten, Erbauzinsen (5421)

18.000 Euro

Der Vorgang lässt sich folgendermaßen darstellen (Angaben in Euro):

Auszahlungskonto

S	7421	H
	24.000	(1.)

Aktivkonto

S	1990	H
(2.)	18.000	

Aufwandskonto

S	5421	H
(1.)	24.000	18.000	(2.)

Das Buchungsbeispiel macht deutlich, dass zunächst die Mietzahlung in voller Höhe periodisiert wird, also zu Mietaufwand führt. Vor dem Jahresabschluss wird dieser „Fehler" korrigiert; denn das Benutzungsrecht hat man noch nicht in Höhe der gesamten Zahlung in Anspruch genommen. Man hat das Recht, die betreffenden Räumlichkeiten noch 9 Monate im nächsten Jahr zu nutzen. Es handelt sich hier um einen Vermögenswert, der einer Forderung ähnelt. Allerdings erstreckt sich das Recht nicht auf Zahlungsmittel, sondern auf ein anderes Gut. Insofern kann man den Vermögenszugang nicht auf dem Konto „Forderungen" erfassen, sondern muss man ein neues Vermögenskonto „RAP aktiv" bilden. Dieses wird wie jedes andere Vermögenskonto dann in Verbindung mit dem Jahresabschluss zur Bilanz hin abgeschlossen, so dass dort die eigenständige Bilanzposition „Aktiver Rechnungsabgrenzungsposten" ausgewiesen wird.

• **Im Folgejahr** ist dann der folgende Buchungssatz zu berücksichtigen:

Aufwendungen für Mieten, Pachten, Erbauzinsen (5421)

an

Sonstige aktive RAP (1990)

18.000 Euro

Der Vorgang lässt sich folgendermaßen darstellen (Angaben in Euro):

S	**Aktivkonto** 1990	H	S	**Aufwandskonto** 5421	H
		18.000		18.000	

Die Berücksichtigung des passiven Rechnungsabgrenzungspostens

Auch hier können wir zunächst auf unsere früheren Ausführungen verweisen (vgl. S. 122 ff). **Ein passiver Rechnungsabgrenzungsposten wird dann gebildet,** wenn der Betrieb

(a) eine **Erfolgseinnahme für**

(b) eine **Dienstleistung** erhält, **die sich über einen bestimmten Zeitraum erstreckt** und die

(c) wenigstens **teilweise erst im Folgejahr vom Abnehmer in Anspruch genommen** wird, so dass die betreffende *Einzahlung* für eine Güterentstehung geleistet wird, die zumindest zu einem gewissen Teil das nächste Jahre betrifft.

Im Handels- und Haushaltsrecht werden daher die **passiven Rechnungsabgrenzungsposten als Einnahmen vor dem Abschlussstichtag** definiert, **soweit sie Ertrag für eine bestimmte Zeit nach diesem Tag darstellen** (vgl. § 250 (2) HGB und § 42 (3) GemHVO NRW). Völlig klar ist auch diese Definition nicht, allerdings wird auch hier deutlich, dass die betreffende Einzahlung zumindest teilweise den Charakter einer empfangenen Vorauszahlung für die folgende Periode hat. Man spricht hier von einer **transitorischen Einnahme.** Auch hier gilt spiegelbildlich zu den Ausführungen im vorherigen Abschnitt, dass die Bildung des passiven Rechnungsabgrenzungspostens nur zulässig ist, wenn ein Zufluss an Bar- und/oder Buchgeld vorliegt. Der in Teilen der Literatur verwendete weitere Einnahmenbegriff greift hier unserer Auffassung nach nicht.

Beispiel:

Ein kommunales Ausbildungsinstitut erhält am 1.10. eines Haushaltsjahres von einem Teilnehmer das durch eine Satzung geregelte Entgelt in Höhe von 90 Euro für einen Kurs im Voraus. Der Kurs beginnt am auch 1.10. und erstreckt sich dann ohne Unterbrechung über einen Zeitraum von 9 Monaten. Der Bereich unterliegt nicht der Umsatzsteuer.

• Folgende Buchungssätze sind **in dem betreffenden Haushaltsjahr** zu berücksichtigen:

(1) bei Bezahlung

Benutzungsgebühren und ähnliche Entgelte/

Einzahlung (6321)

an

Benutzungsgebühren und ähnliche Entgelte/

Erträge (4321)

90 Euro

(2) vor dem Jahresabschluss

Benutzungsgebühren und ähnliche Entgelte/

Erträge (4321)

an

Sonstige passive RAP (3990)

60 Euro

Der Vorgang lässt sich folgendermaßen darstellen (Angaben in Euro):

Einzahlungskonto

S	6321	H
(1) 90		

Passivkonto

S	3990	H
	60	(2)

Ertragskonto

S	4321	H
(2) 60	90	(1)

Das Buchungsbeispiel macht deutlich, dass zunächst die Einnahme in voller Höhe periodisiert wird, also zu Ertrag führt. Vor dem Jahresabschluss wird dieser „Fehler" korrigiert; denn das Entgelt hat man erst zu einem Drittel „verdient". Man muss im nächsten Jahr noch 6 Monate Unterricht erteilen. Ein Teil der Güterentstehung findet also erst im Folgejahr statt. Man „schuldet" dem Teilnehmer am Ende des Jahres, in dem die Bezahlung erfolgt ist, diesen zukünftigen Unterricht. Es ist somit ein Zustand erkennbar, der einer Verbindlichkeit ähnelt. Allerdings „schuldet" der Betrieb dem Teilnehmer keine Zahlungsmittel, sondern ein anderes Gut, nämlich eine zukünftig zu erbringende Dienstleistung. Insofern kann man den Vorgang nicht auf dem Konto „Verbindlichkeiten" erfassen, sondern muss man ein neues Passivkonto „RAP passiv" bilden. Dieses wird wie jedes andere Passivkonto dann am Ende des Geschäftsjahres zur Bilanz hin abgeschlossen, so dass dort die eigenständige Bilanzposition „Passiver Rechnungsabgrenzungsposten" ausgewiesen wird.

- **Im Folgejahr** ist dann der folgende Buchungssatz zu berücksichtigen:

Sonstige passive RAP (3990)

an

Benutzungsgebühren und ähnliche Entgelte/

Erträge (4321)

60 Euro

Der Vorgang lässt sich folgendermaßen darstellen (Angaben in Euro):

Passivkonto				**Ertragskonto**	
S	3990	H	S	4321	H
60				60	

7.5 Der Jahresabschluss im Drei-Komponenten-System

7.5.1 Überblick über einige Besonderheiten des Jahresabschlusses im Drei-Komponenten-System

Wie beim kaufmännischen Jahresabschluss, so haben wir auch beim Abschluss im Drei-Komponenten-System zwischen dem **Schlussbilanzkonto (SBK)** und der **Schlussbilanz** zu unterscheiden. Beide weisen zwar eine große Ähnlichkeit auf, sind aber nicht identisch. Für die Erstellung der Schlussbilanz gelten spezielle Formvorschriften. Hier ist auf die Gemeindeordnungen und Gemeindehaushaltsverordnungen der einzelnen Bundesländer zu verweisen. So können sich beispielsweise im Schlussbilanzkonto „Wertberichtigungen" oder „Nachlässe" finden, die in der Schlussbilanz nicht als eigenständige Bilanzpositionen ausgewiesen werden dürfen, sondern zuvor verrechnet werden.

Im Falle eines Jahresfehlbetrages wird der Unterschiede zwischen dem Schlussbilanzkonto und der Schlussbilanz besonders deutlich: **So ist ein Jahresfehlbetrag im Schlussbilanzkonto im Soll zu buchen (als Gegenbuchung zur Buchung im Haben des Ergebnisrechnungskontos). Haushaltshaltsrechtliche Vorschriften (vgl. beispielsweise § 41 der Gemeindehaushaltsverordnung des Landes Nordrhein-Westfalen) geben jedoch vor, dass in der Schlussbilanz ein Jahresfehlbetrag auf der Passivseite unter der Position Eigenkapital auszuweisen ist, was dann den Einsatz eines negativen Vorzeichens erforderlich macht.**

Ähnliche Hinweise gelten für die **Ergebnisrechnung** und **das Ergebnisrechnungskonto** sowie für die **Finanzrechnung** und **das Finanzrechnungskonto.** Auch diese sind inhaltlich grundsätzlich gleich, unterscheiden sich aber in Form und Aufbau. So sind Ergebnisrechnung und Finanzrechnung in der **Staffelform** und nicht wie das Ergebnisrechnungskonto und das Finanzrechnungskonto als T-Konten zu erstellen.

Hinzu kommt, dass neben der Finanzrechnung und der Ergebnisrechnung, die für die Gemeinde als Ganzes aufgestellt werden, noch für die einzelnen Produktbereiche und eventuell sogar für einzelne Produktgruppen und Produkte **Teilrechnungen** aufzustellen sind, für die es im NKF-Buchungskreis keine entsprechenden Konten gibt.

Wie in der kaufmännischen Buchführung, so ist es auch in der Verwaltungsdoppik sinnvoll, einen Teil der Buchungen erst am Jahresende vorzunehmen. Es handelt sich dabei um die **abschlussvorbereitenden Buchungen.** Vorrangig geht es dabei um die Buchung der Abschreibungen, der Rückstellungen und der Rechnungsabgrenzungsposten.

Auch in der Verwaltungsdoppik ist es weiterhin sinnvoll, die Abschlussbuchungen nicht einfach an die laufende Buchhaltung anzuschließen, sonder die **Hauptabschlussübersicht** einzufügen, bevor man den Jahresabschluss erstellt.

Die Erläuterung der Schlussbilanz, der Ergebnisrechnung und der Finanzrechnung kann nicht im Rahmen einer Einführungsschrift zur doppelten Buchführung erfolgen und ist somit einer weiterführenden Betrachtung vorbehalten. Nachfolgend werden daher lediglich die Buchungen, die die Entstehung und die Verwendung des Jahresergebnisses betreffen, und der Einsatz der Hauptabschlussübersicht behandelt.

7.5.2   Die Buchung der Entstehung und Verwendung des Jahresergebnisses

Entstehung und Verwendung des Jahresergebnisses werden im NKF ähnlich wie bei Kapitalgesellschaften gebucht.

Folgende Besonderheiten sind allerdings zu beachten:

1. Das Eigenkapital wird anders als **bei Kapitalgesellschaften** eingeteilt, wobei es von Bundesland zu Bundesland Unterschiede geben kann. In Nordrhein-Westfalen unterscheidet man beispielsweise vier **Eigenkapitalarten**, und zwar

   – die Allgemeine Rücklagen

   – die Sonderrücklage

   – die Ausgleichrücklage und

   – den Jahresüberschuss.

   Ein negatives Jahresergebnis, d.h. eine Verminderung des Eigenkapitals, wird vom Begriff „**Jahresfehlbetrag**" erfasst. Darüber hinaus kann noch unter bestimmten Bedingungen eine „**zweckgebunden Deckungsrücklage**" eine Rolle spielen, die allerdings unserer Auffassung nach nur „unterjährig" gebildet und auch wieder aufgelöst und daher in der Schlussbilanz nicht ausgewiesen wird.

2. Damit wird zunächst einmal deutlich, dass in der kommunalen Bilanz kein Eigenkapital durch Satzung festgelegt wird. **Es gibt kein gezeichnetes Kapital** bzw. kein **Grundkapital** oder **Stammkapital**.

3. Die **Allgemeine Rücklage** soll dem kommunalen Verwaltungsbetrieb auf Dauer und möglichst unverändert zur Verfügung stehen und erfüllt somit in etwa die Funktion des gezeichneten Kapitals, wenn sie auch rein formal nicht als solches einzuordnen ist. Sie wird in Verbindung mit der Erstellung der ersten Eröffnungsbilanz gebildet, indem man von dem Vermögen (einschließlich der aktiven Rechnungsabgrenzungsposten) die Schulden (Rückstellungen, Verbindlichkeiten und passive Rechnungsabgrenzungsposten) sowie die Sonderposten abzieht. Es handelt sich dabei um den im Rahmen der Eröffnungsbilanzerstellung erstmalig ermittelten Eigenkapitalsaldo, wobei allerdings von diesem Eigenkapitalsaldo zuvor noch die **Ausgleichsrücklage** herausgerechnet wird.

4. Um zu verhindern, dass ein Jahresergebnis auf den Teil des Eigenkapitals, der möglichst nicht verändert werden soll, d.h. auf die Allgemeine Rücklage, „durchschlägt", hat man in Nordrhein-Westfalen die **Ausgleichsrücklage als flexible Eigenkapitalposition** eingerichtet. Dieses Eigenkapital, ist dazu da, einen eventuellen Jahresfehlbetrag auszugleichen oder einen Jahresüberschuss aufzunehmen. Es erfüllt damit eine Pufferfunktion und trägt der Tatsache Rechnung, dass einem kommunalen Verwaltungsbetrieb in den seltensten Fällen eine „Punktlandung" gelingt, indem in einem Haushaltsjahr die Erträge exakt so hoch ausfallen wie die Aufwendungen. Die Gemeinde kann allerdings einen solchen Puf-

fer nicht beliebig ausbauen. Er wird doppelt „gedeckt". Nach § 75 der nordrhein-westfälischen Gemeindeordnung darf er einerseits ein Drittel des in der ersten Eröffnungsbilanz ausgewiesenen Eigenkapitals und andererseits einen Betrag in Höhe eines Drittels der jährlichen Steuereinnahmen und Zuweisungen nicht überschreiten. Dabei ist der Durchschnitt der Einnahmen der drei Haushaltsjahre, die dem Eröffnungsbilanzstichtag vorausgehen, maßgeblich.

5. Bei der **Sonderrücklage** macht der Begriff selbst schon deutlich, dass ihre Bildung nur unter speziellen Umständen in Betracht kommt. Maßgeblich sind beispielsweise die Vorschriften des § 43 (4) der nordrhein-westfälischen Gemeindehaushaltsverordnung. So kann eine solche Sonderrücklage untere anderem gebildet werden, um die vom Rat beschlossene Anschaffung eines Vermögensgegenstandes zu sichern.

6. Bei dem **Jahresüberschuss** handelt es sich um das in dem betreffenden Jahr neu entstandene Eigenkapital. Der Jahresüberschuss ist somit nicht anderes als **das positive Ergebnis der Ergebnisrechnung**, d.h. ein positives Jahresergebnis, das man üblicherweise kurz als **Gewinn** bezeichnet. Ein negatives Ergebnis der Ergebnisrechnung, d.h. ein **Verlust**, wird **Jahresfehlbetrag** genannt. **Im NKF ist das Jahresergebnis stets auszuweisen!** Anders als im Handelsrecht kommen die Bilanzpositionen Bilanzgewinn und Bilanzverlust nicht in Betracht.

7. Eine **Deckungsrücklage** ist dann anzusetzen, wenn Ermächtigungen für Aufwendung von einem Haushaltsjahr in das folgende Haushaltsjahr übertragen werden (vgl. § 43 (3) der nordrhein-westfälischen Gemeindehaushaltsverordnung). Man könnte hier in Anlehnung an den alten Begriff „Haushaltsausgaberest" auch von einem „Haushaltsaufwandsrest" sprechen.

8. Zu beachten ist weiterhin, dass, zumindest nach dem bisherigen Stand der rechtlichen Regelungen, eine Gemeinde nicht befugt ist, Gewinne „auszuschütten". **Insofern ist bei der Ergebnisverwendung immer von einer vollständigen Einbehaltung des Gewinns auszugehen.**

9. Im Hinblick auf die Abschlussbuchungen ist Folgendes zu beachten: Zum Ende des Haushaltsjahres steht zwar fest, ob und in welcher Höhe ein Jahresüberschuss erzielt wurde, jedoch wird erst im Folgejahr vom Rat darüber entschieden, wie dieser Jahresüberschuss verwendet werden soll. Folglich wird in der Schlussbilanz zunächst nur der erzielte Jahresüberschuss ausgewiesen werden. Man kann hier auch von der Buchung der **Gewinnentstehung** sprechen. Bei der Eröffnung für das Folgejahr wird dieser Betrag dann auf ein **Konto „Gewinnverwendung"** gebucht, von dem die weiteren Buchungen, je nach Art der Verwendung, ausgehen. Die Buchungen der Gewinnverwendung gehören somit an sich nicht mehr zum Jahresabschluss, sondern resultieren aus diesem.

- Die Buchung der Gewinnentstehung -

Beispiel (1. Teil):

Eine kommunaler Verwaltungsbetrieb verfügt zu Beginn eines Jahres über eine Allgemeine Rücklage in Höhe von 10.000.000 Euro und eine Ausgleichsrücklage in Höhe 500.000 Euro. Das Vermögen besteht aus Infrastrukturvermögen, und zwar aus dem Grund und Boden des Infrastrukturvermögens im Werte von 2.500.000 Euro und einem Straßennetz im Werte von 8.000.000 Euro.

- Im Verlauf des Haushaltsjahres wird von den privaten Unternehmen die Gewerbesteuer in Höhe von 2.000.000 Euro für das aktuelle Haushaltsjahr eingefordert und von diesen auch überwiesen. Vor- und Nachzahlungen für andere Haushaltsjahre fallen nicht an.
- Aus Gründen der Vereinfachung wird unterstellt, dass nur Leiharbeitskräfte beschäftigt werden. Für diese fallen im gleichen Haushaltsjahr Zahlungen in Höhe 700.000 Euro an, die per Banküberweisung getätigt werden. Auch hierin sind keine Vor- und Nachzahlungen für andere Jahre enthalten.
- Am Jahresende sind noch die Abschreibungen auf das Straßennetz in Höhe von 100.000 Euro zu buchen.

Aus Gründen der Vereinfachung wird unterstellt, dass keine weiteren Geschäftsvorfälle zu berücksichtigen sind. Auf die Eröffnungsbuchungen soll verzichtet werden. Es reicht, wenn die Anfangsbestände auf den entsprechenden Konten erscheinen.

Wie sehen die laufenden Buchungen und die Abschlussbuchungen aus?

Zunächst werden die Anfangsbestände auf den Aktiv- und Passivkonten, und zwar

- in Höhe von 2.500.000 Euro im Soll auf dem Konto „Grund und Boden des Infrastrukturvermögens" (0410),
- in Höhe von 8.000.000 Euro im Soll auf dem Konto „Straßennetz mit Wegen, Plätzen und Verkehrslenkungsanlagen" (0450),
- in Höhe von 10.000.000 Euro im Haben auf dem Konto „Allgemeine Rücklage" (2010) und
- in Höhe von 500.000 Euro im Haben auf dem Konto „Ausgleichsrücklage" (2040).

Für die laufenden Buchungen gilt:

(1.)   **Steuerforderungen gegenüber dem privaten Bereich (1631)**

an

Gewerbesteuererträge (4013) 2.000.000 Euro

(2.)   **Gewerbesteuereinzahlungen (6013)**

an

Steuerforderungen gegenüber dem privaten Bereich (1631)

2.000.000 Euro

(3.)   **Leiharbeitskräfte/Aufwand (5425)**

an

Leiharbeitskräfte/Auszahlung (7425)

700.000 Euro

(4.)   **Abschreibungen auf Straßen, Wege, Plätze,**

Verkehrslenkungsanlagen (5744)

an

Straßennetz mit Wegen, Plätzen und Verkehrslenkungsanlagen (0450)

100.000 Euro

Damit können die Abschlussbuchungen vorgenommen werden, und zwar werden zunächst die Einzahlungs- und Auszahlungskonten zur Finanzrechnung hin abgeschlossen.

(a)   **Finanzrechnungskonto (8040)**

an

Gewerbesteuereinzahlungen (6013)

2.000.000 Euro

(b)   **Leiharbeitskräfte/Auszahlung (7425)**

an

Finanzrechnungskonto (8040)

700.000 Euro

Nunmehr werden die Aufwands- und Ertragskonten zur Ergebnisrechnung hin abgeschlossen.

(c)   **Ergebnisrechnungskonto (8030)**

an

Leiharbeitskräfte/Aufwand (5425) 700.000 Euro

(d)   **Ergebnisrechnungskonto (8030)**

an

Abschreibungen auf Straßen, Wege, Plätze,

Verkehrslenkungsanlagen (5744) 100.000 Euro

(e)   **Gewerbesteuererträge (4013)**

an

Ergebnisrechnungskonto (8030) 2.000.000 Euro

Dann wird das Ergebnisrechnungskonto zum Eigenkapitalkonto „Jahresüberschuss/ Jahresfehlbetrag" (2080) hin abgeschlossen.

(f)   **Ergebnisrechnungskonto (8030)**

an

Jahresüberschuss/Jahresfehlbetrag (2080) 1.200.000 Euro

Anschließend werden die Aktivkonten und das Finanzrechnungskonto sowie die Passivkonten zum Schlussbilanzkonto hin abgeschlossen. Es gelten die folgenden Buchungssätze:

(g)   **Schlussbilanzkonto (8020)**

an

Grund und Boden des Infrastrukturvermögens (0410)

2.500.000 Euro

(h)   **Schlussbilanzkonto (8020)**

an

Straßennetz mit Wegen, Plätzen und Verkehrslenkungsanlagen (0450)

7.900.000 Euro

(i)   **Schlussbilanzkonto (8020)**

an

Finanzrechnungskonto (8040)

1.300.000

(j)   **Allgemeine Rücklage (2010)**

an

Schlussbilanzkonto (8020) 10.000.000 Euro

(k)   **Ausgleichsrücklage (2040)**

an

Schlussbilanzkonto (8020) 500.000 Euro

(l)   **Jahresüberschuss/Jahresfehlbetrag (2080)**

an

Schlussbilanzkonto (8020) 1. 200.000 Euro

Der Zusammenhang lässt sich folgendermaßen darstellen: siehe Folgeseite

Mit: Gewein. = Gewerbesteuereinzahlung; L./Aus. = Leiharbeitskräfte/Auszahlungen; Grund = Grund und Boden des Infrastrukturvermögens; Allg. Rü. = Allgemeine Rücklage; Ausgleichs. = Ausgleichrücklage; L./Auf. = Leiharbeitskräfte/Aufwand; Gewert. = Gewerbesteuerertrag; Ab. a. St. = Abschreibungen auf Straßen; Steuerfor.= Steuerforderungen; JÜ = Jahresüberschuss; JF = Jahresfehlbetrag; LM = Liquide Mittel.

Einzahlungskonten

S Gewein. 6013 H

S		H	
(2)	20	20	(a)
	20	20	

Auszahlungskonten

S L./Aus. 7425 H

S		H	
(b)	7	7	(3)
	7	7	

Aktivkonten

S Grund 0410 H

S		H	
AB	25	25	(g)
	25	25	

S Straßen 0450 H

S		H	
AB	80	1	(4)
		79	(h)
	80	80	

S Steuerfor. 1631 H

S		H	
(1)	20	20	(2)
	20	20	

Passivkonten

S Allg. Rü. 2010 H

S		H	
(j)	100	AB 100	
	100	100	

S Ausgleichs. 2040 H

S		H	
(k)	5	AB	5
	5		5

S JÜ/JF 2080 H

S		H	
(l)	12	12	(f)
	51	51	

Aufwandskonten

S L./Auf. 5425 H

S		H	
(3)	7	7	(c)
	7	7	

S Ab. a. St. 5744 H

S		H	
(4)	1	1	(d)
	1	1	

Ertragskonten

S Gewert. 4013 H

S		H	
(e)	20	20	(1)
	20	20	

Finanzrechnungskonto 8040

S		H	
(a)	20		(b) 7
		LM 13	(i)
	20	20	

Ergebnisrechnungskonto 8030

S		H	
(c)	7	20	(e)
(d)	1		
(f) JÜ	12		
	20	20	

Schlussbilanzkonto 8020

S		H	
(g) Grund	25	100 Allg. Rü.	(j)
(h) Straßen	79	5 Ausgleichs.	(k)
(i) LM	13	JÜ 12	(l)
	117	117	

in 100.000 Euro

- Die Buchung der Gewinnverwendung -

Beispiel (2. Teil; 1. Variante):

Zu Beginn des Folgejahres beschließt der Rat, den Jahresüberschuss des Vorjahres je zur Hälfte der Ausgleichsrücklage und der Allgemeinen Rücklage zuzuführen. Wie sehen die Eröffnungsbuchungen und die Buchungen nach dem Ratsbeschluss aus?

Für die Eröffnungsbuchungen gilt:

(1)   **Grund und Boden des Infrastrukturvermögens (0410)**

an

Eröffnungsbilanzkonto (8010) 2.500.000 Euro

(2)   **Straßennetz mit Wegen, Plätzen und**

Verkehrslenkungsanlagen (0450)

an

Eröffnungsbilanzkonto (8010) 7.900.000 Euro

(3)   **Finanzrechnungskonto (8040)**

an

Eröffnungsbilanzkonto (8010) 1.300.000 Euro

(4)   **Eröffnungsbilanzkonto (8010)**

an

Allgemeine Rücklage (2010) 10.000.000 Euro

(5)   **Eröffnungsbilanzkonto (8010),**

an

Ausgleichsrücklage (2040) 500.000 Euro

Für den Jahresüberschuss des Vorjahres sieht der NKF-Kontenplan kein spezielles Konto vor. Wir ergänzen ein Konto 2090 „Jahresüberschuss / Jahresfehlbetrag aus Vorjahr".

(6)   **Eröffnungsbilanzkonto (8010),**

an

Jahresüberschuss/Jahresfehlbetrag aus Vorjahr (2090) 1.200.000 Euro

Nach dem Ratsbeschluss wird dann die folgende Buchung vorgenommen:

(7)   **Jahresüberschuss/Jahresfehlbetrag aus Vorjahr (2090) 1.200.000 Euro**

an

Allgemeine Rücklage (2010) 600.000 Euro

und

Ausgleichsrücklage (2040) 600.000 Euro

Die Buchungen sehen folgendermaßen aus (in 1.000 Euro):

S	Eröffnungsbilanzkonto 8010		H
(4)	10.000	2.500	(1)
(5)	500	7.900	(2)
(6)	1.200	1.300	(3)

Aktivkonten				**Passivkonten**		
S	Grund u. Boden des Infra.* 0410	H		S	Allgemeine Rücklage 2010	H
(1)	2.500				10.000	(4)
					600	(7)

S	Straßen mit Wegen usw. 0450	H		S	Ausgleichsrücklage 2040	H
(2)	7.900				500	(5)
					600	(7)

S	Finanzrechnungskonto 8040	H
(3)	1.300	

	Jahresüberschuss/Jahresfehlbetrag	
S	aus Vorjahr 2090	H
(7)	1.200	1.200	(6)

* Infrastrukturvermögen

Beispiel (2. Teil; 2. Variante – Berücksichtigung einer Sonderrücklage):

Unterstellt der 1. Teil des Beispiels würde weiterhin gelten (vgl. S. 257 ff). Das Vorjahr wurde also wie zuvor mit einem Jahresüberschuss in Höhe 1.200.000 Euro abgeschlossen. Zu Beginn des aktuellen Haushaltsjahres beschließt der Rat jedoch – anders als bei der 1. Variante – einen Teil des Jahresüberschusses, und zwar 200.000 Euro für eine Sonder-rücklage zu verwenden, um damit die Anschaffung einer Verkehrslenkungsanlage zu sichern. Der Rest des Jahresüberschusses soll je zur Hälfte der Ausgleichsrücklage und der Allgemeinen Rücklage zugeführt werden. Wie sehen die Eröffnungsbuchungen und die Buchungen nach dem Ratsbeschluss aus?

Für die Eröffnungsbuchungen gelten wieder die bereits bekannten Buchungen:

(1)   **Grund und Boden des Infrastrukturvermögens (0410)**

an

Eröffnungsbilanzkonto (8010) 2.500.000 Euro

(2)   **Straßennetz mit Wegen, Plätzen und**

Verkehrslenkungsanlagen (0450)

an

Eröffnungsbilanzkonto (8010) 7.900.000 Euro

(3)   **Finanzrechnungskonto (8040)**

an

Eröffnungsbilanzkonto (8010) 1.300.000 Euro

(4)   **Eröffnungsbilanzkonto (8010)**

an

Allgemeine Rücklage (2010) 10.000.000 Euro

(5)   **Eröffnungsbilanzkonto (8010),**

an

Ausgleichsrücklage (2040) 500.000 Euro

(6)   **Eröffnungsbilanzkonto (8010),**

an

Jahresüberschuss/Jahresfehlbetrag aus Vorjahr (2090) 1.200.000 Euro

Nach dem Ratsbeschluss wird folgende Buchung vorgenommen:

(7)   **Jahresüberschuss/Jahresfehlbetrag aus Vorjahr (2090) 1.200.000 Euro**
an
Allgemeine Rücklage (2010) 500.000 Euro
und
Ausgleichsrücklage (2040) 500.000 Euro
und
Sonderücklage (2030) 200.000 Euro

Die Buchungen sehen folgendermaßen aus (in 1.000 Euro):

S	Eröffnungsbilanzkonto 8010		H
(4)	10.000	2.500	(1)
(5)	500	7.900	(2)
(6)	1.200	1.300	(3)

Aktivkonten   **Passivkonten**

S	Grund u. Boden des Infra.* 0410		H
(1)	2.500		

S	Allgemeine Rücklage 2010		H
		10.000	(4)
		500	(7)
		200	**(9)**

S	Straßen mit Wegen usw. 0450		H
(2)	7.900		
(8)	**200**		

S	Ausgleichsrücklage 2040		H
		500	(5)
		500	(7)

S	Sonderrücklage 2030		H
(9)	**200**	200	(7)

Finanzrechnungskonto

S	8040		H
(3)	1.300		

S	Verbindlichkeiten 3550		H
		200	**(8)**

Jahresüberschuss/Jahresfehlbetrag

S	aus Vorjahr 2090		H
(7)	1.200	1.200	(6)

* *Infrastrukturvermögen*

Sobald das betreffende Wirtschaftsgut, hier die Verkehrslenkungsanlage betriebsbereit zur Verfügung steht, ist die die Sonderrücklage in die Allgemeine Rücklage umzubuchen.

Unterstellt, die Anschaffungskosten für die Verkehrslenkungsanlage würden exakt 200.000 Euro betragen und die Verkehrslenkungsanlage würde auf Ziel geliefert, wären damit die Buchungen 8 und 9 vorzunehmen (vgl. die Buchungen auf der Vorseite). Die betreffenden Buchungssätze lauten:

(8)   **Straßennetz mit Wegen, Plätzen und**

Verkehrslenkungsanlagen (0450)

an

Verbindlichkeiten aus Lieferungen und Leistungen gegen

den privaten Bereich (3550)

200.000 Euro

(9)   **Allgemeine Rücklage (2010)**

an

Sonderücklage (2030) 200.000 Euro

Wenn sich die Anschaffung des Wirtschaftsgutes bis in eine Folgeperiode verzögert, dann ist die Sonderrücklage in der Schlussbilanz auszuweisen (vgl. hierzu beispielsweise § 43 (4) der Gemeindehaushaltsverordnung des Landes Nordrhein-Westfalen).

Beispiel (2.Teil; 3. Variante – Berücksichtigung einer zweckgebundenen Deckungsrücklage):

Der 1. Teil des Beispiels gilt weiterhin (vgl. S. 257 ff). Das Vorjahr wurde also wie zuvor mit einem Jahresüberschuss in Höhe 1.200.000 Euro abgeschlossen. Neu sind folgende Angaben: Der hohe Jahresüberschuss ist deshalb zustande gekommen, weil ein im Haushaltsplan veranschlagter Aufwand in Höhe von 500.000 Euro für die Instandhaltung des Straßennetzes nicht entstanden war. Die Verwaltung hatte die betreffenden Arbeiten wegen personeller Überlastung nicht in Auftrag gegeben. Die Bildung von Rückstellungen konnte nicht vorgenommen werden, weil es wegen des personellen Engpasses nicht möglich war, die vorgesehenen Maßnahmen bis zum Abschlussstichtag einzeln zu bestimmen und zu beziffern (vgl. in diesem Zusammenhang § 36 GemHVO des Landes Nordrhein-Westfalen). Zu Beginn des aktuellen Haushaltsjahres beschließt der Rat diese „Aufwandsermächtigung" auf das aktuelle Haushaltsjahr zu übertragen (vgl. in diesem Zusammenhang § 22 GemHVO des Landes Nordrhein-Westfalen) und damit in dieser Höhe eine zweckgebundene Deckungsrücklage zu bilden (vgl. § 43 (3) GemHVO des Landes Nordrhein-Westfalen). Der Rest des Jahresüberschusses soll je zur Hälfte der Ausgleichsrücklage und der Allgemeinen Rücklage zugeführt werden. Wie sehen die Eröffnungsbuchungen und die Buchungen nach dem Ratsbeschluss aus?

Für die Eröffnungsbuchungen gelten wieder die bereits bekannten Buchungen:

(1)   **Grund und Boden des Infrastrukturvermögens (0410)**
                                        an
                   Eröffnungsbilanzkonto (8010) 2.500.000 Euro

(2)   **Straßennetz mit Wegen, Plätzen und**
                     Verkehrslenkungsanlagen (0450)
                                        an
                   Eröffnungsbilanzkonto (8010) 7.900.000 Euro

(3)   **Finanzrechnungskonto (8040)**
                                        an
                   Eröffnungsbilanzkonto (8010) 1.300.000 Euro

(4)   **Eröffnungsbilanzkonto (8010)**
                                        an
                   Allgemeine Rücklage (2010) 10.000.000 Euro

(5)   **Eröffnungsbilanzkonto (8010),**
                                        an
                   Ausgleichsrücklage (2040) 500.000 Euro

(6)   **Eröffnungsbilanzkonto (8010),**
                                        an
       Jahresüberschuss/Jahresfehlbetrag aus Vorjahr (2090) 1.200.000 Euro

Nach dem Ratsbeschluss wird folgende Buchung vorgenommen:

(7)   **Jahresüberschuss/Jahresfehlbetrag aus Vorjahr (2090)**
                              1.200.000 Euro
                                        an
                     Allgemeine Rücklage (2010)
                              350.000 Euro
                                       und
                     Ausgleichsrücklage (2040)
                              350.000 Euro
                                       und
                Zweckgebundene Deckungsrücklage (2020)
                              500.000 Euro

Simultan mit der Buchung des Aufwandes ist die zweckgebunden Deckungsrücklage ertragswirksam aufzulösen und, soweit Aufwand nicht entsteht, ist sie vor dem Jahresabschluss in die Allgemeine Rücklage umzubuchen (vgl. § 43 (3) GemHVO des Landes Nordrhein-Westfalen).

Die Deckungsrücklage erscheint somit in **keiner** Bilanz. Sie wird lediglich auf einem Konto „unterjährig" geführt.

* Gebildet wird sie, wenn die Eröffnungsbilanz bereits erstellt ist und der Rat über die Aufwandsübertrage und Jahresüberschussverwendung entscheidet.

* Aufgelöst wird sie, wenn in dem betreffenden Haushaltsjahr der Aufwand, der ursprünglich für das Vorjahr geplant war, „nachgeholt" wird. Wird darauf verzichtet, die auf das aktuelle Haushaltsjahr übertragene Aufwandsermächtigung in Anspruch zu nehmen, ist die Deckungsrücklage nicht erforderlich und erfolgt somit am Ende des Jahres, d.h. vor der Erstellung der Schlussbilanz, die Umbuchung in die Allgemeine Rücklage.

Folgende Buchungen sind somit in unserem Beispiel vorzunehmen:

(8)   **Aufwendungen für die Unterhaltung des**
                 Infrastrukturvermögens (5232)
                 an
     Verbindlichkeiten aus Lieferungen und Leistungen gegen
                 den privaten Bereich (3550)
                 300.000 Euro

(9)   **Zweckgebundene Deckungsrücklage(2020)**
                 an
     Erträge aus der Auflösung der Deckungsrücklage(4584)
                 300.000 Euro

(10)   **Zweckgebundene Deckungsrücklage(2020)**
                 an
                 Allgemeine Rücklage (2010)
                 200.000 Euro

Die Buchungen sehen folgendermaßen aus (in 1.000 Euro):

S	Eröffnungsbilanzkonto 8010		H
(4)	10.000	2.500	(1)
(5)	500	7.900	(2)
(6)	1.200	1.300	(3)

Finanzrechnungskonto

S	8040	H
(3)	1.300	

Aktivkonten

Grund u. Boden des Infra. 0410

S		H
(1)	2.500	

Straßen mit Wegen usw. 0450

S		H
(2)	7.900	

Passivkonten

S	Allgemeine Rücklage 2010		H
		10.000	(4)
		350	(7)
		200	(10)

zweckgebunden

S	Deckungsrücklage 2020		H
(9)	300	500	(7)
(10)	200		

S	Ausgleichsrücklage 2040		H
		500	(5)
		350	(7)

S	Verbindlichkeiten 3550		H
		300	(8)

Jahresüberschuss/Jahresfehl-
S   betrag aus Vorjahr 2090   H

(7)	1.200	1.200	(6)

Aufwandskonto

S   5232   H

(8)	300	

Ertragskonto

Mit: Infra. = Infrastrukturvermögen   Erträge aus der Auflösung
Aufwandskonto = Aufwendungen für   der Deckungsrücklage
Unterhaltung des Infrastrukturvermögens   S   5484   H

		300	(9)

7.5.3   Die Erstellung des Jahresabschlusses mit Hilfe der Hauptabschlussübersicht

Bereits bei der Erläuterung des Zwei-Komponenten-Systems haben wir darauf hingewiesen, dass vor dem Jahresabschluss ein Probeabschluss mit Hilfe einer Tabelle durchgeführt wird (vgl. S. 147 ff) und dass diese Tabelle **Hauptabschlussübersicht** genannt wird. Die Hauptabschlussübersicht im Drei-Komponenten-System unterscheidet sich von der Hauptabschlussübersicht im Zwei-Komponenten-System lediglich dadurch, dass eine zusätzliche Gegenüberstellung, d.h. eine zusätzliche „Bilanz", berücksichtigt werden muss. Es handelt sich dabei um die Finanzrechnung, die wir einfach an die „Bilanzen" der traditionellen Hauptabschlussübersicht anschließen. Der Grundaufbau einer Hauptabschlussübersicht im Drei-Komponenten-System wird nachfolgend erläutert (vgl. Abbildung 19). *Um die Betrachtung zu erleichtern, wurden den einzelnen Bilanzen bzw. Gegenüberstellungen der Hauptabschlussübersicht* **Buchstaben** *zugeordnet, auf die sich die folgenden Hinweise beziehen.*

a. In der ersten Spalte werden alle Konten aufgeführt, auf denen in dem betreffenden Jahr Buchungen vorgenommen worden sind, also neben den Bestandskonten auch die Erfolgskonten.

b. Anschließend werden unter der Bezeichnung „Anfangsbilanz" in der für das betreffende Konto gültigen Zeile die Anfangsbestände der Aktiva im Soll und der Passiva im Haben aufgeführt.

c. Unter dem Stichwort „Umsatzbilanz" werden dann wieder in der für das einzelne Konto gültigen Zeile im Soll die Zugänge der Aktiva, die Abgänge der Passiva und die Aufwendungen erfasst sowie spiegelbildlich im Haben die Abgänge der Aktiva, die Zugänge der Passiva und die Erträge, allerdings ohne Korrektur- und Umbuchungen sowie ohne vorbereitende Abschlussbuchungen.

d. Unter der Bezeichnung „Summenbilanz" erfolgt eine Zusammenfassung der oben genannten Beträge, und zwar werden die Positionen der Sollspalte der Anfangsbilanz und der Sollspalte der Umsatzbilanz in der Sollspalte der Summenbilanz zusammengefasst. Spiegelbildlich werden die Positionen der Habenspalte der Anfangsbilanz und der Habenspalte der Umsatzbilanz in der Habenspalte der Summenbilanz zusammengefasst.

e. Anschließend wird unter der Bezeichnung „Saldenbilanz I" die Differenz zwischen den in der Summenbilanz bei einem Konto aufgeführten Soll- und Habenbeträgen aufgeführt. In der Regel wird in der Summenbilanz für ein Konto entweder nur ein Betrag im Soll oder nur ein Betrag im Haben ausgewiesen. Dieser wird dann übernommen. Denkbar ist jedoch, dass sowohl im Soll als auch im Haben ein Betrag vorhanden ist. Dann wird nur der Differenzbetrag übernommen.

f. Unter der Bezeichnung „vorbereitende Abschlussbuchungen einschließlich eventueller Um- und Korrekturbuchungen" werden dann die Abschreibungen, Abgrenzungsposten und Rückstellungen verbucht oder, falls Buchungsfehler festgestellt worden sind, die entsprechenden Korrekturbuchungen vorgenommen, wobei stets der gleiche Betrag einmal im Soll und einmal im Haben berücksichtigt werden muss – also z.B. bei der Buchung einer Abschreibung auf Fahrzeuge auf dem Konto „Fahrzeuge" eine Habenbuchung und auf dem Aufwandskonto „Abschreibungen auf Fahrzeuge" eine Sollbuchung in gleicher Höhe vorgenommen wird.

g. Die Verrechnung der zuletzt genannten Beträge mit dem Ergebnis der Saldenbilanz I führt zur Saldenbilanz II. Die dort ermittelten Beträge werden dann, je nachdem, ob es sich um ein Einzahlungs- bzw. Auszahlungskonto, Aktiv- bzw. Passivkonto oder ein Aufwands- bzw. Ertragskonto handelt,

h. der Finanzrechnung,

i. der Schlussbilanz oder

j. der Ergebnisrechnung zugeordnet.

k. Finanzrechnung und Schlussbilanz werden noch um den Liquiditätssaldo ergänzt. Schlussbilanz und Ergebnisrechnung werden um einen eventuellen Erfolgssaldo (Jahresüberschuss oder Jahresfehlbetrag) ergänzt.

Alles in allem sind also in der Hauptabschlussübersicht des NKF 9 Gegenüberstellungen, die überwiegend als Bilanzen bezeichnet werden, zu unterscheiden, und zwar

• die Anfangsbilanz,

(a)	(b)		(c)		(d)		(e)		(f)		(g)		(h)		(i)		(j)		(k)
Konten	Anfangs-bilanz		Umsatz-bilanz		Summen-bilanz		Salden-bilanz I		Vorb. Abschluss-buchungen*		Salden-bilanz II		Finanz-rechnung		Schluss-bilanz		Ergebnis-rechnung		
	S	H	S	H	S	H	S	H	S	H	S	H	S	H	S	H	S	H	

* einschließlich eventueller Um- und Korrekturbuchungen

S für Soll; H für Haben

Abbildung 19: *Grundaufbau der Hauptabschlussübersicht im NKF bzw. NKR*

- die Umsatzbilanz,

- die Summenbilanz,

- die Saldenbilanz I,

- eine Gegenüberstellung der vorbereitenden Abschlussbuchungen, einschließlich der Um- und Korrekturbuchungen,

- die Saldenbilanz II,

- die Finanzrechnung,

- die Schlussbilanz und

- die Ergebnisrechnung.

Nachfolgend soll anhand eines stark vereinfachten Beispiels die grundsätzliche Vorgehensweise verdeutlicht werden (*vgl.* Abbildung 20).

Beispiel:

Eine Gemeinde verfügt zu Beginn eines Haushaltsjahres über eine Allgemeine Rücklage (2010) in Höhe von 1.500.000 Euro und eine Ausgleichsrücklage (2040) in Höhe von 500.000 Euro. Das Vermögen besteht aus einer Betriebs- und Geschäftsausstattung (0810) im Werte von 500.000 Euro und einem Bankguthaben(1810) in Höhe von 1.500.000 Euro. Im Verlauf des Jahres werden die fälligen Gehaltszahlungen (7012) in Höhe von 700.000 Euro getätigt. Dabei handelt es sich in gleicher Höhe um Aufwand (5012). Es werden im laufenden Jahr durchgeführte Abwasserentsorgungsdienstleistungen per Gebührenbescheide in Rechnung gestellt. Die entsprechenden Gebührenforderungen (1611) und Gebührenerträge (4322) betragen 900.000 Euro. Die Zahlungen werden zu Beginn des nächsten Jahres eingehen. Am Jahresende werden noch Abschreibungen auf die Betriebs- und Geschäftsausstattung(5763) in Höhe von 100.000 Euro vorgenommen. Weiterhin werden erstmalig Rückstellungen für die Beschäftigten (2510) in Höhe von 50.000 Euro gebildet. Der entsprechende Aufwand wird unter 5051 erfasst.

a. In der ersten Spalte werden die Konten aufgeführt, auf denen in dem betreffenden Jahr Buchungen vorgenommen worden sind, also hier die Konten

  – Betriebs- und Geschäftsausstattung (0810)

  – Gebührenforderungen (1611)

  – Bankguthaben (1810)

  – Allgemeine Rücklage (2010)

  – Ausgleichsrücklage (2040)

  – Pensionsrückstellungen (2510)

  – Gehaltsauszahlungen(7012)

  – Gehaltsaufwendungen(5012)

- Aufwand für Pensionsrückstellungen (5051)
- Abschreibungen auf Betriebs- und Geschäftsaustattung (5763)
- Gebührenerträge (4322).

b. Anschließend werden unter „Anfangsbilanz" im Soll der Anfangsbestand der Betriebs-
und Geschäftsausstattung (0810) und das Bankguthaben (1810) sowie im Haben der
Anfangsbestand Allgemeine Rücklage (2010) und der Anfangsbestand der Ausgleichsrücklage (2040) aufgeführt.

c. Unter „Umsatzbilanz" werden dann im Soll der Zugang bei den Gebührenforderungen
(1611) und die Gehaltsaufwendungen (5012) sowie im Haben die Gehaltsauszahlungen (7012) und die Gebührenerträge (4322) erfasst.

d. Unter „Summenbilanz" erfolgt eine Zusammenfassung der oben genannten Beträge.
Im Soll erscheinen somit bei der Betriebs- und Geschäftsausstattung (0810) 500.000
Euro, bei den Gebührenforderungen (1611) 900.000 Euro, beim Bankguthaben (1810)
1.500.000 Euro und bei den Gehaltsaufwendungen (5012) 700.000 Euro. Im Haben
erscheinen bei der Allgemeinen Rücklage(2010) 1.500.000 Euro, bei der Ausgleichsrücklage (2040) 500.000 Euro, bei den Gehaltsauszahlungen (7012) 700.000 Euro und
bei den Gebührenerträgen (4322) 900.000 Euro.

e. Anschließend wird unter der Bezeichnung „Saldenbilanz I" die Differenz zwischen
den in der Summenbilanz bei einem Konto aufgeführten Soll- und Habenbeträgen aufgeführt. Da hier bei jedem Konto entweder nur ein Betrag im Soll oder ein Betrag im
Haben steht, sehen Summenbilanz und Saldenbilanz zufälligerweise gleich aus. Hätten
wir beispielsweise einen Teil der Betriebs- und Geschäftsausstattung veräußert, hätten
wir bei diesem Konto auch im Haben der Summenbilanz einen Betrag zu berücksichtigen und wäre nur die Differenz zwischen dem Sollbetrag und dem Habenbetrag in der
Saldenbilanz I auszuweisen.

f. Unter „vorbereitende Abschlussbuchungen" werden dann die Abschreibungen auf Be-
triebs- und Geschäftsausstattung (5763) im Soll und der entsprechende Abgang bei der
Betriebs- und Geschäftsausstattung (0810) in Höhe von 100.000 Euro im Haben erfasst.
Auch der Aufwand für Pensionsrückstellungen (5051) in Höhe von 50.000 Euro wird
im Soll berücksichtigt und der Zugang bei den Pensionsrückstellungen (2510) in gleicher Höhe im Haben.

g. Die Verrechnung der zuletzt genannten Beträge mit dem Ergebnis der Saldenbilanz I
führt zur Saldenbilanz II. Im Soll sind hier beispielsweise folgende Beträge zu berücksichtigen: Betriebs- und Geschäftsausstattung (0810) 400.000 Euro, Gebührenforderungen (1611) 900.000 Euro, Bankguthaben (1810) 1.500.000 Euro, Gehaltsaufwendungen
(5012) 700.000 Euro, usw.

h. Die Anfangsbestände an liquiden Mitteln (1810) sowie die Einzahlungen werden im
Soll der Finanzrechnung und die Auszahlungen im Haben der Finanzrechnung erfasst.

i. Die Beträge für das Nicht-Geldvermögen, hier beispielsweise die Betriebs- und Geschäftsausstattung und die Gebührenforderungen, werden im Soll der Schlussbilanz erfasst. Entsprechend werden die Positionen des Eigenkapitals, hier beispielsweise die Allgemeine Rücklage und die Ausgleichsrücklage, sowie die Positionen des Fremdkapitals, hier die Pensionsrückstellungen, im Haben der Schlussbilanz erfasst.

j. Die Aufwendungen und Erträge werden der Ergebnisrechnung zugeordnet.

k. Es wird deutlich, dass in der Finanzrechnung einen Habensaldo in Höhe von 800.000 Euro einzubuchen ist, um die Finanzrechnung auszugleichen. Es handelt sich dabei um den Zahlungsmittelendbestand. Er ist ebenfalls im Soll der Schlussbilanz zu berücksichtigen. Nunmehr wird deutlich, dass auf der Passivseite der Schlussbilanz ein Saldo in Höhe von 50.000 Euro einzufügen ist, um die Schlussbilanz auszugleichen. In der Ergebnisrechnung ist auf der linken Seite ein gleich hoher Saldo einzufügen, damit auch hier ein Ausgleich hergestellt wird. Da der Saldo dadurch entsteht, dass der Ertrag den Aufwand übersteigt, handelt es sich um einen Gewinnsaldo (einen Jahresüberschuss).

(a) Konten	(b) Anfangsbilanz		(c) Umsatzbilanz		(d) Summenbilanz		(e) Saldenbilanz I		(f) Vorb. Abschlussbuchungen		(g) Saldenbilanz II		(h) Finanzrechnung		(i) Schlussbilanz		(j) Ergebnisrechnung	
	S	H	S	H	S	H	S	H	S	H	S	H	S	H	S	H	S	H
0810	500				500		500			100	400				400			
1611			900		900		900				900				900			
1810	1500				1500		1500				1500		1500					
2010		1500				1500		1500				1500				1500		
2040		500				500		500				500				500		
2510										50		50				50		
7012				700		700		700				700		700				
5012			700		700		700				700						700	
5051									50		50						50	
5736									100		100						100	
4322				900		900		900				900						900
	2000	2000	1600	1600	3600	3600	3600	3600	150	150	3650	3650	1500	700	1300	2050	850	900
(k)														800	800	50	50	
													1500	1500	2100	2100	900	900

* einschließlich eventueller Um- und Korrekturbuchungen

S für Soll; H für Haben

Abbildung 20: *Beispiel für den Einsatz der Hauptabschlussübersicht im NKF bzw. NKR*

Abbildungsverzeichnis

Abkürzungsverzeichnis

A	Aktivposten; Aktiva
AB	Anfangsbestand
ABG	Abgang
Abschr.	Abschreibung
a. L. u. L.	aus Lieferungen und Leistungen
a. o.	außerordentlich
Auf.	Aufwand
Aus.	Ausgaben
betriebs.	betriebszweckbezogener
btf.	betriebsfremder
BV	Bankverbindlichkeiten
EB	Endbestand
Ein.	Einnahmen
EK	Eigenkapital
Er.	Ertrag
F	Forderungen
Ford.	Forderungen
Gehaltsauf.	Gehaltsaufwand
GemHVO	Gemeindehaushaltsverordnung
GO	Gemeindeordnung
GuV	Gewinn und Verlust
H	Haben

HGB	Handelsgesetzbuch
l.	langfristig
L. u. L.	Lieferung und Leistung Lieferungen und Leistungen
NKF	Neues Kommunales Finanzmanagement
NKR	Neues Kommunales Rechnungswesen
P	Passivposten; Passiva
RAP	Rechnungsabgrenzungsposten
S	Soll
SBK	Schlussbilanzkonto
Sach.	Sachanlagen
Sal.	Saldo
Stamm.	Stammkapital
Umsatz.	Umsatzerlöse
ZE	Zahlungsmittelendbestand
Zinsauf.	Zinsaufwand
ZUG	Zugang

Vorschlag für einen Kontenplan im NKF bzw. NKR

Auf der Grundlage des Nordrhein-Westfälischen Kontenrahmens und in Anlehnung an Anlage 16 Regierungsentwurf NKFG (vgl. beispielsweise auch Fudalla u.a.: Doppelte Buchführung in der Kommunalverwaltung, S. 250 ff sowie Dresbach: Kommunale Finanzwirtschaft Nordrhein-Westfalen, S. 292 ff).

Konten-klasse	Konten-gruppe	Konten-art	Konto	Unter-konto	Bezeichnung
0					**Immaterielle Vermögensgegenstände und Sachanlagen**
		000			(Aufwendungen für Erweiterung des Geschäftsbetriebs)
	01				**Immaterielle Vermögensgegenstände**
		011			Konzessionen
		012			Lizenzen
		013			DV-Software
		019			Anzahlungen auf immaterielle Vermögensgegenstände
	02				**Unbebaute Grundstücke und grundstücksgleiche Rechte**
		021			Grünflächen
			0211		Grund und Boden von Grünflächen
			0212		Aufbauten und Betriebsvorrichtungen auf Grünflächen
		022			Ackerland
			0221		Grund und Boden von Ackerland
			0222		Aufbauten und Betriebsvorrichtungen auf Ackerland
		023			Wald, Forsten
			0231		Grund und Boden von Wald und Forsten
			0232		Aufbauten und Betriebsvorrichtungen auf Forstflächen
		024			Sonstige unbebaute Grundstücke
			0241		Grund und Boden sonstiger unbebauter Grundstücke
			0242		Aufbauten und Betriebsvorrichtungen auf sonstigen unbebauten Grundstücken
	03				**Bebaute Grundstücke und grundstücksgleiche Rechte**
		031			Grundstücke mit Kindertageseinrichtungen
			0311		Grund und Boden bei Kindertageseinrichtungen
			0312		Gebäude, Aufbauten und Betriebsvorrichtungen bei Kindertageseinrichtungen

Konten-klasse	Konten-gruppe	Konten-art	Konto	Unter-konto	Bezeichnung
		032			**Grundstücke mit Schulen**
			0321		Grund und Boden bei Schulen
			0322		Gebäude, Aufbauten und Betriebsvorrichtungen bei Schulen
		033			**Grundstücke mit Wohnbauten**
			0331		Grund und Boden bei Wohnbauten
			0332		Gebäude, Aufbauten und Betriebsvorrichtungen bei Wohnbauten
		034			**Grundstücke mit sonstigen Dienst-, Geschäfts- und anderen Betriebsgebäuden**
			0341		Grund und Boden bei sonstigen Gebäuden
			0342		Gebäude, Aufbauten und Betriebsvorrichtungen bei sonstigen Gebäuden
	04				**Infrastrukturvermögen**
		041	0410		**Grund und Boden des Infrastrukturvermögens**
		042			**Brücken und Tunnel**
		043			**Gleisanlagen mit Streckenausrüstung und Sicherheitsanlagen**
		044			**Entwässerungs- und Abwasserbeseitigungsanlagen**
		045			**Straßennetz mit Wegen, Plätzen und Verkehrslenkungsanlagen**
		046			**Sonstige Bauten des Infrastrukturvermögens**
	05				**Bauten auf fremden Grund und Boden**
		051			**Bauten auf fremden Grund und Boden**
	06				**Kunstgegenstände, Kulturdenkmäler**
		061			**Kunstgegenstände**
		065			**Baudenkmäler**
		066			**Bodendenkmäler**
		069			**sonstige Kulturdenkmäler**
	07				**Maschinen und technische Anlagen, Fahrzeuge**
		071	0710		**Maschinen**
		072			**Technische Anlagen**
		073			**Betriebsvorrichtungen**
		075	0750		**Fahrzeuge**
	08				**Betriebs- und Geschäftsausstattung**
		081			**Betriebs- und Geschäftsausstattung**
	09				**Geleistete Anzahlungen, Anlagen im Bau**
		091			**Geleistete Anzahlungen auf Sachanlagen**
		096			**Anlagen im Bau**
1					**Finanzanlagen, Umlaufvermögen und aktive Rechnungsabgrenzung**
	10				**Anteile an verbundenen Unternehmen**
		101			**Anteile an verbundenen Unternehmen**
	11				**Beteiligungen**
		111			**Beteiligungen**
	12				**Sondervermögen**
		121			**Sondervermögen**
	13				**Ausleihungen**

Konten-klasse	Konten-gruppe	Konten-art	Konto	Unter-konto	Bezeichnung
		131			Ausleihungen an verbundene Unternehmen
		132			Ausleihungen an Beteiligungen
		133			Ausleihungen an Sondervermögen
		139			Sonstige Ausleihungen
	14				Wertpapiere
		141			Wertpapiere des Anlagevermögens
			1411		Unternehmensanteile als Anlagevermögen
			1412		Sonstige Wertpapiere des Anlagevermögens
		145			Wertpapiere des Umlaufvermögens
			1451		Unternehmensanteile als Umlaufvermögen
			1452		Sonstige Wertpapiere des Umlaufvermögens
					**Umlaufvermögen**
	15				Vorräte
		151			Rohstoffe / Fertigungsmaterial
		152			Hilfsstoffe
		153			Betriebsstoffe
		154			Waren
		155			Unfertige/fertige Erzeugnisse
		156			Unfertige Leistungen
		157			Geleistete Anzahlungen auf Vorräte
		159			Sonstige Vorräte
	16				Öffentlich-rechtliche Forderungen und Forderungen aus Transferleistungen
		161			Gebührenforderungen
			1611		Gebührenforderungen gegenüber dem privaten Bereich
			1612		Gebührenforderungen gegenüber dem öffentlichen Bereich
			1613		Gebührenforderungen gegen verbundene Unternehmen
			1614		Gebührenforderungen gegen Beteiligungen
			1615		Gebührenforderungen gegen Sondervermögen
		162			Beitragsforderungen
			1621		Beitragsforderungen gegenüber dem privaten Bereich
			1622		Beitragsforderungen gegenüber dem öffentlichen Bereich
			1623		Beitragsforderungen gegen verbundene Unternehmen
			1624		Beitragsforderungen gegen Beteiligungen
			1625		Beitragsforderungen gegen Sondervermögen
		163			Steuerforderungen
			1631		Steuerforderungen gegenüber dem privaten Bereich
			1632		Steuerforderungen gegenüber dem öffentlichen Bereich
			1633		Steuerforderungen gegen verbundene Unternehmen
			1634		Steuerforderungen gegen Beteiligungen
			1635		Steuerforderungen gegen Sondervermögen
		164			Forderungen aus Transferleistungen

Konten-klasse	Konten-gruppe	Konten-art	Konto	Unter-konto	Bezeichnung
			1641		Forderungen aus Transferleistungen gegenüber dem privaten Bereich
			1642		Forderungen aus Transferleistungen gegenüber dem öffentlichen Bereich
			1643		Forderungen aus Transferleistungen gegen verbundene Unternehmen
			1644		Forderungen aus Transferleistungen gegen Beteiligungen
			1645		Forderungen aus Transferleistungen gegen Sondervermögen
		169			**Sonstige öffentlich-rechtliche Forderungen**
			1691		Sonstige öffentlich-rechtliche Forderungen gegenüber dem privaten Bereich
			1692		Sonstige öffentlich-rechtliche Forderungen gegenüber dem öffent-lichen Bereich
			1693		Sonstige öffentlich-rechtliche Forderungen gegen verbundene Unternehmen
			1694		Sonstige öffentlich-rechtliche Forderungen gegen Beteiligungen
			1695		Sonstige öffentlich-rechtliche Forderungen gegen Sondervermögen
	17				**Privatrechtliche Forderungen, sonstige Vermögensgegenstände**
		171			**Privatrechtliche Forderungen gegenüber dem privaten Bereich**
		172			**Privatrechtliche Forderungen gegenüber dem öffentlichen Bereich**
			1721		Privatrechtliche Forderungen gegen den Bund
			1722		Privatrechtliche Forderungen gegen das Land
			1723		Privatrechtliche Forderungen gegen Gemeinden (GV)
			1724		Privatrechtliche Forderungen gegen Zweckverbände
			1725		Privatrechtliche Forderungen gegen den sonstigen öffentlichen Bereich
		173			**Privatrechtliche Forderungen gegen verbundene Unternehmen**
		174			**Privatrechtliche Forderungen gegen Beteiligungen**
		175			**Privatrechtliche Forderungen gegen Sondervermögen**
		176			**Privatrechtliche Forderungen gegen Mitarbeiter, Organmitglieder und Gesellschafter**
		177			**Andere sonstige Vermögensgegenstände**
		178			**Eingefordertes, noch nicht eingezahltes Kapital und eingeforderte Nachschüsse**
		179	**1790**		**Vorsteuer**
	18				**Liquide Mittel**
		181			**Guthaben bei Banken und Kreditinstituten**
		185			**Guthaben bei Bundesbank und Europäischer Zentralbank**
		186			**Schecks**
		187			**Kasse (Bargeld)**
	19				**Aktive Rechnungsabgrenzungsposten (RAP)**
		191			**Kreditbeschaffungskosten**
		192			**Zölle und Verbrauchssteuern**
		193			**Umsatzsteuer auf erhaltene Anzahlungen**
		195			**Aktive RAP für geleistete Zuwendungen**
		199			**Sonstige aktive RAP**

Konten-klasse	Konten-gruppe	Konten-art	Konto	Unter-konto	Bezeichnung
2					**Eigenkapital, Sonderposten und Rückstellungen**
	20				**Eigenkapital**
		201	2010		Allgemeine Rücklage
		202	2020		Zweckgebundene Deckungsrücklagen
		203	2030		Sonderrücklagen
		204	2040		Ausgleichsrücklage
		208	2080		Jahresüberschuss / Jahresfehlbetrag
			2090		Jahresüberschuss/Jahresfehlbetrag aus Vorjahr
	21				**Wertberichtigungen (Bilanzausweis nicht zulässig)**
		211	2110		Einzelwertberichtigung zu Forderungen
		212	2120		Pauschalwertberichtigung zu Forderungen
	23				**Sonderposten**
		231			Sonderposten aus Zuwendungen
			2310		Sonderposten aus Zuweisungen vom Bund
			2311		Sonderposten aus Zuweisungen vom Land
			2312		Sonderposten aus Zuweisungen von Gemeinden (GV)
			2313		Sonderposten aus Zuweisungen von Zweckverbänden
			2314		Sonderposten aus Zuweisungen vom sonstigen öffentlichen Bereich
			2315		Sonderposten aus Zuschüssen von verbundenen Unternehmen, Beteiligungen und Sondervermögen
			2316		Sonderposten aus Zuschüssen von sonstigen öffentlichen Sonderrechnungen
			2317		Sonderposten aus Zuschüssen von privaten Unternehmen
			2318		Sonderposten aus Zuschüssen von übrigen Bereichen
		232			Sonderposten aus Beiträgen
		233			Sonderposten für den Gebührenausgleich
			2331		Sonderposten für den Gebührenausgleich "..."
			2332		Sonderposten für den Gebührenausgleich "..."
		239			Sonstige Sonderposten
	25				**Pensionsrückstellungen**
		251			Pensionsrückstellungen für Beschäftigte
		252			Pensionsrückstellungen für Versorgungsempfänger
		253			Rückstellungen für die Inanspruchnahme von Alterteilzeit
	26				**Rückstellungen für Deponien und Altlasten**
		261			Rückstellungen für Deponien und Altlasten
	27				Instandhaltungsrückstellungen
		271			Instandhaltungsrückstellungen
	28				**Sonstige Rückstellungen**
		281			Sonstige Rückstellungen für nicht in Anspruch genommenen Urlaub
		282			Sonstige Rückstellungen für geleistete Überstunden
		289			Andere sonstige Rückstellungen

Konten-klasse	Konten-gruppe	Konten-art	Konto	Unter-konto	Bezeichnung
3					**Verbindlichkeiten und passive Rechnungsabgrenzung**
	30				**Anleihen**
		301			Konvertible Anleihen
		305			Nicht konvertible Anleihen
	32				**Verbindlichkeiten aus Krediten für Investitionen**
		321			Investitionskredite von verbundenen Unternehmen
		322			Investitionskredite von Beteiligungen
		323			Investitionskredite von Sondervermögen
		324			Investitionskredite vom öffentlichen Bereich
			3241		Investitionskredite vom Bund
			3242		Investitionskredite vom Land
			3243		Investitionskredite von Gemeinden (GV)
			3244		Investitionskredite von Zweckverbänden
			3245		Investitionskredite vom sonstigen öffentlichen Bereich
		325			Investitionskredite vom privaten Kreditmarkt
			3251		Investitionskredite von Banken und Kreditinstituten
			3252		Investitionskredite von übrigen Kreditgebern
	33				**Verbindlichkeiten aus Krediten zur Liquiditätssicherung**
		331			Liquiditätskredite vom öffentlichen Bereich
		322			Liquiditätskredite vom privaten Kreditmarkt
	34				**Verbindlichkeiten aus Vorgängen, die Kreditaufnahmen wirtschaftlich gleichkommen**
		341			Schuldübernahmen
		342			Leibrentenverträge
		343			Verträge über die Durchführung städtebaulicher Maßnahmen
		344			Gewährung von Schuldendiensthilfen an Dritte
		345			Leasingverträge
		346			Restkaufgelder im Zusammenhang mit Grundstücksgeschäften
		349			Sonstige Kreditaufnahmen gleichkommende Vorgänge
	35				**Verbindlichkeiten aus Lieferungen und Leistungen**
		351			Verbindlichkeiten aus Lieferungen und Leistungen gegen verbundene Unternehmen
		352			Verbindlichkeiten aus Lieferungen und Leistungen gegen Beteiligungen
		353			Verbindlichkeiten aus Lieferungen und Leistungen gegen Sondervermögen
		354			Verbindlichkeiten aus Lieferungen und Leistungen gegen den öffentlichen Bereich
		355	3550		Verbindlichkeiten aus Lieferungen und Leistungen gegen den privaten Bereich
		356			Verbindlichkeiten aus Lieferungen und Leistungen (Ausland)
	36				**Verbindlichkeiten aus Transferleistungen**
		361			Verbindlichkeiten aus Transferleistungen gegen verbundene Unternehmen

Konten-klasse	Konten-gruppe	Konten-art	Konto	Unter-konto	Bezeichnung
		362			Verbindlichkeiten aus Transferleistungen gegen Beteiligungen
		363			Verbindlichkeiten aus Transferleistungen gegen Sondervermögen
		364			Verbindlichkeiten aus Transferleistungen gegen den öffentlichen Bereich
		365			Verbindlichkeiten aus Transferleistungen gegen übrige Bereiche
	37				**Sonstige Verbindlichkeiten**
		371			**Steuerverbindlichkeiten**
			3711		Umsatzsteuer
			3712		Abzuführende Lohn- und Kirchensteuer der Beschäftigten
			3713		Körperschaftsteuer
			3714		Kapitalertragsteuer
			3719		Sonstige Steuerverbindlichkeiten
		372			**Verbindlichkeiten gegenüber Sozialversicherungsträgern**
		373			**Verbindlichkeiten gegenüber Mitarbeitern, Organmitgliedern und Gesellschaften**
		374			**Erhaltene Anzahlungen**
		379			**Andere sonstige Verbindlichkeiten**
	39				**Passive Rechnungsabgrenzungsposten (RAP)**
		391			**Passive RAP für erhaltene Zuwendungen**
		399			**Sonstige passive RAP**
4					**Erträge**
	40				**Steuern und ähnliche Abgaben**
		401			**Realsteuern**
			4011		Grundsteuer A
			4012		Grundsteuer B
			4013		Gewerbesteuer
		402			**Gemeindeanteil an den Gemeinschaftssteuern**
			4021		Gemeindeanteil an der Einkommensteuer
			4022		Gemeindeanteil an der Umsatzsteuer
		403			**Sonstige Gemeindesteuern**
			4031		Vergnügungssteuer für die Vorführung von Bildstreifen
			4032		Sonstige Vergnügungssteuer
			4033		Hundesteuer
			4034		Jagdsteuer
			4035		Zweitwohnungssteuer
			4039		Sonstige Steuern
		404			**Steuerähnliche Erträge**
			4041		Fremdenverkehrsabgabe
			4042		Abgabe von Spielbanken
			4049		Sonstige steuerähnliche Erträge
		405			**Ausgleichsleistungen**
			4051		Kompensationszahlungen (Familienleistungsausgleich)

Konten-klasse	Konten-gruppe	Konten-art	Konto	Unter-konto	Bezeichnung
41					**Zuwendungen und allgemeine Umlagen**
	411				**Schlüsselzuweisungen**
			4111		Schlüsselzuweisungen vom Land
	412				**Bedarfszuweisungen**
			4121		Bedarfszuweisungen vom Land
			4122		Bedarfszuweisungen von Gemeinden (GV)
	413				**Allgemeine Zuweisungen**
			4131		Allgemeine Zuweisungen vom Bund
			4132		Allgemeine Zuweisungen vom Land
			4133		Allgemeine Zuweisungen von Gemeinden (GV)
	414				**Zuweisungen und Zuschüsse für laufende Zwecke**
			4140		Zuweisungen vom Bund
			4141		Zuweisungen vom Land
			4142		Zuweisungen von Gemeinden und Gemeindeverbänden
			4143		Zuweisungen von Zweckverbänden
			4144		Zuweisungen vom sonstigen öffentlichen Bereich
			4145		Zuschüsse von verbundenen Unternehmen, Beteiligungen und Sondervermögen
			4146		Zuschüsse von sonstigen öffentlichen Sonderrechnungen
			4147		Zuschüsse von privaten Unternehmen
			4148		Zuschüsse von übrigen Bereichen
	416				**Erträge aus der Auflösung von Sonderposten aus Zuwendungen**
			4160		Erträge aus der Auflösung von Sonderposten aus Zuweisungen vom Bund
			4161		Erträge aus der Auflösung von Sonderposten aus Zuweisungen vom Land
			4162		Erträge aus der Auflösung von Sonderposten aus Zuweisungen von Gemeinden (GV)
			4163		Erträge aus der Auflösung von Sonderposten aus Zuweisungen von Zweckverbänden
			4164		Erträge aus der Auflösung von Sonderposten aus Zuweisungen vom sonstigen öffentlichen Bereich
			4165		Erträge aus der Auflösung von Sonderposten aus Zuschüssen von verbundenen Unternehmen, Beteiligungen und Sondervermögen
			4166		Erträge aus der Auflösung von Sonderposten aus Zuschüssen von sonstigen öffentlichen Sonderrechnungen
			4167		Erträge aus der Auflösung von Zuschüssen von privaten Unternehmen
			4168		Erträge aus der Auflösung von Zuschüssen vom übrigen Bereich
	417				**Allgemeine Umlagen**
			4171		Allgemeine Umlagen vom Land
			4172		Allgemeine Umlagen von Gemeinden und Gemeindeverbänden
42					**Sonstige Transfererträge**
	421				**Ersatz von sozialen Leistungen außerhalb von Einrichtungen**
			4211		Kostenbeiträge und Aufwendungsersatz, Kostenersatz

Konten-klasse	Konten-gruppe	Konten-art	Konto	Unter-konto	Bezeichnung
			4212		Übergeleitete Unterhaltsansprüche gegen bürgerlich-rechtlich Unterhaltsverpflichtete
			4213		Leistungen von Sozialversicherungsträgern (ohne Pflegeversicherung)
			4214		Leistungen der Pflegeversicherungsträger
			4215		Rückzahlung gewährer Hilfe
			4219		Sonstige Ersatzleistungen
		422			**Ersatz von sozialen Leistungen in Einrichtungen**
			4221		Kostenbeiträge und Aufwendungsersatz, Kostenersatz
			4222		Übergeleitete Unterhaltsansprüche gegen bürgerlich-rechtlich Unterhaltsverpflichtete
			4223		Leistungen von Sozialversicherungsträgern (ohne Pflegeversicherung)
			4224		Leistungen von Pflegeversicherungsträger
			4225		Rückzahlung gewährer Hilfe
			4229		Sonstige Ersatzleistungen
		423			**Schuldendiensthilfen**
			4230		Schuldendiensthilfen vom Bund
			4231		Schuldendiensthilfen vom Land
			4232		Schuldendiensthilfen von Gemeinden (GV)
			4233		Schuldendiensthilfen von Zweckverbänden
			4234		Schuldendiensthilfen vom sonstigen öffentlichen Bereich
			4235		Schuldendiensthilfen von verbundenen Unternehmen, Beteiligungen und Sondervermögen
			4236		Schuldendiensthilfen von sonstigen öffentlichen Sonderrechnungen
			4237		Schuldendiensthilfen von privaten Unternehmen
			4238		Schuldendiensthilfen von übrigen Bereichen
		429			**Andere sonstige Transfererträge**
			4291		Andere sonstige Transfererträge
	43				**Öffentlich-rechtliche Leistungsentgelte**
		431			**Verwaltungsgebühren**
			4311		Verwaltungsgebühren
		432			**Benutzungsgebühren und ähnliche Entgelte**
			4321		Benutzungsgebühren "..."
			4322		Benutzungsgebühren "..."
		436			**Zweckgebundene Abgaben**
			4361		Zweckgebundene Abgaben
		437			**Erträge aus der Auflösung von Sonderposten für Beiträge**
			4371		Erträge aus der Auflösung von Sonderposten für Beiträge
		438			**Erträge aus der Auflösung von Sonderposten für Gebühren-ausgleich**
			4381		Erträge aus der Auflösung von Sonderposten für Gebührenausgleich "..."
			4382		Erträge aus der Auflösung von Sonderposten für Gebührenausgleich "..."

Konten-klasse	Konten-gruppe	Konten-art	Konto	Unter-konto	Bezeichnung
	44				**Privatrechtliche Leistungsentgelte, Kostenerstattungen und Kostenumlagen**
		441			**Privatrechtliche Leistungsentgelte**
			4411		Erträge aus Verkauf
			4412		Mieten und Pachten
			4149		Sonstige privatrechtliche Leistungsentgelte
		442			**Erträge aus Kostenerstattungen und Kostenumlagen**
			4420		Erstattungen vom Bund
			4421		Erstattungen vom Land
			4422		Erstattungen von Gemeinden (GV)
			4423		Erstattungen von Zweckverbänden
			4424		Erstattungen von sonstigen öffentlichen Bereichen
			4425		Erstattungen von verbundenen Unternehmen, Beteiligungen und Sondervermögen
			4426		Erstattungen von sonstigen öffentlichen Sonderrechnungen
			4427		Erstattungen von privaten Unternehmen
			4428		Erstattungen von übrigen Bereichen
	45				**Sonstige ordentliche Erträge**
		451			**Erträge aus der Veräußerung von Vermögensgegenständen des Anlagevermögens**
			4511		Erträge aus der Veräußerung von Grundstücken und Gebäuden
			4512		Erträge aus der Veräußerung von Finanzanlagen
			4513		Erträge aus der Veräußerung von beweglichen Sachen
		452			**Weitere sonstige ordentliche Erträge**
			4521		Ordnungsrechtliche Erträge (Bußgelder u.a.)
			4522		Säumniszuschläge und dgl.
			4523		Erträge aus der Inanspruchnahme von Bürgschaften, Gewährverträgen usw.
			4524		Erträge aus der Ausgleichzahlung nach AFWoG
			4525		Verzinsung Gewerbesteuer nach § 233 a AO
			4526		Konzessionsabgaben
		453			**Erträge aus der Auflösung von sonstigen Sonderposten**
			4531		Erträge aus der Auflösung von sonstigen Sonderposten
		454			**Erstattung von Steuern vom Einkommen und Ertrag für Vorjahre**
			4541		Erstattung von Steuern vom Einkommen und Ertrag für Vorjahre (Steuer "...")
		458			**Nicht zahlungswirksame ordentliche Erträge**
			4581		Erträge aus Zuschreibungen
			4582		Erträge aus der Auflösung oder Herabsetzung von Wertberichtigungen auf Forderungen
			4583		Erträge aus der Auflösung oder Herabsetzung von Rückstellungen
			4584		Erträge aus der Auflösung der Deckungsrücklage
		459			**Andere sonstige ordentliche Erträge**
			4591		Andere sonstige ordentliche Erträge

Konten-klasse	Konten-gruppe	Konten-art	Konto	Unter-konto	Bezeichnung
	46				**Finanzerträge**
		461			**Zinserträge**
			4610		Zinserträge vom Bund
			4611		Zinserträge vom Land
			4612		Zinserträge von Gemeinden (GV)
			4613		Zinserträge von Zweckverbänden
			4614		Zinserträge von sonstigen öffentlichen Bereichen
			4615		Zinserträge von verbunden Unternehmen, Beteiligungen und Sondervermögen
			4616		Zinserträge von sonstigen öffentlichen Sonderrechnungen
			4617		Zinserträge von privaten Unternehmen
			4618		Zinserträge von übrigen Bereichen
		469			**Sonstige Finanzerträge**
			4691		Erträge aus Gewinnanteile aus Beteiligungen
			4692		Erträge aus Gewinnabführungsverträgen
			4693		Erträge aus Wertpapieren des Anlagevermögens
			4694		Erträge aus Wertpapieren des Umlaufvermögens
			4699		Andere sonstige zinsähnliche Erträge
	47				**Aktivierte Eigenleistungen und Bestandsveränderungen**
		471			**Aktivierte Eigenleistungen**
			4711		Aktivierte Eigenleistungen
		472			**Bestandsveränderungen**
			4721		Bestandsveränderungen an unfertigen Erzeugnissen
			4722		Bestandsveränderungen an fertigen Erzeugnissen
	48				**Erträge aus internen Leistungsbeziehungen**
		481			**Erträge aus internen Leistungsbeziehungen**
			4811		Erträge aus internen Leistungsbeziehungen
	49				**Außerordentliche Erträge**
		491			**Außerordentliche Erträge**
			4911		Außerordentliche Erträge
5					**Aufwendungen**
	50				**Personalaufwendungen**
		501			**Dienstaufwendungen u. dgl.**
			5011		Bezüge der Beamten
			5012		Vergütungen der Angestellten
			5013		Löhne der Arbeiter
			5019		Aufwendungen für sonstige Beschäftigte
		502			**Beiträge zu Versorgungskassen**
			5021		Beiträge zu Versorgungskassen für Beamte
			5022		Beiträge zu Versorgungskassen für Angestellte
			5023		Beiträge zu Versorgungskassen für Arbeiter
			5029		Beiträge zu Versorgungskassen für sonstige Beschäftigte

Konten-klasse	Konten-gruppe	Konten-art	Konto	Unter-konto	Bezeichnung
		503			**Beiträge zur gesetzlichen Sozialversicherung**
			5031		Beiträge zur gesetzlichen Sozialversicherung für Beamte
			5032		Beiträge zur gesetzlichen Sozialversicherung für Angestellte
			5033		Beiträge zur gesetzlichen Sozialversicherung für Arbeiter
			5039		Beiträge zur gesetzlichen Sozialversicherung für sonstige Beschäftigte
		504			**Beihilfen und Unterstützungsleistungen und dgl. für Beschäftige**
			5041		Beihilfen und Unterstützungsleistungen und dgl. für Beschäftige
		505			**Zuführungen zu Pensionsrückstellungen für Beschäftigte**
			5051		Zuführungen zu Pensionsrückstellungen für Beschäftigte
		506			**Zuführungen zu Pensionsrückstellungen für Altersteilzeit**
			5061		Zuführungen zu Pensionsrückstellungen für Altersteilzeit
		507			**Aufwendungen für Rückstellungen für nicht genommenen Urlaub, Überstunden u.ä.**
			5071		Aufwendungen für Rückstellungen für nicht genommenen Urlaub
			5071		Aufwendungen für Rückstellungen für Überstunden
		509			**Pauschalierte Lohnsteuer**
			5091		Pauschalierte Lohnsteuer
	51				**Versorgungsaufwendungen**
		511			**Versorgungsaufwendungen**
			5111		Versorgungsaufwendungen für Beamte
			5112		Versorgungsaufwendungen für Angestellte
			5113		Versorgungsaufwendungen für Arbeiter
			5119		Versorgungsaufwendungen für sonstige Beschäftigte
		513			**Beiträge zur gesetzlichen Sozialversicherung**
			5131		Beiträge zur gesetzlichen Sozialversicherung für Beamte
			5132		Beiträge zur gesetzlichen Sozialversicherung für Angestellte
			5133		Beiträge zur gesetzlichen Sozialversicherung für Arbeiter
			5139		Beiträge zur gesetzlichen Sozialversicherung für sonstige Beschäftigte
		514			**Beihilfen und Unterstützungsleistungen und dgl. für Versorgungs-empfänger**
			5141		Beihilfen und Unterstützungsleistungen und dgl. für Versorgungs-empfänger
		515			**Zuführungen zu Pensionsrückstellungen für Versorgungs-empfänger**
			5151		Zuführungen zu Pensionsrückstellungen für Versorgungsempfänger
	52				**Aufwendungen für Sach- und Dienstleistungen**
		521			**Aufwendungen für Fertigung, Vertrieb, Waren**
			5211		Aufwendungen für "..."
			5212		Aufwendungen für "..."
		522			**Aufwendungen für Energie / Wasser / Abwasser**
			5221		Aufwendungen für "..."
			5225		Aufwendungen für Treibstoffe

Konten-klasse	Konten-gruppe	Konten-art	Konto	Unter-konto	Bezeichnung
		523			**Aufwendungen für Unterhaltung und Bewirtschaftung**
			5231		Aufwendungen für Unterhaltung der Grundstücke, Gebäude usw.
			5232		Aufwendungen für Unterhaltung des Infrastrukturvermögens
			5233		Aufwendungen für Unterhaltung der Maschinen und technischen Anlagen
			5234		Aufwendungen für die Unterhaltung von Fahrzeugen
			5235		Aufwendungen für Unterhaltung von Betriebsvorrichtungen
			5236		Aufwendungen für die Unterhaltung der Betriebs- und Geschäftsausstattung
			5237		Aufwendungen für die Bewirtschaftung der Grundstücke, Gebäude usw.
		524			**Weitere Verwaltungs- und Betriebsaufwendungen**
			5241		Schülerbeförderungskosten
			5242		Lernmittel nach dem Lernmittelfreiheitsgesetz
			5249		Sonstige Aufwendungen für Sachleistungen
		525			**Kostenerstattungen**
			5250		Erstattungen an den Bund
			5251		Erstattungen an das Land
			5252		Erstattungen an Gemeinden (GV)
			5253		Erstattungen an Zweckverbände
			5254		Erstattungen an sonstigen öffentlichen Bereich
			5255		Erstattungen an verbundene Unternehmen, Beteiligungen und Sondervermögen
			5256		Erstattungen an sonstige öffentliche Sonderrechnungen
			5257		Erstattungen an private Unternehmen
			5258		Erstattungen an übrige Bereiche
		526			**Sonstige Aufwendungen für Dienstleistungen**
			5261		Sonstige Aufwendungen für Dienstleistungen
	53				**Transferaufwendungen**
		531			**Aufwendungen für Zuweisungen und Zuschüsse für laufende Zwecke**
			5310		Aufwendungen für Zuweisungen an den Bund
			5311		Aufwendungen für Zuweisungen an das Land
			5312		Aufwendungen für Zuweisungen an Gemeinden (GV)
			5313		Aufwendungen für Zuweisungen an Zweckverbände
			5314		Aufwendungen für Zuweisungen an den sonstigen öffentlichen Bereich
			5315		Aufwendungen für Zuschüsse an verbundenen Unternehmen, Beteiligungen und Sondervermögen
			5316		Aufwendungen für Zuschüsse an sonstige öffentliche Sonderrechnungen
			5317		Aufwendungen für Zuschüsse an private Unternehmen
			5318		Aufwendungen für Zuschüsse an übrige Bereiche

Konten-klasse	Konten-gruppe	Konten-art	Konto	Unter-konto	Bezeichnung
		532			**Schuldendiensthilfen**
			5320		Schuldendiensthilfen an den Bund
			5321		Schuldendiensthilfen an das Land
			5322		Schuldendiensthilfen an Gemeinden (GV)
			5323		Schuldendiensthilfen an Zweckverbände
			5324		Schuldendiensthilfen an den sonstigen öffentlichen Bereich
			5325		Schuldendiensthilfen von verbundenen Unternehmen, Beteiligungen und Sondervermögen
			5326		Schuldendiensthilfen an sonstige öffentlichen Sonderrechnungen
			5327		Schuldendiensthilfen an private Unternehmen
			5328		Schuldendiensthilfen an übrige Bereiche
		533			**Sozialtransferaufwendung**
			5331		Leistungen der Sozialhilfe an natürliche Personen außerhalb von Einrichtungen
			5332		Leistungen der Sozialhilfe an natürliche Personen in Einrichtungen
			5333		Leistungen an Kriegsopfer und ähnliche Anspruchsberechtigte
			5334		Leistungen der Jugendhilfe an natürliche Personen außerhalb von Einrichtungen
			5335		Leistungen der Jugendhilfe an natürliche Personen in Einrichtungen
			5336		Leistungen der Grundsicherung an natürliche Personen außerhalb von Einrichtungen
			5337		Leistungen der Grundsicherung an natürliche Personen in Einrichtungen
			5338		Leistungen nach dem Asylbewerberleistungsgesetz
			5339		Sonstige soziale Leistungen
		534			**Aufwendungen wegen Steuerbeteiligungen und dgl.**
			5341		Gewerbesteuerumlage
			5342		Finanzierungsbeteiligung Fonds Deutsche Einheit
		535			**Allgemeine Zuweisungen**
			5352		Allgemeine Zuweisungen an Gemeinden (GV)
		537			**Allgemeine Umlagen**
			5371		Allgemeine Umlagen an das Land und Nachzahlung aus der Abrechnung des Solidarbeitrages
			5372		Allgemeine Umlagen an Gemeinden (GV)
		539			**Sonstige Transferaufwendungen**
			5391		Rückzahlung überzahlter Gewerbesteuer
	54				**Sonstige ordentliche Aufwendungen**
		541			**Sonstige Personal- und Versorgungsaufwendungen**
			5411		Aufwendungen für Personaleinstellungen
			5412		Aufwendungen für Aus- und Fortbildung, Umschulung
			5413		Aufwendungen für übernommene Reisekosten
			5414		Aufwendungen für Beschäftigtenbetreuung und Dienstjubiläen

Konten-klasse	Konten-gruppe	Konten-art	Konto	Unter-konto	Bezeichnung
			5415		Aufwendungen für Umzugskostenvergütung
			5416		Aufwendungen für Dienst- und Schutzkleidung, persönliche Ausrüstungsgegenstände
			5417		Personalnebenaufwendungen
		542			**Aufwendungen für die Inanspruchnahme von Rechten und Diensten**
			5421		Mieten, Pachten, Erbbauzinsen
			5422		Leasing
			5425		Leiharbeitskräfte
			5429		Sonstige Aufwendungen für die Inanspruchnahme von Rechten und Dienstleistungen
		543			**Geschäftsaufwendungen**
			5431		Büromaterial
			5432		"..."
		544			**Aufwendungen für Beiträge und Sonstiges sowie Wertberichtigungen**
			5441		Versicherungsbeiträge u.ä.
			5442		Kfz-Versicherungsbeiträge
			5443		Beiträge zu Wirtschaftsverbänden, Berufsvertretungen und Vereinen
			5444		Sonstige Beiträge
			5445		Verluste aus Wertminderungen und Abgängen von Gegenständen des Umlaufvermögens (außer Vorräten und Wertpapieren)
			5446		Verluste aus Abgang von immateriellen Vermögensgegenständen und Vermögensgegenständen des Anlagevermögens
			5447		Einstellungen und Zuschreibungen in die Sonderposten
			5448		Aufwendungen für Rückstellungen, soweit nicht unter anderen Aufwendungen erfassbar
			5449		Wertkorrekturen zu Forderungen
		545			**Verluste aus Finanzanlagen und aus Wertpapieren**
			5451		Verluste aus dem Abgang von Finanzanlagen und Beteiligungen
			5452		Verluste aus dem Abgang von Wertpapieren
			5453		Aufwendungen aus Verlustübernahmen
		546			**Aufwendungen für besondere Finanzauszahlungen**
			5460		Aufwendungen für nicht rückzahlbare Zuweisungen für Investitionen
			5469		Sonstige Aufwendungen für besondere Finanzauszahlungen
		547			**Betriebliche Steueraufwendungen**
			5471		Grundsteuer
			5472		Kraftfahrzeugsteuer
			5473		Ausfuhrzölle
			5474		Andere Verbrauchsteuern
			5479		Sonstige betriebliche Steueraufwendungen
		548			**Aufwendungen für Steuern vom Einkommen und Ertrag**
			5481		Aufwendungen für Steuern vom Einkommen und Ertrag (Steuer "...")

Konten-klasse	Konten-gruppe	Konten-art	Konto	Unter-konto	Bezeichnung
		549			**Andere sonstige ordentliche Aufwendungen**
			5491		Verfügungsmittel
			5492		Aufwendungen für Schadensfälle
			5499		Andere sonstige ordentliche Aufwendungen
	55				**Zinsen und sonstige Finanzaufwendungen**
		551			**Zinsaufwendungen**
			5510		Zinsaufwendungen an den Bund
			5511		Zinsaufwendungen an das Land
			5512		Zinsaufwendungen an Gemeinden (GV)
			5513		Zinsaufwendungen an Zweckverbände
			5514		Zinsaufwendungen an den sonstigen öffentlichen Bereich
			5515		Zinsaufwendungen an verbundene Unternehmen, Beteiligungen und Sondervermögen
			5516		Zinsaufwendungen an sonstige öffentliche Sonderrechnungen
			5517		Zinsaufwendungen an private Unternehmen
			5518		Zinsaufwendungen an übrige Bereiche
		559			**Sonstige Zinsen und sonstige Finanzaufwendungen**
			5591		Sonstige Zinsaufwendungen
			5592		Sonstige Finanzaufwendungen
	57				**Bilanzielle Abschreibungen**
		571			**Abschreibungen auf aktivierte Aufwendungen für die Erweiterung des Geschäftsbetriebs**
			5711		Abschreibungen auf aktivierte Aufwendungen für die Erweiterung des Geschäftsbetriebs
		572			**Abschreibungen auf immaterielle Vermögensgegenstände des Anlagevermögens**
			5721		Abschreibungen auf immaterielle Vermögensgegenstände des Anlagevermögens
		573			**Abschreibungen auf Gebäude u.ä.**
			5731		Abschreibungen auf "..."
		574			**Abschreibungen auf das Infrastrukturvermögen**
			5741		Abschreibungen auf Brücken und Tunnel
			5742		Abschreibungen auf Gleisanlagen mit Streckenausrüstung und Sicherheitsanlagen
			5743		Abschreibungen auf Entwässerungs- und Abwasserbeseitigungsanlagen
			5744		Abschreibungen auf Straßen, Wege, Plätze, Verkehrslenkungsanlagen
			5745		Abschreibungen auf sonstige Bauten des Infrastrukturvermögens
		575			**Abschreibungen auf Maschinen und technische Anlagen, Fahrzeuge**
			5751		Abschreibungen auf Maschinen
			5752		Abschreibungen auf technische Anlagen
			5753		Abschreibungen auf Fahrzeuge

Konten-klasse	Konten-gruppe	Konten-art	Konto	Unter-konto	Bezeichnung
		576			Abschreibungen auf Betriebs- und Geschäftsausstattung und geringwertige Wirtschaftsgüter
			5763		Abschreibungen auf Betriebs- und Geschäftsausstattung
			5764		Abschreibungen auf geringwertige Wirtschaftsgüter
		577			Abschreibungen auf Finanzanlagen
			5771		Abschreibungen auf Finanzanlagen
		578			Abschreibungen auf das Umlaufvermögen
			5781		Abschreibungen auf das Umlaufvermögen
		579			Sonstige Abschreibungen
			5791		Sonstige Abschreibungen
	58				Aufwendungen aus internen Leistungsbeziehungen
		581			Aufwendungen aus internen Leistungsbeziehungen
			5811		Aufwendungen aus internen Leistungsbeziehungen
	59				Außerordentliche Aufwendungen
		591			Außerordentliche Aufwendungen
			5910		Außerordentliche Aufwendungen Fahrzeuge
6					Einzahlungen
	60				Steuern und ähnliche Abgaben
		601			Realsteuern
			6011		Grundsteuer A
			6012		Grundsteuer B
			6013		Gewerbesteuer
		602			Gemeindeanteile an den Gemeinschaftssteuern
			6021		Gemeindeanteil an der Einkommensteuer
			6022		Gemeindeanteil an der Umsatzsteuer
		603			Sonstige Gemeindesteuern
			6031		Vergnügungssteuer für die Vorführung von Bildstreifen
			6032		Sonstige Vergnügungssteuer
			6033		Hundesteuer
			6034		Jagdsteuer
			6035		Zweitwohnungssteuer
			6039		Sonstige Steuern
		604			Steuerähnliche Einzahlungen
			6041		Fremdenverkehrsabgaben
			6042		Abgaben von Spielbanken
			6049		Sonstige steuerähnliche Einzahlungen
		605			Ausgleichsleistungen
			6051		Kompensationszahlungen (Familienlastenausgleich)
	61				Zuwendungen und allgemeine Umlagen
		611			Schlüsselzuweisungen
			6111		Schlüsselzuweisungen vom Land

Konten-klasse	Konten-gruppe	Konten-art	Konto	Unter-konto	Bezeichnung
		612			**Bedarfszuweisungen**
			6121		Bedarfszuweisungen vom Land
			6122		Bedarfszuweisungen von Gemeinden (GV)
		613			**Allgemeine Zuweisungen**
			6131		Allgemeine Zuweisungen vom Bund
			6132		Allgemeine Zuweisungen vom Land
			6133		Allgemeine Zuweisungen von Gemeinden (GV)
		614			**Zuweisungen und Zuschüsse für laufende Zwecke**
			6140		Zuweisungen für laufende Zwecke vom Bund
			6141		Zuweisungen für laufende Zwecke vom Land
			6142		Zuweisungen für laufende Zwecke von Gemeinden (GV)
			6143		Zuweisungen für laufende Zwecke von Zweckverbänden
			6144		Zuweisungen für laufende Zwecke vom sonstigen öffentlichen Bereich
			6145		Zuschüsse für laufende Zwecke von verbundenen Unternehmen, Beteiligungen und Sondervermögen
			6146		Zuschüsse für laufende Zwecke von sonstigen öffentlichen Sonder-rechnungen
			6147		Zuschüsse für laufende Zwecke von privaten Unternehmen
			6148		Zuschüsse für laufende Zwecke von übrigen Bereichen
		617			**Allgemeine Umlagen**
			6171		Allgemeine Umlagen vom Land
			6172		Allgemeine Umlagen von Gemeinden (GV)
	62				**Sonstige Transfereinzahlungen**
		621			**Ersatz von sozialen Leistungen außerhalb von Einrichtungen**
			6211		Kostenbeiträge und Aufwendungsersatz, Kostenersatz
			6212		Übergeleitete Unterhaltsansprüche gegen bürgerlich-rechtlich Unterhaltsverpflichtete
			6213		Leistungen von Sozialleistungsträgern (ohne Pflegeversicherung)
			6214		Leistungen der Pflegeversicherungsträger
			6215		Rückzahlung gewährter Hilfe
			6219		Sonstige Ersatzleistungen
		622			**Ersatz von sozialen Leistungen in Einrichtungen**
			6221		Kostenbeiträge und Aufwendungsersatz, Kostenersatz
			6222		Übergeleitete Unterhaltsansprüche gegen bürgerlich-rechtlich Unterhaltsverpflichtete
			6223		Leistungen von Sozialleistungsträgern (ohne Pflegeversicherung)
			6224		Leistungen der Pflegeversicherungsträger
			6225		Rückzahlung gewährter Hilfe
			6229		Sonstige Ersatzleistungen
		623			**Schuldendiensthilfen**
			6230		Schuldendiensthilfen vom Bund
			6231		Schuldendiensthilfen vom Land
			6232		Schuldendiensthilfen von Gemeinden (GV)

Konten-klasse	Konten-gruppe	Konten-art	Konto	Unter-konto	Bezeichnung
			6233		Schuldendiensthilfen von Zweckverbänden
			6234		Schuldendiensthilfen vom sonstigen öffentlichen Bereich
			6235		Schuldendiensthilfen von verbundenen Unternehmen, Beteiligungen und Sondervermögen
			6236		Schuldendiensthilfen von sonstigen öffentlichen Sonderrechnungen
			6237		Schuldendiensthilfen von privaten Unternehmen
			6238		Schuldendiensthilfen von übrigen Bereichen
		629			**Andere sonstige Transfereinzahlungen**
			6291		Andere sonstige Transfereinzahlungen
	63				**Öffentlich-rechtliche Leistungsentgelte**
		631			**Verwaltungsgebühren**
			6311		Verwaltungsgebühren
		632			**Benutzungsgebühren und ähnliche Entgelte**
			6321		Benutzungsgebühren und ähnliche Entgelte
		636			**Zweckgebundene Abgaben**
			6361		Zweckgebundene Abgaben
	64				**Privatrechtliche Leistungsentgelte, Kostenerstattungen und Kostenumlagen**
		641			**Privatrechtliche Leistungsentgelte**
			6411		Einzahlungen aus Verkauf
			6412		Mieten und Pachten
			6419		Sonstige privatrechtliche Leistungsentgelte
		642			**Einzahlungen aus Kostenerstattungen, Kostenumlagen**
			6420		Erstattungen vom Bund
			6421		Erstattungen vom Land
			6422		Erstattungen von Gemeinden (GV)
			6423		Erstattungen von Zweckverbänden
			6424		Erstattungen vom sonstigen öffentlichen Bereich
			6425		Erstattungen von verbundenen Unternehmen, Beteiligungen und Sondervermögen
			6426		Erstattungen von sonstigen öffentlichen Sonderrechnung
			6427		Erstattungen von privaten Unternehmen
			6428		Erstattungen von übrigen Bereichen
	65				**Sonstige Einzahlungen aus laufender Verwaltungstätigkeit**
		652			**Sonstige Einzahlungen aus laufender Verwaltungstätigkeit**
			6521		Ordnungsrechtliche Einzahlungen (z.B. Bußgelder)
			6522		Säumniszuschläge und dgl.
			6523		Einzahlungen aus der Inanspruchnahme von Bürgschaften, Gewähr-verträgen usw.
			6524		Ausgleichszahlung nach AFWoG
			6525		Verzinsung Gewerbesteuer nach § 233 a AO
			6526		Konzessionsabgaben

Konten-klasse	Konten-gruppe	Konten-art	Konto	Unter-konto	Bezeichnung
		653			Einzahlungen aus Vorsteuerüberhang
			6531		Einzahlungen aus Vorsteuerüberhang
		654			Erstattungen von Steuern vom Einkommen und Ertrag für Vorjahre
			6541		Erstattungen von Steuern vom Einkommen und Ertrag für Vorjahre (Steuer "...")
		659			Andere sonstige Einzahlungen aus laufender Verwaltungstätigkeit
			6591		Andere sonstige Einzahlungen aus laufender Verwaltungstätigkeit
	67				Zinsen und sonstige Finanzeinzahlungen
		671			Zinseinzahlungen
			6710		Zinseinzahlungen vom Bund
			6711		Zinseinzahlungen vom Land
			6712		Zinseinzahlungen von Gemeinden (GV)
			6713		Zinseinzahlungen von Zweckverbänden
			6714		Zinseinzahlungen vom sonstigen öffentlichen Bereich
			6715		Zinseinzahlungen von verbundenen Unternehmen, Beteiligungen und Sondervermögen
			6716		Zinseinzahlungen von sonstigen öffentlichen Sonderrechnungen
			6717		Zinseinzahlungen von privaten Unternehmen
			6718		Zinseinzahlungen von übrigen Bereichen
		679			Zinsen und sonstige Finanzeinzahlungen
			6791		Sonstige Zinsen
			6792		Sonstige Finanzeinzahlungen
	68				Einzahlungen aus Investitionstätigkeit
		681			Investitionszuwendungen
			6810		Investitionszuweisungen vom Bund
			6811		Investitionszuweisungen vom Land
			6812		Investitionszuweisungen von Gemeinden (GV)
			6813		Investitionszuweisungen von Zweckverbänden
			6814		Investitionszuweisungen vom sonstigen öffentlichen Bereich
			6815		Investitionszuschüsse von verbundenen Unternehmen, Beteiligungen und Sondervermögen
			6816		Investitionszuschüsse von sonstigen öffentlichen Sonderrechnungen
			6817		Investitionszuschüsse von privaten Unternehmen
			6818		Investitionszuschüsse von übrigen Bereichen
		682			Einzahlungen aus der Veräußerung von Vermögensgegenständen des Anlagevermögens
			6821		Einzahlungen aus der Veräußerung von Grundstücken und Gebäuden
			6822		Einzahlungen aus der Veräußerung von Finanzanlagen
			6823		Einzahlungen aus der Veräußerung von beweglichen Sachen des Anlagevermögens
			6824		Einzahlungen aus der Abwicklung von Baumaßnahmen
		683			Beiträge und ähnliche Entgelte

Konten-klasse	Konten-gruppe	Konten-art	Konto	Unter-konto	Bezeichnung
			6831		Beiträge für "..."
			6832		Beitragsähnliche Entgelte für "..."
	69				**Einzahlungen aus Finanzierungstätigkeit**
		691			**Kreditaufnahmen für Investitionen**
			6910		Einzahlungen aus Krediten vom Bund
			6911		Einzahlungen aus Krediten vom Land
			6912		Einzahlungen aus Krediten von Gemeinden (GV)
			6913		Einzahlungen aus Krediten von Zweckverbänden
			6914		Einzahlungen aus Krediten vom sonstigen öffentlichen Bereich
			6915		Einzahlungen aus Krediten von verbundenen Unternehmen, Beteiligungen und Sondervermögen
			6916		Einzahlungen aus Krediten von sonstigen öffentlichen Sonder-rechnungen
			6917		Einzahlungen aus Krediten von privaten Unternehmen
			6918		Einzahlungen aus Krediten von übrigen Bereichen
		692			**Aufnahme von Krediten zur Liquiditätssicherung**
			6921		Aufnahme von Krediten zur Liquiditätssicherung vom öffentlichen Bereich
			6922		Aufnahme von Krediten zur Liquiditätssicherung vom privaten Kreditmarkt
		695			**Rückflüsse von Darlehen (ohne Ausleihungen)**
			6950		Rückflüssen von Darlehen an den Bund
			6951		Rückflüssen von Darlehen an das Land
			6952		Rückflüssen von Darlehen an Gemeinden (GV)
			6953		Rückflüssen von Darlehen an Zweckverbänden
			6954		Rückflüssen von Darlehen an den sonstigen öffentlichen Bereich
			6955		Rückflüssen von Darlehen an verbundene Unternehmen, Beteiligun-gen und Sondervermögen
			6956		Rückflüssen von Darlehen an sonstige öffentlichen Sonderrechnungen
			6957		Rückflüssen von Darlehen an private Unternehmen
			6958		Rückflüssen von Darlehen an übrigen Bereichen
		696			**Rückflüsse von Ausleihungen**
			6960		Rückflüsse von Ausleihungen an den Bund
			6961		Rückflüsse von Ausleihungen an das Land
			6962		Rückflüsse von Ausleihungen an Gemeinden (GV)
			6963		Rückflüsse von Ausleihungen an Zweckverbände
			6964		Rückflüsse von Ausleihungen an den sonstigen öffentlichen Bereich
			6965		Rückflüsse von Ausleihungen an verbundene Unternehmen, Beteili-gungen und Sondervermögen
			6966		Rückflüsse von Ausleihungen an sonstige öffentliche Sonder-rechnungen
			6967		Rückflüsse von Ausleihungen an private Unternehmen
			6968		Rückflüsse von Ausleihungen an übrige Bereiche

Konten-klasse	Konten-gruppe	Konten-art	Konto	Unter-konto	Bezeichnung
7					**Auszahlungen**
	70				**Personalauszahlungen**
		701			**Dienstauszahlungen und dgl.**
			7011		Bezüge der Beamten
			7012		Vergütungen der Angestellten
			7013		Löhne der Arbeiter
			7019		Auszahlungen für sonstige Beschäftigte
		702			**Beiträge zu Versorgungskassen**
			7021		Beiträge zu Versorgungskassen für Beamte
			7022		Beiträge zu Versorgungskassen für Angestellte
			7023		Beiträge zu Versorgungskassen für Arbeiter
			7029		Beiträge zu Versorgungskassen für sonstige Beschäftigte
		703			**Beiträge zur gesetzlichen Sozialversicherung**
			7031		Beiträge zu gesetzlichen Sozialversicherung für Beamte
			7032		Beiträge zu gesetzlichen Sozialversicherung für Angestellte
			7033		Beiträge zu gesetzlichen Sozialversicherung für Arbeiter
			7039		Beiträge zu gesetzlichen Sozialversicherung für sonstige Beschäftigte
		704			**Beihilfen, Unterstützungsleistungen und dgl.**
			7041		Beihilfen und Unterstützungsleistungen und dgl.
		707			**Ansparung für künftige Pensionszahlungen**
			7071		Ansparung für künftige Pensionszahlungen
		709			**Pauschalierte Lohnsteuer**
			7091		Pauschalierte Lohnsteuer
	71				**Versorgungsauszahlungen**
		711			**Versorgungsauszahlungen**
			7111		Versorgungsauszahlungen für Beamte
			7112		Versorgungsauszahlungen für Angestellte
			7113		Versorgungsauszahlungen für Arbeiter
			7119		Versorgungsauszahlungen für sonstige Beschäftigte
		713			**Beiträge zur gesetzlichen Sozialversicherung**
			7131		Beiträge zur gesetzlichen Sozialversicherung für Beamte
			7132		Beiträge zur gesetzlichen Sozialversicherung für Angestellte
			7133		Beiträge zur gesetzlichen Sozialversicherung für Arbeiter
			7139		Beiträge zur gesetzlichen Sozialversicherung für sonstige Beschäftigte
		714			**Beihilfen, Unterstützungsleistungen und dgl.**
		717			**Ansparung für künftige Pensionszahlungen**
	72				**Auszahlungen für Sach- und Dienstleistungen**
		721			**Auszahlungen für Fertigung, Vertrieb und Waren**
			7211		Auszahlungen für "..."
			7212		Auszahlungen für "..."
		722			**Auszahlungen für Energie / Wasser / Abwasser**
			7221		Auszahlungen für "..."

Konten-klasse	Konten-gruppe	Konten-art	Konto	Unter-konto	Bezeichnung
			7222		Auszahlungen für "..."
			7225		Auszahlungen für Treibstoffe
		723			**Auszahlungen für Unterhaltung und Bewirtschaftung**
			7231		Auszahlungen für Unterhaltung der Grundstücke, Gebäude usw.
			7232		Auszahlungen für Unterhaltung des Infrastrukturvermögens
			7233		Auszahlungen für Unterhaltung der Maschinen und technischen Anlagen
			7234		Auszahlungen für die Unterhaltung von Fahrzeugen
			7235		Auszahlungen für die Unterhaltung der Betriebsvorrichtungen
			7236		Auszahlung für Unterhaltung der Betriebs- und Geschäftsausstattung
			7237		Auszahlungen für Bewirtschaftung der Grundstücke, Gebäude, usw.
		724			**Weitere Verwaltungs- und Betriebsauszahlungen**
			7241		Schülerbeförderungskosten
			7242		Lernmittel nach dem Lernmittelfreiheitsgesetz
			7249		Sonstige Auszahlungen für Sachleistungen
		725			**Kostenerstattungen**
			7250		Erstattungen an den Bund
			7251		Erstattungen an das Land
			7252		Erstattungen an Gemeinden (GV)
			7253		Erstattungen an Zweckverbände
			7254		Erstattungen an den sonstigen öffentlichen Bereich
			7255		Erstattungen an verbundene Unternehmen, Beteiligungen und Sondervermögen
			7256		Erstattungen an sonstige öffentliche Sonderrechnungen
			7257		Erstattungen an private Unternehmen
			7258		Erstattungen an übrige Bereiche
		726			**Auszahlungen für sonstige Dienstleistungen**
			7261		Auszahlungen für sonstige Dienstleistungen
	73				**Transferauszahlungen**
		731			**Auszahlungen von Zuweisungen und Zuschüsse für laufende Zwecke**
			7310		Auszahlungen von Zuweisungen an den Bund
			7311		Auszahlungen von Zuweisungen an das Land
			7312		Auszahlungen von Zuweisungen an Gemeinden (GV)
			7313		Auszahlungen von Zuweisungen an Zweckverbände
			7314		Auszahlungen von Zuweisungen an den sonstigen öffentlichen Bereich
			7315		Auszahlungen von Zuschüssen an verbundene Unternehmen, Beteiligungen und Sondervermögen
			7316		Auszahlungen von Zuschüssen an sonstige öffentliche Sonderrechnungen
			7317		Auszahlungen von Zuschüssen an private Unternehmen
			7318		Auszahlungen von Zuschüssen an übrige Bereiche
		732			**Schuldendiensthilfen**

Konten-klasse	Konten-gruppe	Konten-art	Konto	Unter-konto	Bezeichnung
			7320		Schuldendiensthilfen an den Bund
			7321		Schuldendiensthilfen an das Land
			7322		Schuldendiensthilfen an Gemeinden (GV)
			7323		Schuldendiensthilfen an Zweckverbände
			7324		Schuldendiensthilfen an den sonstigen öffentlichen Bereich
			7325		Schuldendiensthilfen an verbundene Unternehmen, Beteiligungen und Sondervermögen
			7326		Schuldendiensthilfen an sonstige öffentlichen Sonderrechnungen
			7327		Schuldendiensthilfen an private Unternehmen
			7328		Schuldendiensthilfen an übrige Bereiche
		733			**Sozialtransferauszahlungen**
			7331		Leistungen der Sozialhilfe an natürliche Personen außerhalb von Einrichtungen
			7332		Leistungen der Sozialhilfe an natürliche Personen in Einrichtungen
			7333		Leistungen an Kriegsopfer und ähnliche Anspruchsberechtigte
			7334		Leistungen der Jugendhilfe an natürliche Personen außerhalb von Einrichtungen
			7335		Leistungen der Jugendhilfe an natürliche Personen in Einrichtungen
			7336		Leistungen der Grundsicherung an natürliche Personen außerhalb von Einrichtungen
			7337		Leistungen der Grundsicherung an natürliche Personen in Einrichtungen
			7738		Leistungen nach dem Asylbewerberleistungsgesetz
			7339		Sonstige soziale Leistungen
		734			**Auszahlung+F896en wegen Steuerbeteiligungen und dgl.**
			7341		Gewerbesteuerumlage
			7342		Finanzierungsbeteiligung Fonds Deutsche Einheit
		735			**Allgemeine Zuweisungen**
			7352		Allgemeine Zuweisungen an Gemeinden und Gemeindeverbände
		737			**Allgemeine Umlagen**
			7371		Allgemeine Umlagen an Land und Nachzahlung aus der Abrechnung des Solidarbeitrages
			7372		Allgemeine Umlagen an Gemeinden und Gemeindeverbänden
		739			**Sonstige Transferauszahlungen**
			7391		Rückzahlung überzahlter Gewerbesteuer
	74				**Sonstige Auszahlungen aus laufender Verwaltungstätigkeit**
		741			**Sonstige Personal- und Versorgungsauszahlungen**
			7411		Auszahlungen für Personaleinstellungen
			7412		Auszahlungen für Aus- und Fortbildung, Umschulung
			7413		Auszahlungen für übernommene Reisekosten
			7414		Auszahlungen für Beschäftigtenbetreuung und Dienstjubiläen
			7415		Auszahlungen für Umzugskostenvergütung

Konten-klasse	Konten-gruppe	Konten-art	Konto	Unter-konto	Bezeichnung
			7416		Auszahlungen für Dienst- und Schutzkleidung, persönliche Ausrüstungsgegenstände
			7417		Personalnebenauszahlungen
		742			**Auszahlungen für die Inanspruchnahme von Rechten und Diensten**
			7421		Mieten, Pachten und Erbbauzinsen
			7422		Leasing
			7424		Leiharbeitskräfte
			7429		Sonstige Auszahlungen für die Inanspruchnahme von Rechten und Dienstleistungen
		743			**Geschäftsauszahlungen**
			7431		Büromaterial
			7432		"..."
		744			**Auszahlungen für Beiträge und Sonstigem**
			7441		Versicherungsbeiträge u.ä.
			7442		Kfz-Versicherungsbeiträge
			7443		Beiträge zu Wirtschaftsverbänden, Berufsvertretungen und Vereinen
			7444		Sonstige Beiträge
		745			**Auszahlungen für Umsatzsteuerüberhang**
			7451		Auszahlungen für Umsatzsteuerüberhang
		747			**Betriebliche Steuerauszahlungen**
			7471		Grundsteuer
			7472		Kraftfahrzeugsteuer
			7473		Ausfuhrzölle
			7474		Andere Verbrauchsteuern
			7479		Sonstige betriebliche Steuerauszahlungen
		748			**Auszahlungen für Steuern vom Einkommen und Ertrag**
			7481		Auszahlungen für Steuern vom Einkommen und Ertrag (Steuer "...")
		749			**Andere sonstige Auszahlungen aus laufender Verwaltungstätigkeit**
			7491		Verfügungsmittel
			7492		Auszahlungen für Schadensfälle
			7499		Sonstige Auszahlungen aus laufender Verwaltungstätigkeit
	75				**Zinsen und ähnliche Auszahlungen**
		751			**Zinsauszahlungen**
			7510		Zinsauszahlungen an den Bund
			7511		Zinsauszahlungen an das Land
			7512		Zinsauszahlungen an Gemeinden (GV)
			7513		Zinsauszahlungen an Zweckverbände
			7514		Zinsauszahlungen an den sonstigen öffentlichen Bereich
			7515		Zinsauszahlungen an verbundene Unternehmen, Beteiligungen und Sondervermögen
			7516		Zinsauszahlungen an sonstige öffentliche Sonderrechnungen
			7517		Zinsauszahlungen an private Unternehmen
			7518		Zinsauszahlungen an übrige Bereiche

Konten-klasse	Konten-gruppe	Konten-art	Konto	Unter-konto	Bezeichnung
		759			**Sonstige Zinsen und sonstige Finanzauszahlungen**
			7591		Sonstige Zinsauszahlungen
			7592		Sonstige Finanzauszahlungen
			7595		Kreditbeschaffungskosten
	78				**Auszahlungen aus Investitionstätigkeit**
		781			**Allgemeine Investitionszuwendungen**
			7810		Allgemeine Investitionszuweisungen an den Bund
			7811		Allgemeine Investitionszuweisungen an das Land
			7812		Allgemeine Investitionszuweisungen an Gemeinden (GV)
			7813		Allgemeine Investitionszuweisungen an Zweckverbände
			7814		Allgemeine Investitionszuweisungen an den sonstigen öffentlichen Bereich
			7815		Allgemeine Investitionszuschüsse an verbundene Unternehmen, Beteiligungen und Sondervermögen
			7816		Allgemeine Investitionszuschüsse an sonstige öffentliche Sonder-rechnungen
			7817		Allgemeine Investitionszuschüsse an private Unternehmen
			7818		Allgemeine Investitionszuschüsse an übrige Bereiche
		782			**Auszahlungen für den Erwerb von Vermögensgegenständen des Anlagevermögens**
			7821		Auszahlungen für den Erwerb von immateriellen Vermögensgegen-ständen
			7822		Auszahlungen für den Erwerb von unbebauten Grundstücken
			7823		Auszahlungen für den Erwerb von bebauten Grundstücken
			7824		Auszahlungen für den Erwerb von Finanzanlagen (ohne Ausleihungen)
			7825		Auszahlungen für den Erwerb von Finanzanlagen (Ausleihungen)
			7826		Auszahlungen für den Erwerb von beweglichen Sachen des Anlage-vermögens oberhalb der Wertgrenze i.H.v. 410 EUR
			7827		Auszahlungen für den Erwerb von beweglichen Sachen des Anlage-vermögens unterhalb der Wertgrenze i.H.v. 410 EUR
			7828		Auszahlungen für die Ablösung von Dauerlasten
		783			**Auszahlungen für die Abwicklung von Baumaßnahmen**
			7831		Baumaßnahme "..."
			7832		Baumaßnahme "..."
	79				**Auszahlungen aus Finanzierungstätigkeit**
		791			**Tilgung von Krediten für Investitionen**
			7910		Tilgung von Krediten vom Bund
			7911		Tilgung von Krediten vom Land
			7912		Tilgung von Krediten von Gemeinden (GV)
			7913		Tilgung von Krediten von Zweckverbänden
			7914		Tilgung von Krediten vom sonstigen öffentlichen Bereich
			7915		Tilgung von Krediten von verbundenen Unternehmen, Beteiligungen und Sondervermögen
			7916		Tilgung von Krediten von sonstigen öffentlichen Sonderrechnungen

Konten-klasse	Konten-gruppe	Konten-art	Konto	Unter-konto	Bezeichnung
			7917		Tilgung von Krediten von privaten Unternehmen
			7918		Tilgung von Krediten von übrigen Bereichen
		792			**Tilgung von Krediten zur Liquiditätssicherung**
			7921		Tilgung von Krediten zur Liquiditätssicherung an öffentlichen Bereich
			7922		Tilgung von Krediten zur Liquiditätssicherung an privaten Kreditmarkt
		795			**Gewährung von Darlehen**
			7950		Darlehen an den Bund
			7951		Darlehen an das Land
			7952		Darlehen an Gemeinden (GV)
			7953		Darlehen an Zweckverbände
			7954		Darlehen an den sonstigen öffentlichen Bereich
			7955		Darlehen an verbundene Unternehmen, Beteiligungen und Sonder-vermögen
			7956		Darlehen an sonstige öffentliche Sonderrechnungen
			7957		Darlehen an private Unternehmen
			7958		Darlehen an übrige Bereiche
8					**Abschlusskonten**
	80				**Eröffnungskonten / Abschlusskonten**
		801			**Eröffnungsbilanz-Konto**
			8010		" ... "
		802			**Schlussbilanz-Konto**
			8020		" ... "
		803			**Ergebnisrechnungs-Konto**
			8030		" ... "
		804			**Finanzrechnungs-Konto**
			8040		" ... "
	81				**Korrekturkonten**
			8111		" ... "
	82				**Kurzfristige Erfolgsrechnung**
			8211		" ... "
9					**Kosten- und Leistungsrechnung (KLR)**
					Kosten- und Leistungsrechnung (KLR)

Literaturverzeichnis

Brinkmeier, Hermann Josef	Kommunale Finanzwirtschaft, Band 3, Haushalts-, Kassen-, Rechnungs- und Prüfungsrecht, 6. Auflage, Köln 1997
Chmielewicz, Klaus	Betriebliches Rechnungswesen 1, Finanzrechnung und Bilanz, Reinbek bei Hamburg 1973.
Chmielewicz, Klaus	Betriebliches Rechnungswesen 2, Erfolgsrechnung, 2. Auflage, Opladen 1981.
Döring, Ulrich und Buchholz, Rainer	Buchhaltung und Jahresabschluss, 6. Auflage, 1998.
Engelhardt, Werner Hans, Raffée, Hans und Wischermann, Barbara	Grundzüge der doppelten Buchhaltung, 4. Auflage, Wiesbaden 1999.
Falterbaum, Hermann, Bolk, Wolfgang, Reiß, Wolfram und Eberhardt, Roland	Buchführung und Bilanz, 19. Auflage, Achim bei Bremen 2003
Fudalla, Mark, zur Mühlen, Manfred und Wöste, Christian	Doppelte Buchführung in der Kommunalverwaltung, 2. Auflage, Berlin 2005.
Häfner, Phillip	Doppelte Buchführung für Kommunen nach dem NKF, Freiburg i. Br. 2002.
Homann, Klaus	Kommunales Rechnungswesen, 5. Auflage, Wiesbaden 2003.
Lüder, Klaus	Konzeptionelle Grundlagen des Neuen Kommunalen Rechnungswesens (Speyerer Verfahren), Stuttgart 1996
Modellprojekt „Doppischer Kommunalhaushalt in NRW" (Hrsg.)	Neues Kommunales Finanzmanagement, 2. Auflage, Freiburg/Berlin /München/Zürich 2003.

Rau, Thomas	Betriebswirtschaftslehre für Städte und Gemeinden, 2. Auflage München 2007.
Rau, Thomas	Planung, Statistik und Entscheidung, Betriebswirtschaftliche Instrumente für die Kommunalverwaltung, München/Wien 2004.
Schuster, Falko	Einführung in die Betriebswirtschaftslehre der Kommunalverwaltung, 2. Auflage, Hamburg 2006.
Schuster, Falko	Kommunale Kosten- und Leistungsrechnung – Controllingorientierte Einführung, 2. Auflage, München/Wien 2002.
Schuster, Falko und Siemens, Joachim	Die Organisation des kommunalen Verwaltungsbetriebs, Berlin/Heidelberg/New York/London/Paris/Tokyo 1986.
Schuster, Falko und Steffen, Dieter	Das Rechnungswesen des kommunalen Verwaltungsbetriebs, Berlin/Heidelberg/New York/London/Paris/Tokyo 1987.
Schmalenbach, Eugen	Dynamische Bilanz, Unveränderter reprografischer Nachdruck der 13. Auflage von 1962, Darmstadt 1988.
Schneider, Dieter	Betriebswirtschaftslehre, Band 2: Rechnungswesen, 2. Auflage, München 1997.
Wöhe, Günter und Döring, Ulrich	Einführung in die Allgemeine Betriebswirtschaftslehre, 22. Auflage, München 2005.

Zu den Rechtsvorschriften des Landes Nordrhein-Westfalen vgl. die Vorschriftensammlung von

| Dresbach, Heinz | Kommunale Finanzwirtschaft Nordrhein-Westfalen, 33. Auflage, Köln 2006. |

Stichwortverzeichnis

Neu: Studienausgabe

Wolfgang Arens-Fischer,
Thomas Steinkamp (Hrsg.)
Betriebswirtschaftslehre

2000 | 960 Seiten | gebunden
€ 19,80 | SBN 978-3-486-24320-8
Studien- und Übungsbücher der Wirtschafts- und
Sozialwissenschaften

Die Herausgeber vermitteln mit diesem Buch
betriebswirtschaftliches Grundwissen und einen
Einblick in die unterschiedlichen Facetten der
Unternehmensführung. Es zeigt den Beitrag auf,
den die Betriebswirtschaftslehre für die Lösung
konkreter betriebswirtschaftlicher Aufgaben leisten
kann.

Hierzu werden die im Verlauf des Textes beschrie-
benen Methoden und Instrumente auf ein fiktives
mittelständisches Industrieunternehmen bezogen.
Dieses Unternehmen, die Ralutek GmbH, liefert
den praxis- und handlungsorientierten Bezug für
zahlreiche Beispiele und Musteraufgaben, die in
den folgenden Kapiteln angesprochen werden.

Als Grundlagenwerk und praxisbezogene Einführung wendet sich das Buch an Studierende der BWL
und benachbarter Fächer an Berufsakademien,
Fachhochschulen und Universitäten. Da keine fach-
spezifischen Kenntnisse vorausgesetzt werden,
bietet sich das Buch primär für das Grundstudium
an. Es kann aber auch als Einstiegslektüre in betriebswirtschaftliche Schwerpunktfächer dienen und das
notwendige Grundwissen vermitteln.

Dr. Wolfgang Arens-Fischer ist Geschäftsführer der
Berufsakademie Emsland.

Prof. Dr. Thomas Steinkamp ist Studienleiter an der
Berufsakademie Emsland.

Oldenbourg

»Das Standardlehrbuch.«

Günter Bamberg, Franz Baur, Michael Krapp
Statistik

13., überarb. Aufl. 2007 | X, 342 S | gebunden
€ 19,80 | ISBN 978-3-486-58188-1
Oldenbourgs Lehr- und Handbücher der
Wirtschafts- u. Sozialwissenschaften

In bewährter Weise werden in diesem Lehrbuch
grundlegende Begriffe und Verfahren in der
Statistik durch Beispiele erläutert und können
anhand von Aufgaben zur Selbstkontrolle »erprobt«
werden. Entsprechende Lösungen sind separat am
Ende des Buches zu finden.

Der Lehrbuchinhalt umfasst die deskriptive Statistik, die Wahrscheinlichkeitsrechnung und die induk-
tive Statistik. Darüber hinaus geben die Autoren
einen Ausblick auf weitere wichtige Teilgebiete der
Statistik wie etwa Prognoserechnung, Ökonometrie,
multivariate Verfahren, statistische Entscheidungs-
theorie und statistische Software.

Zur Lektüre dieses einführenden Werks sind die
Vorkenntnisse in mathematischer Propädeutik
ausreichend, die in allen wirtschafts- und sozialwis-
senschaftlichen Fakultäten im Grundstudium
vermittelt werden.

Prof. Dr. Dr. h.c. Günter Bamberg ist Inhaber des
Lehrstuhls für Statistik der Universität Augsburg.

PD Dr. Franz Baur ist Akademischer Direktor am
Lehrstuhl für Statistik, Ökonometrie und
Operations Research der Universität Augsburg.

PD Dr. Michael Krapp ist Akademischer Oberrat am
Lehrstuhl für Statistik der Universität Augsburg.

Oldenbourg

www.ingramcontent.com/pod-product-compliance
Lightning Source LLC
Chambersburg PA
CBHW081051220326
41598CB00038B/7059

9 783486 582215